철학의 기원

철학의 기원

Origins of Philosophia

이정인 지음

ORIGINS
OF
PHILO
SOPHIA

철학의 기원을 찾아가는 여정

「율리시즈의 시선」이라는 영화가 있다. 오랫동안 고향을 떠났다가 돌아온 그리스 출신의 영화감독 A는 20세기 초에 촬영된 사라진 영화필름을 찾아 발칸반도 여러 나라를 여행한다. 그가 찾는 것은 그리스의 전설적인 영화감독 형제가 발칸반도 전역을 다니며 역사와 풍습을 담았다는 필름이다.

소련과 동구권이 무너진 90년대의 발칸반도를 휩쓴 것은 내전과 인종청소의 광풍이었다. 잃어버린 필름에 대한 주인공의 집착은 20세기 발칸반도의 모든 역사적 비극을 뛰어넘어 순수하고 아름다운 최초의 시선을 찾으려는 열망으로 해석할 수 있을 것이다. 하지만 그가 여행에서 목격하는 것은 레닌 동상이 조각조각 해체되어 자본주의 국가의 수집가에게 팔려나가고, 전쟁으로 무고한 사람들이 죽어나가는 비참한 현실이었다.

80년대 한국을 풍미한 철학 교양서들은 소련 교과서에 기초하여 철학의 역사를 유물론과 관념론의 대결로 명쾌하게 설명했다. 이런 책들은 작은 씨앗에서 식물이 자라나는 것부터 거대한 천체들의 운동에 이르기까지 모든 것을 '양질 전화'나 '부정의 부정' 같은 몇 가지 추상적인 원리로 다 설명할 수 있다고 자신 있게 주장했다. 하지만 무너지는 레닌의 동상과 함께 그 믿음은 신기루처럼 흩어졌다.

그리스 영화감독 테오 앙겔로풀로스가 해체된 레닌 동상이 배에 실려 도나우강을 떠내려가는 장면을 찍고 있던 무렵, 한국에서는 철학을 근대성의 철학과 탈근대성의 철학의 대결로 설명하는 책이 널리 읽히기 시작했다. 이런 관점들은 침대에 사람을 맞추다 죽여버리는 그리스 신화 속의 도적처럼 철학을 자기 틀에 맞춰 단순화하는 경향이 있었다.

철학이 어렵게 여겨지는 것은 추상적 개념들을 복잡한 논리로 전개하기 때문이다. 철학 교양서들은 이런 개념과 논리들을 설명하는 데 집중하다 오히려 길을 잃는 경우가 많다. 철학적 개념과 논리들은 당대인에게는 중요했지만 지금은 잊힌 많은 논쟁의 산물이자, 물질적 생활과 제도를 둘러싼 사회세력들의 대립과 갈등 같은 보다 폭넓은 현실의 맥락과 밀접하게 연관되어 있다. 하지만 많은 경우 이런 맥락들은 생략되거나 간략하게 다루어진다.

이 책은 거칠게나마 철학이 등장한 폭넓은 맥락을 큰 줄기에서 살펴보려 시도한다. 영화감독 A가 마침내 최초의 영화를 찾았지만 참혹한 현실 앞에 그 무용함을 깨닫는 것처럼, 독자들은 이 책을 통해 현실과 분리된 순수한 철학의 영역은 존재하지 않는다는 것을 깨닫게 될지도 모를 일이다.

이 책은 2010년경에 필자가 일하던 단체의 매체에 몇 달간 연재한 글에서 시작되었다. 대학에서 철학을 전공하기는 했지만 별 상관없는 일을 하며 공부와 담을 쌓은 필자가 이런 글을 쓰게 된 것은 진보적 논의들과 연관된 철학 개념들을 보통의 일하는 사람들에게 쉽게 설명하는 책을 찾지 못했기 때문이다. 학교에서 배운 얄팍한 지식을 믿고 그럼 내가 한번 써보자고 용감하게 시작했지만, 능력의 부족으로 얼마 못 가 중단했던 글이었다.

한참 지난 뒤 우연히 이 글을 보게 된 출판사로부터 출간해 보지 않겠냐는 제안을 받고 인세를 미리 준다는 말에 덜컥 수락하고 말았다. 완성되지 못한 부족한 글을 그대로 낼 수는 없어서 근대철학과 축의 시대에 관련된 부분들을 추가하고, 기존에 썼던 글들을 수정하느라 또 몇 년의 시간을 보냈다. 아마도 출판사의 격려와 독촉이 없었으면 결코 마무리 짓지 못했을 것이다. 달리지 않는 게으른 말을 끝없는 채찍질로 완주하게 만든 출판사의 노고에 깊은 감사를 드린다.

철학과를 나왔지만, 그 시절 많은 운동권 학생이 그랬듯이 학생회실에서 노닥거리느라 수업을 잘 듣지 못했다. 그래도 가끔 들어간 권 선생님, 임 선생님, 이 선생님의 수업에서 많은 것을 배웠고, 그때 배운 것은 이 책에도 녹아들어 가 있다. 이 책을 쓰는 데 필요한 기본적인 지식과 영감을 주신 선생님들께 감사를 드린다.

원고를 사전에 읽고 조언 주셨던 현대정치철학연구회의 길 모님께 감사드린다. 오래전 영등포의 허름한 사무실에서 함께 글을 토론하고 편집했던 지나, 근화, 현민, 민경, 승현, 진호에게도 감사의 마음을 전하고 싶다. 큰 도움은 안 됐지만 늘 함께 있어준 가족에게도 감사를 드린다.

2023년 12월
이정인

차례

1장

필로소피아
혹은
철학의 기원

우리는 철학이라는 말을 일상생활에서도 많이 사용한다. 서양철학, 동양철학, 한국철학 같은 말뿐 아니라 인생철학, 경영철학 같은 말도 흔히 쓴다. 거의 모든 단어에 철학이라는 말을 붙여도 말은 된다. 노동자의 철학이라는 말도 쓰고, 개똥철학 같은 말도 있다. 하지만 막상 철학이라는 말이 무슨 뜻이냐고 하면 대답하기가 무척 어렵다.

왠지 뭔가 어려운 것? 뭔가 궁극적인 것을 추구하는 학문? 이런 막연한 생각이 들 뿐이다. 그래서 철학이라는 말만 들어도 도리도리 고개를 젓는 사람이 많다. 이건 지극히 당연한 현상이다. 철학이란 말 자체가 그렇게 생각할 수밖에 없도록 고안된 말이기 때문이다. 철학의 역사를 짚기 전에 우선 철학이라는 말이 어떠한 배경에서 어떻게 생겨났는지 살펴보자.

철학이라는 말의 기원

일단 우리말로 철학이라는 말이 어떻게 생겨났는지를 따져보자. 철학은 '밝다' 또는 '슬기롭다'라는 뜻의 철(哲)이라는 한자에 '배울 학(學)' 자를 결합해서 만든 단어이다. 조선시대에는 이런 말이 존재하지 않았다. 서양 학문인 '필로소피아'를 번역하기 위해 19세기 말에 일본에서 만든 말이기 때문이다.

이 단어를 처음 만든 사람은 메이지 시대의 학자인 니시 아마네(西 周, 1829~1897)로 알려져 있다. 그는 1862년 도쿠가와 막부의 공식 해외유학생으로 네덜란드에 유학하여 1865년 새로운 서양 학문을 배우고 돌아와 그것들을 일본에 소개하는 데 선구적인 역할을 한 사람이다.

250년간 일본을 지배한 도쿠가와 막부는 1867년 메이지 유신으로 타도되었다. 막부를 타도하고 등장한 메이지 정부는 위로부터 급격한 근대적 개혁을 시작했다. 그 결과 메이지 유신 이후 불과 수십 년 사이에 생소한 서양의 학문 용어들을 가리키기 위해 수많은 단어가 새롭게 등장했다.

한 연구에 따르면, 메이지 유신 이후 20~40년 사이, 에도(지금의 도쿄) 말의 절반 정도가 이러한 신조어로 바뀌는 전무후무한 일이 발생했다. 특히 네덜란드에서 철학을 공부하고 돌아온 니시 아마네는 서양의 인문과학에 관련된 여러 개념을 일본어로 옮기는 데 뛰어난 능력을 발휘했다. 그는 철학이라는 단어뿐 아니라 과학, 이성, 예술, 기술 같은 오늘날 우리가 흔히 쓰고 있는 많은 단어를 고안해 냈다.

필로소피아라는 서양학문에 대한 번역어로서 철학이라는 단어의 가장 강력한 경쟁자는 이학(理學)이었다. 흔히 성리학(性理學)이라고도 하는 이학이라는 말은 중국 송나라 시대의 유학, 즉 신유학을 가리키는 말이다. 송나라 때 등장하여 국가이념으로 자리 잡은 신유학은 이전의 유학과 달리 자연과 사회에 대한 일원론적이고 총체적인 이론체계를 추구했다.

자연뿐 아니라 인간본성과 사회까지 포함하는 세상만물을 기(氣)와 이(理)의 운동으로 설명하는 신유학은 플라톤과 아리스토텔레스의 이론체계와 상당히 닮은 점이 많았다. 실제로 철학이라는 말이 정착되기 전에는 필로소피아를 이학으로 번역하는 학자도 여럿 있었고, 니시 아마네 자신도 처음에는 이학이라는 말을 사용했다. 그렇다면 왜 니시 아마네는 굳이 철학이라는 새로운 단어를 발명해 냈을까?

니시 아마네는 종래의 성리학이 물질의 이치와 정신의 이치를 구분하지 않고, 하나의 이(理)로 혼동하여 미신적인 망상에 빠지게 되었다고 비판했다. 다시 말해 베이컨과 데카르트 이후 서양철학에서 나타난 주관과 객관의 분리가 성리학에서는 나타나지 않았다는 것이다. 그러나 사실 서양에서도 필로소피아가 그런 의미로 근대 학문분파로서 자리 잡은 것은 칸트 이후의 일이었다.

그 이전에 필로소피아는 성리학처럼 자연과 인간, 그리고 사회를 포괄하는 인간 지식 일반을 가리키는 말이었다. 하지만 니시 아마네는 그것이 동양의 성리학과 대비되는 서양철학의 특성이라고 생각했다.

이렇듯 철학이라는 말은 원래 필로소피아라는 서양의 특수한 학문을 신유학과 같은 구래의 사상과 구별 짓기 위해 등장한 말이었다. 그래서 동양의 전통사상에 중국철학이나 한국철학 같은 말을 붙이는 것은 철학이라는 단어가 만들어진 본연의 맥락에서 보면 적절하지 않을 수 있다. 서양 학문 필로소피아의 번역어인 철학이란 단어를 동양사상에까지 확대하여 사용한 셈이기 때문이다.

필로소피아라는 말은
어디서 나왔는가?

그렇다면 본토인 서양에서 필로소피아라는 말은 어떻게 나온 말이었을까? 필로소피아(philosophia)라는 말은 잘 알려져 있다시피 그리스어로 '사랑하다'라는 뜻의 '필리아(philia)'와 '앎 또는 지혜'라는 뜻의 '소피아(sophia)'의 합성어이다.

거의 모든 철학사 책의 첫 번째 장에는 기원전 7세기에서 6세기, 그리스 식민지였던 소아시아의 이오니아반도에서 활동한 사상가들이 등장한다. 흔히 이오니아학파 또는 밀레투스학파라고 불리는 이 사상가들은 자연의 궁극적인 근원이 무엇인지를 주요한 화두로 삼았다. 최초의 철학자라고 불리는 탈레스는 만물의 근원은 물이라고 말했다고 한다.

그런데 이 시대만 해도 필로소피아라는 말은 아예 존재하지 않았던 것 같다. 이 단어가 처음 등장하는 기록은 밀레투스학파의 시대보다 1백여 년이나 뒤인 기원전 5세기 저작 헤로도토스의 『히스토리아』로 알려져 있다.

이 책에서 리디아의 왕 크로이소스는 아테네의 현자 솔론이 찾아오자 "사람들이 말하기를 당신은 지혜에 흥미(philosopheon)가 있어서 견문을 넓히고자 여러 나라를 방문했다고 하더이다." 라고 인사말을 던진다. 그럼, 여기서 이 말은 어떤 의미로 사용된 것인가?

고대 그리스에서 'philo—'와 결합하는 조어들은, 어떤 것 또는 어떤 일에 전념하는 것에서 흥미, 쾌락, 존재 이유를 찾는 사람들의 기질이나 성벽을 가리키는 데 쓰였다. 굳이 이 접두사를 우리말로 옮기면 '—벽(癖), —광(狂), —애(愛)' 같은 접미사들과 유사한 의미를 띠었다고 볼 수 있다. 예를 들어 '필로포지아(philoposia)'는 주벽을, '필로티미아(philotimia)'는 명예욕을 가리켰다.

그러므로 『히스토리아』에 나오는 '필로소피엔(philosopheon)' 이라는 명사 역시 어떤 특별한 의미라기보다 알고 싶은 욕구, 즉 호기심을 뜻하는 일반적인 말로 사용되었다고 보아야 할 것이다. 그러니까 크로이소스는 솔론에게 "당신은 호기심이 많아서 이런 먼 곳까지 온 것 아닙니까?"라고 물어본 것이다.

단순히 호기심, 지식욕을 가리키던 필로소피아라는 말에 특별한 의미를 부여한 것은 플라톤이었다. 플라톤의 유명한 『대화편』 중 「향연」에서 플라톤의 스승 소크라테스는 친구들과 사랑(eros)에 대해 논하다가 사랑의 한 지고한 형태로 소피아에 대한 사랑을 이야기한다. 여기서 소크라테스가 말하는 소피아라는 것은 일반적인 앎이나 지식이 아닌 어떤 궁극적인 진리를 의미한다.

그래서 「향연」에 등장하는 필로소피아라는 말은 단순한 호기심이 아니라 궁극적인 진리의 추구로서 규정된다. 역사상 최초로 필로소피아라는 말에 궁극적인 지혜, 궁극적인 진리가 있다는 것을 알고 그것을 깨닫기 위해 노력하는 행위라는 의미가 부여된 것이다.

소크라테스는 지혜를 사랑하기, 즉 철학하기를 하지 않는 사람은, 인간을 초월하여 모든 것을 알고 있는 신 이외에 두 부류뿐이라고 말한다. 이미 지혜로우므로 더는 철학할 필요가 없는 진짜 현자들과 스스로 지혜롭다고 여기므로 철학하지 않는 어리석은 사람들이다. 그래서 소크라테스(또는 플라톤)는 앎과 무지 사이에 있는 중간자로서 지혜를 사랑하는 자를 철학자(philosophe)라고 정의했다.

이 철학자라는 사람들은 자신이 아직 궁극적인 진리에 도달하지 못했다는 것을 알기 때문에 그러한 궁극적인 진리로서 소피아를 추구하는 사람들이다. 반면 자신이 무지한 줄을 모르는 어리석은 자들은 피상적인 지식에 만족한 채 스스로 지혜로운 자를 자처한다.

여기서 소크라테스가 철학자라는 말을 통해 은근히 비판하는 사람들이 누군지는 쉽게 알 수 있다. 당시 아테네에는 스스로 지혜로운 사람이라고 말하던 사람이 아주 많았기 때문이다. 바로 소피스트들이었는데, 따라서 지혜를 사랑하는 자, 이 '철학자'라는 말은 다름 아닌 소피스트들을 욕하기 위해 나온 말인 셈이다.

아테네와 민주주의

자신은 그저 지혜를 사랑하는 사람일 뿐이라고 겸손을 떨며, 소피스트들에 대해서는 어리석은 작자들이라고 욕했던 소크라테스는 과연 어떤 인물이었을까? 오늘날 소크라테스는 흔히 예수, 부처 등과 함께 4대 성인으로 불리며, 아테네의 잘못된 법으로 처형된 고결한 희생자로서 생각되고 있다.

하지만 소크라테스가 왜 처형되었는지 그 이유를 제대로 아는 사람은 드물다. 소크라테스는 왜 죽어야 했는가? 이를 이해하려면 민주주의 체제의 옹호자들과 소수 상류층의 과두지배를 지지하는 파당이 격렬히 대립하던 당시 아테네의 정치상황에 대해서 자세히 알 필요가 있다.

기원전 8세기경부터 형성되기 시작한 폴리스(polis)라고 불리는 그리스의 도시국가들은 본래 토지에 근거한 귀족이 지배하고 있었다. 그러나 기원전 6세기에 접어들면서 고리대 등으로 평민에 대한 귀족의 수탈이 심해지면서 심각한 사회갈등을 야기하기 시작했다.

여기에 군사전술이 전차에서 중무장 보병 중심으로 바뀌어, 중농을 중심으로 한 평민의 힘이 무시할 수 없을 정도로 커졌다. 이에 따라 기존의 지배층인 토지귀족과 평민의 대립이 매우 첨예해졌다.

기원전 6세기 초에 등장한 개혁가 솔론은 이러한 문제를 해결하기 위해 노예와 여성을 제외한 아테네의 시민을 재산에 따라 네 계층으로 나누고 모든 시민에게 참정권을 주는 대신 계층에 따라 권리에 차등을 두었다. 솔론 이후 아테네에서는 평민의 힘을 업고 잠시 참주라고 불리는 독재자들의 지배가 나타나기도 했으나, 투표로 권력자를 추방할 수 있는 도편추방제가 도입되고 귀족세력 역시 약화하면서 민주정이 강화되었다.

특히 기원전 462년 아테네 정치가 에피알테스는 귀족정의 유산인 귀족회의(Areopagos)의 권리를 대폭 박탈하고 모든 시민이 참가하는 평의회가 실권을 쥐게 하는 급진적 개혁을 추진했다.

에피알테스는 정적들에게 암살당했지만, 그 뒤를 이은 페리클레스는 제3계층에 있던 자들까지도 최고 직위인 아르콘에 취임할 수 있게 하고 관리를 추첨으로 선출하는 등 민주정치의 기초를 확고히 마련하였다. 물론 이러한 민주주의 체제는 아테네의 제국주의와 노예제를 기반으로 한 것이었다. 전성기의 아테네 인구는 30만 명 정도였다고 하는데 이중 노예는 10만 명 정도였고 참정권을 가진 성인 남자 시민의 수는 4만 명 정도에 불과했다고 한다.

참정권의 확대에 가장 큰 불만을 가진 것은 물론 아테네의 전통적인 지배계층인 귀족이었다. 특히 펠로폰네소스전쟁의 패배로 아테네의 국력이 기울기 시작하자 페리클레스 시대의 번영으로 봉합되었던 계층 간의 대립이 다시 첨예해지기 시작했다.

페리클레스가 죽은 뒤, 귀족세력은 기원전 411년과 404년 두 차례에 걸쳐 정변을 일으켜 민주주의 체제를 폐지하고 소수가 권력을 독점하는 과두정부를 세우려 시도했다. 이들은 하층민의 시민권을 박탈하고 민주주의를 제약하는 조치를 하려 했지만 대중의 반발로 모두 짧게 끝났다.

소크라테스를 추종한 알키비아데스나 플라톤 같은 이들은 대개 보수적인 명문귀족의 자제들이었다. 하지만 소크라테스 본인의 신분은 그렇게 높지 않았다. 조각가 아버지와 산파 어머니를 부모로 둔 소크라테스는 평민인 제3계층에 속했다. 그런데 왜 명문귀족의 자제들은 신분도 낮은 소크라테스에게 열광하게 되었을까?

그것은 소크라테스가 귀족세력이 눈엣가시처럼 생각하던 당대의 유명한 소피스트들을 논파하며 다녔기 때문이다. 소크라테스의 주요한 논적이자 오늘날 흔히 궤변가 혹은 곡학아세하는 사람들의 대표자로 인식되는 소피스트들은 사실 아테네 민주주의 체제의 산물인 동시에 그 첨병이었다.

아테네의 계층 구분과 민주주의

아테네 시민을 네 계층으로 구분하는 것은 솔론 이전에도 있던 일이었으나, 그는 이를 참정권의 분배와 연결시켰다. 제1계층인 펜타코시오메딤노이(Pentacosiomedimnoi)와 제2계층인 히페이스(Hippeis)는 기존의 귀족과 새로운 재산가들로 국가의 고위관직을 독점했다. 제3계층인 제우기타이(Zeugitai)는 하급관직을 차지할 수 있었다. 제우기타이는 '멍에'를 의미하는 그리스어에서 유래했는데, 멍에를 진 소 한 마리를 가졌다는 뜻인 동시에 전쟁 시 밀집대형에 '멍에를 진 것처럼 묶여' 싸우는 사람이라는 뜻이었다고 한다. 이는 자기 돈으로 중무장 - 투구, 갑옷, 방패, 장창 등 - 을 갖추고 보병으로 전쟁에 참여할 수 있는 자영농민을 의미했다.

이들 자영농민은 아테네 민주주의 체제의 발전을 추동한 가장 중요한 세력이었다. 아테네 사회에서 3계층의 중요성이 높아진 것은 군사전술의 변화와 밀접하게 연관되었다. 기존의 전쟁은 전차 중심으로 수행되었기 때문에 말과 전차를 소유하고, 전차 기술을 익힐 여유가 있는 귀족이 폴리스의 방위에서 절대적인 역할을 할 수밖에 없었다.

기원전 2000년경 중앙아시아 유목민들이 발명하여 유라시아 전역으로 퍼진 전차는 혁신적인 무기였다. 하지만 기원전 10세기경 철기가 보급되고, 쇠 방패와 철창, 철검으로 무장할 수 있게 되자 보병들이 전차에 대응할 수 있게 되었다. 철제 무기로 중무장한 보병들은 이제 방패로 전차에서 쏘는 화살을 막고, 창이나 철검으로 전차병을 공격할 수 있었다.

기원전 7세기부터 그리스에서는 많은 수의 중무장 보병이 참여하는 사각 밀집대형(phalanx)이 기본전술이 되었다. 무장에 필요한 경제적인 부담이 훨씬 줄어들면서, 그 정도의 여유가 있는 중농이나 부유한 수공업자들이 전쟁에 중요한 공헌을 할 수 있게 되었다. 이 때문에 폴리스 내에서 이들 계층의 발언권이 대폭 강화되었다. 최하층민인 테테스(Thetes)는 날품팔이꾼이거나 가난한 소작농들로 관직에 오를 수 없었고 평의회와 시민재판소에 참석할 수 있는 권리를 가졌다.

이러한 계층 구분은 연간소득을 기준으로 한 재산 규모에 따른 것이었고 군사편재와도 당연히 일치했다. 1계층과 2계층은 지휘관이나 기병으로 전쟁에 참여했고, 3계층은 중무장 보병으로 복무했으며, 중무장을 갖출 여유가 없는 최하층민은 대개 무장이 필요 없는 수병으로 참여했다. 아테네에서 최하층민의 발언권이 강화된 것도 기원전 5세기 아테네 군사력에서 해군이 차지하는 비중이 커진 것과 관계가 있었다.

'민주주의'라는 말의 기원이 된 그리스어 데모크라티아(demokratia)는 흔히 '전체 시민'을 뜻하는 데모스(demos)와 '지배'라는 뜻을 가진 크라티아(kratia)의 합성어로 시민의 지배라는 의미로 해석되지만, 페리클레스 시대 이후 데모스는 전체 시민이 아니라 가난한 하층민을 가리키는 경우가 많았다.

소피스트 vs 소크라테스

기원전 5세기, 아테네가 그리스 최강국가로 떠오르고 민주정이 꽃을 피우자 그리스 각지로부터 재주 있는 자들이 몰려들었다. 일반 시민의 정치 참여가 확대됨에 따라 아테네에는 교육에 대한 수요가 급증했는데, 평의회에 참가해서 영향력을 발휘하기 위해서는 무엇보다 '알아야' 했기 때문이었다.

아테네에 모여든 재주꾼들은 자신들을 현명한 사람 또는 지혜로운 사람을 뜻하는 소피스트라고 선전하며 새롭게 창출된 교육시장에 뛰어들었다. 그래서 원래 현자를 뜻하던 소피스트라는 말은 점차 사람들을 교육하고 돈을 받는 직업적 교사집단을 지칭하는 말로 변화했다.

고대 그리스 사람들은 아레테(arete)를 함양하는 것이 교육의 목적이라고 생각했다. 미덕 혹은 덕성이라고 번역되는 아레테는 원래 귀족적 의미를 지니고 있었다. 귀족 사회에서 아레테는 고귀한 혈통에 의해 타고나는 것으로 생각되었다. 하지만 민주주의의 확대와 소피스트의 등장과 함께 아레테는 타고난 것이 아니라 일반 대중도 교육을 통해 얻을 수 있는 것으로 인식되기 시작했다.

소피스트라는 교사집단이 일부 부정적인 영향을 끼친 것은 사실일 것이다. 하지만 소피스트들이 대중의 교육에 긍정적인 영향을 끼쳤으며 민주주의가 발전하는 데 기여한 것은 부정할 수 없는 사실이다.

그러나 아테네의 명문귀족은 하층민의 정치 참여를 독려하는 소피스트들을 증오했다. 오늘날 보수주의자들이 인터넷 논객을 증오하는 것과 마찬가지였다. 그들은 소피스트들을 무식한 대중을 선동하여 자신들의 기득권을 위협하는 위험한 자들이라고 생각했다.

하지만 아레테의 함양을 목적으로 정신과 육체의 고매한 조화를 추구하도록 교육받은 귀족가의 자제들은 도저히 소피스트들의 거친 말발을 당해낼 수 없었다. (원래 전사였던 그리스의 귀족은 용기나 신체적 강건함을 으뜸가는 미덕으로 생각하는 경향이 있었다. 그래서 그리스의 귀족은 대다수가 몸짱이었다. 아테네 최고 명문가 출신인 플라톤이 당대 제일의 레슬러였다는 것은 우연이 아닌 것이다. 운동할 시간이 많은 부유층 자제 중에 몸짱이 많은 요즘의 현실을 생각하면 쉽게 이해된다.)

그런데 이러한 소피스트들에게 맞설 논객으로 화려하게 등장한 것이 바로 소크라테스였다.

소피스트들에게 수미일관된 이론체계는 없었지만 당시 가장 유명한 소피스트였던 프로타고라스의 "인간이 만물의 척도"라는 말에서 알 수 있듯 그들의 진리관은 상대주의적인 것이었다. 그들은 어떤 궁극적 진리보다 토론을 통한 다수의 합의를 중시했다. 소피스트들에게 절대적인 진리의 기준은 없으며 그들은 다수적인 의견을 진리라고 생각하는 경향이 있었고, 시민의 여론, 즉 의견 또는 믿음이라는 뜻을 가진 '독사(doxa)'를 중시했다.

하지만 소크라테스는 그에 만족할 수 없었다. 그는 스스로 똑똑한 자라고 자처하며 지식을 사고파는 것으로 대하는 소피스트들을 못마땅하게 여겼다. 그는 진리란 함부로 전달될 수 없는 스스로 깨달아야 하는 것이고, 현상 이면의 어딘가에 절대적이고 궁극적인 진리가 있을 것이라고 생각했다. 그가 주로 한 일은 교묘한 논변으로 스스로 지혜롭다고 하는 소피스트들을 논파하고 망신 주는 일이었다.

소크라테스의 논쟁방식은 자신의 주장을 제기하기보다 상대방에게 계속 질문을 던져 모순을 드러내는 것이었다. 결국 그것은 모든 일의 배후에 무언가 겉보기와 다른 궁극적이고 절대적인 진리가 있다는 것을 드러내는 논증방식이었다.

외모나 체형으로 볼 때 믿기 힘든 일이지만 소크라테스는 스파르타와의 전쟁에 세 번이나 참전해서 공을 세운 전쟁영웅이었다. 스파르타와 협력한 과두파 귀족과 달리 그는 누가 보아도 흠잡을 데 없는 애국자였다. 보수주의자들로서는 참으로 입맛에 맞는 대변자였다. 그들은 소크라테스의 등장에 환호했고, 그를 자신들의 우상으로 삼았다. 아테네에서 소크라테스는 자기도 모르는 사이 골수 보수집단의 수괴로 떠오른 것이다.

민주주의 체제의 위험인물

소크라테스 말년의 아테네 정세는 매우 불안했다. 소크라테스가 죽기 5년 전인 기원전 404년 아테네는 마침내 스파르타와 전쟁에서 패배했다. 스파르타는 아테네 민주정부를 파괴하고 괴뢰정권인 '30인 과두정부'를 세워놓았다. 이들은 대개 민주주의 체제에 반대하는 명문귀족 출신이었다.

과두정부는 민주파 시민 1500여 명을 살해했을 뿐 아니라 많은 시민을 추방하고 그들의 재산을 몰수하는 등 공포정치를 자행했다. 결국 민주파와 과두파 사이에 내전이 일어났고 다수 시민의 지지를 받은 민주파가 승리를 거두었다. 하지만 스파르타의 영향력 때문에 민주파는 과두파를 완전히 몰아내지는 못했다.

과두정부의 공포정치를 겪은 민주주의의 지지자들은 체제를 위협하는 보수세력을 가만 놓아둘 수 없었다. 민주파 인사들의 주요한 표적이 된 소크라테스는 청년을 타락시키고 새로운 종교를 퍼트린다는 죄명으로 기소됐지만, 이는 구실에 불과했다.

소크라테스를 기소한 자들은 민주파의 지도자들이었다. 그들이 소크라테스를 공격한 실제 이유는 민주주의 체제를 노골적으로 적대시하던 알키비아데스나 과두정치의 수괴로 악명 높았던 크리티아스 등의 과두파 유력자들과 그의 친밀한 관계 때문이었다.

아테네 민주주의자들의 눈에는 소크라테스의 존재 자체가 보수적 명문자제들이 결집하는 구심이 되는 것으로 보였다. 돈을 받고 지혜를 파는 자들이라고 소피스트들을 비판한 소크라테스, 특별한 직업이 없었던 소크라테스 본인은 대체 무엇을 먹고 살았을까?

아마도 명문가 자제들이 물심양면 후원해 주지 않았을까? 널리 알려진 대로 소크라테스의 부인 크산티페는, 일하지 않고 종일 젊은 애들과 노닥거리며 다니는 남편을 그다지 탐탁잖게 여긴 죄로 악처의 표본으로 역사에 남는 억울한 일을 당했다. (그녀가 특별히 악처였다는 증거는 아무것도 없다. 남편이 일을 안 하고 종일 동네를 쏘다니며 이것저것 참견하고 다닌다면 누구라도 바가지를 긁지 않을 수 없을 것이다.)

여하튼 기원전 399년 소크라테스는 격렬한 논의 끝에 사형이 결정되었다. 첫 번째 표결은 280대 220이었다. 소크라테스는 항소하여 무죄를 주장했으나 오히려 사형 찬성표가 360표로 더 늘어나는 결과를 낳았다. 그만큼 아테네 민주주의자에게 소크라테스, 혹은 그를 따르는 무리는 민주주의를 위협하는 세력으로 보였던 것이다.

물론 소크라테스의 처형이 잘한 일이라고 볼 수는 없을 것이다. 하지만 그것이 최소한 민주적 절차를 따랐음은 분명한 사실이다. 플라톤의 「크리톤」에 따르면 소크라테스는 탈옥해서 망명할 것을 권하는 친구 크리톤에게 자신에게 내려진 판결은 정당한 절차에 의한 것이며 자신도 한 사람의 시민으로서 거기 따라야 한다고 말했다. (속설과 달리 소크라테스는 결코 "악법도 법"이라는 말을 하진 않았다.)

소크라테스가 죽은 이후, 그를 따르던 무리는 소크라테스의 죽음이 억울하다며 그를 변호하는 여러 가지 기록을 남겼다. 크세노폰과 플라톤의 글들이 지금까지 전해지고 있지만, 불멸의 지위를 얻게 된 것은 물론 플라톤의 「대화편」이었다.

죽음을 앞둔 소크라테스는 자신이 아테네의 민주주의 체제를 사랑한다고 말했지만 그를 따르던 자들은 그렇지 않았다. 그들은 소크라테스를 죽음에 이르게 한 아테네 민주주의 체제를 혐오했다.

크세노폰은 페르시아 왕 키루스 3세를 섬겼으며 나중에는 스파르타 군대에 들어가 아테네와 맞서는 바람에 조국에서 추방되었다. 유서 깊은 대귀족 출신으로 과두정부의 우두머리 크리티아스의 5촌 조카이기도 했던 플라톤은 평생 민주주의 체제를 저주하며 살았다.

필로소피(철학자)라는
새로운 계보를 세우다

소크라테스가 죽은 뒤, 플라톤은 30여 편에 이르는 「대화편」을 써서 소크라테스의 입을 빌려 자신의 사상을 펼치는 작업에 나섰다. 플라톤의 「대화편」에서 어디까지가 플라톤의 생각이고, 어디까지가 소크라테스의 생각인지 구별하는 것은 2400여 년이 흐른 오늘날 불가능한 작업이다.

여기서 소크라테스는 혼란스러운 아테네에서 곡학아세와 혹세무민을 일삼는 소피스트의 무리에 맞서 참된 진리를 옹호한 고결한 인물로 그려지고 있다. 오늘날 우리가 알고 있는 소피스트와 소크라테스의 사상과 이미지는 거의 전적으로 플라톤의 글에 의존하고 있다. 플라톤의 주요한 목표는 소피스트를 매장하고 새로운 지적 계보를 세우는 것이었다.

플라톤은 소피스트들이 중시했던 일반 민중의 의견(doxa)을 억견, 즉 불확실하고 거짓된 판단력으로 폄하했다. 그는 '독사'에 '에피스테메(episteme)'를 대립시키는데, 에피스테메란 독사나 실천적 지식과 구분되는 이론적 지식인 참된 지식이다. 플라톤은 다수의 의견과 구별되는 궁극적인 진리가 있으며, 그 궁극적인 진리는 일반 대중이 아닌 훈련된 엘리트만이 알 수 있는 것이라고 주장했다.

그 훈련된 엘리트가 바로 철학자이며, 이상적인 도시국가는 시끄럽고 혼란스러운 민주주의가 아니라 이 철학자들이 다스려야 가장 잘 통치할 수 있다는 것이었다. 철학자 왕이라는 플라톤의 아이디어는 바로 여기서 나왔다.

결국 철학이라는 것은 플라톤에 의해 절대적인 진리를 추구하는 인간 지성의 영역으로 구성되었다. 상대적이고 평등을 지향했으며 교육을 통해 보통사람들에게 전달될 수 있는 소피스트의 진리는 부정되었다. 이러한 태도는 플라톤의 제자인 아리스토텔레스에게 고스란히 이어졌다.

아리스토텔레스는 「형이상학」에서 철학을 궁극적인 진리에 대한 추구로 규정하고 그 역사의 가장 앞머리에 이오니아 사상가들을 가져다 놓았다. 이오니아의 자연사상가들은 소피스트와 달리 만물의 궁극적인 재료가 무엇인지 알려 했기 때문이었다.

이리하여 이오니아학파-소크라테스-플라톤-아리스토텔레스로 이어지는 새로운 계보가 형성되었다. 소피스트를 제외한 필로소피, 즉 철학자의 계보가 만들어진 것이다.

2장

철학의
탄생설화는
어떻게
생겨났는가?

"태초에 탈레스 가라사대 세상은 물로 되어있다 하셨다."

이것은 흔히 우리가 알고 있는 철학의 탄생설화이다. 기원전 7세기에서 6세기 사이 소아시아 이오니아반도의 그리스 식민도시 밀레투스에 살았던 탈레스는 개기일식을 예언하고 피라미드의 높이를 계산했다는 등 여러 가지 신기한 일화를 남기며 고대 그리스 7현인으로 꼽힌 인물이다.

세상의 본질이 물이라고 주장한 탈레스를 필두로 이오니아반도에 등장한 몇몇 사색가는 자연의 근원이 무엇인지를 추구했다. 이를 아르케(arche)라고 하는데 '시작' 또는 '근본원리'라는 뜻이다. 탈레스의 제자 아낙시만드로스는 아르케가 감각되거나 규정될 수 없는 아페이론(apeiron)이라고 주장했다. 그의 뒤를 이은 아낙시메네스는 공기가 아르케라고 했다.

이들을 철학사의 가장 앞머리에 위치시키는 것은 아리스토텔레스의 『형이상학』이래 철학사 서술의 오랜 전통이다. 하지만 밀레투스학파가 등장했을 당시에는 필로소피아나 철학자를 의미하는 필로소피 같은 말은 존재하지 않았다. 이오니아학파 사람들은 피시올로고이(phisiologoi)라고 불렸는데 이는 자연에 대해 이야기하는 자들이란 뜻이다.

전통적인 철학사의 관점은 탈레스를 기점으로 신화적 세계관에서 합리적인 사고체계로 이행했다고 주장한다. 그러므로 탈레스가 철학사의 가장 앞자리에 와야 한다는 것이다. 하지만 과연 신화는 비합리적이고 탈레스의 주장은 합리적이라고 칼로 물 베듯 규정할 수 있을까?

신화 역시 미숙하지만 자연현상에 대해 나름대로 합리적인 설명이다. 옛사람들은 번개나 비 같은 자연현상을 자연 자체를 의인화한 신들의 행동으로 설명하려 했다. 그래서 자신들이 어찌할 수 없는 자연적 재난에 부딪혔을 때, 이를 극복하기 위해 신들을 위로하는 의식을 올렸다.

탈레스가 이런 자연현상을 신의 개입 없이 자연 그 자체로 설명하려 한 것은 물론 사실이다. (예를 들어 그는 나일강이 범람하는 이유가 계절풍 때문에 강물이 거꾸로 떠밀려오기 때문이라고 설명했다고 한다.) 하지만 세상이 물로 이루어졌다는 그의 주장이 신화의 설명보다 특별히 더 합리적인 것 같진 않다.

문제는 이러한 사유방식이 어떠한 사회적 배경에서 나왔냐는 것이다. 하필이면 이오니아에서 신화를 대신하기 위해 이런 새로운 설명방식들이 나타난 이유는 무엇이었을까?

이오니아학파와 그리스 사회의 변화

탈레스를 비롯한 피시올로고이들이 그리스 본토가 아닌 이오니아반도 사람들이었다는 사실은 꽤 의미심장한 일이다. 탈레스는 올리브 상인의 아들로 알려져 있고, 전설에 따르면 본인 역시 올리브 착즙기를 매점매석하여 떼돈을 번 적이 있다. 신화와 다른 새로운 사고방식이 해외식민지의 상인계층으로부터 등장한 것은 어찌 보면 당연한 일이었다. 왜냐하면 이는 기존 토지귀족의 세계관인 신화에 맞서 새롭게 떠오르는 계급의 세계관을 대변하고 있었기 때문이다.

폴리스라고 불리는 그리스 도시국가들은 대략 기원전 8세기경 촌락 공동체들의 결집을 통해 형성되었다. 폴리스란 말은 원래 성채라는 의미이므로, 도시국가의 형성이 토지와 재산을 지키려는 군사적 공동체의 성격을 지녔다는 것을 알 수 있다. 처음에 폴리스를 지배한 것은 바실레우스(basileus)라고 불리는 토지귀족의 우두머리였다. 이 단어는 촌락 공동체의 수장, 즉 촌장을 의미하는 파시레우(pasreu)에서 나왔다고 추정된다.

기원전 7세기 이전 그리스에서 전쟁은 호메로스가 「일리아스」에서 묘사한 것처럼 전차를 모는 토지귀족 중심으로 이루어졌다. 따라서 말을 사육하고 개인 무장과 무기, 전차 등 값비싼 전투 장비를 스스로 구비할 수 있는 귀족층이 국가의 방위를 전담했으며 폴리스에 대한 이러한 봉사를 기반으로 바실레우스들은 정치적 권리를 독점했다.

　신화는 이런 토지귀족의 지배에 정당성을 부여하는 역할을 했다. 기원전 8세기 작품으로 추정되는 헤시오도스의 서사시 「신통기」는 신화적 세계관의 본질을 잘 보여준다. 신들의 계보를 서술하고 있는 「신통기」는 지역사회의 지배자인 바실레우스들의 권위가 신들에게서 내려졌음을 암시하고 있다. 그리고 많은 귀족은 자기들이 신들이나 신화 속에 등장하는 영웅들의 후손이라고 주장했다.

　하지만 이미 헤시오도스 시대부터 바실레우스의 지배에 대한 불만의 목소리는 높아지고 있었다. 헤시오도스도 「신통기」 이후에 쓴 「노동과 나날」이라는 시에서는 바실레우스의 부패와 불공정함에 대해 불만을 강하게 토로했다.

　도시국가의 형성과 함께 사회가 안정되자 인구가 증가했고, 기원전 8세기 후반부터 7세기에 이르는 사이 그리스인들은 해외에 식민도시를 많이 건설했다. 식민도시 건설의 주목적은 인구증가 문제를 해결하기 위한 새로운 토지의 확보였는데, 그리스의 식민도시들은 본토와 관계없이 독립적으로 운영되었다. 이런 식민도시들은 소아시아에서 스페인의 동부해안에 이르기까지 지중해 전역에 널리 퍼져 있었다.

식민도시의 성장은 교역을 활발하게 만들었고 교역은 다시 새로운 계층을 형성시켰다. 포도와 올리브를 생산하는 농민 중에서 수출로 많은 부를 획득하는 부농이 등장했고 수공업도 활발해졌다. 이전에는 토지귀족만이 부를 독점했으나 이제 일반 농민이나 수공업자, 상인도 재산을 크게 축적할 수 있게 되었다. 반면 화폐경제의 발달로 귀족이나 부유층들이 고리대를 통해 평민을 수탈하는 일도 늘어났다. 이 때문에 귀족과 평민의 대립도 격심해졌다.

이런 상황에서 귀족의 특권적 지배를 정당화시켜주고 있던 신화적 세계관에 문제 제기가 나타나는 것은 당연한 일이었다. 세상만물이 물로 이루어져 있다는 주장은 기존 사회체제의 지배이데올로기로서 신화에 대한 반론이었던 것이다.

아르케에서 로고스로

이오니아학파의 중심지였던 밀레투스는 기원전 494년 페르시아의 공격으로 멸망했다. 이오니아에 살던 사람들은 그리스 본토나 이탈리아 같은 다른 식민지로 옮겨 갔다. 엘레아학파로 유명한 이탈리아의 엘레아도 페르시아의 침략으로 이주한 사람들이 건설한 도시다.

이와 함께 이오니아학파 이후 자연의 원인에 대한 궁극적 탐구의 전통 역시 다른 식민도시 쪽으로, 특히 이탈리아의 식민도시들로 넘어갔다. 그리스 본토에서 이런 식의 사고가 발전하지 못한 것은 귀족들의 영향력이 식민도시보다 강했기 때문이 아닐까? 예를 들어 페리클레스 시대의 아테네에서 활동한 아낙사고라스는 무신론자로 기소되어 유배당하기도 했다.

기원전 7세기에서 6세기 그리스 세계는 기존의 귀족지배 체제가 도전받고 새로운 체제로 변화하는 격동기였다. 아테네에서는 솔론의 개혁이 일어났고 스파르타에서는 리쿠르고스의 개혁이 나타났다. 아테네뿐 아니라 여러 도시국가에서 평민의 세력을 업고 참주(tyrannos)라고 불리는 독재자들이 등장하여 귀족지배 체제를 붕괴시켰다.

이런 갈등과 혼란 속에서, 처음에 신화적 세계관에 대항하는 소박한 자연관으로 등장한 궁극원리에 대한 추구는 점차 신비주의적이고 엘리트주의적인 것으로 변해갔다. 예를 들어 기원전 6세기의 인물 피타고라스는 만물의 근본원리는 수라는 형식에 있다고 주장했다.

그는 모든 것의 배후에는 수학적인 패턴이 있다고 생각했는데, 이러한 사상은 피타고라스 교단이라는 신비주의적인 종교단체의 결성으로 이어졌다. 이 교단은 우주의 비밀을 나누는 사람들의 은밀한 결사체였고, 정신적 수양뿐 아니라 정치적 지배까지 꾀했다.

밀레투스 근처에 있는 그리스 식민도시 에페수스의 헤라클레이토스는 불이 아르케라고 주장했는데, 중요한 것은 그가 눈에 보이는 현상 아래 궁극적인 원리가 있다고 주장했다는 점이다. 헤라클레이토스는 만물이 하나의 원리에 따라 생성 소멸하며, 그 원리는 만물을 통해서 자신을 드러내면서도 그 자신은 명시적으로 드러나지 않는다고 주장했다. 그는 이러한 원리를 로고스(λόγος, logos)라고 불렀다. 헤라클레이토스는 이 로고스를 인식하는 데에 참된 지혜가 있다고 했다.

그런데 로고스는 애초부터 언어적 논리라는 뉘앙스를 띠었다. 이 단어가 원래 '말하다'라는 뜻을 가진 그리스어 'λέγειν(legein)'에서 온 말이기 때문이다. 로고스는 '말로 한 것'이라는 의미에서 사물에 대한 '설명'·'이유'·'근거'라는 뜻을 가지게 되었으며 다시 '정의'와 '논증'이라는 의미도 겸하게 되었다. 이로부터 헤라클레이토스는 로고스를 '세계에 질서를 부여하는 법칙 또는 원리'라는 뜻으로 사용했다.

여기서 우리는 로고스라는 것이 언어적 논리로부터 이성적 원리라는 뜻으로 변화했으며, 다시 세상의 원리라는 의미로 확대되었음을 알 수 있다. 프랑스 철학자 자크 데리다는 언어적인 논리와 사물의 원리를 일치시키는 로고스 중심주의가 서양철학 전반을 관통해 왔다고 비판했는데, 이는 바로 헤라클레이토스로부터 비롯한 것이다.

흔히 "만물은 변화한다"고 한 헤라클레이토스와 변화와 운동을 부정한 파르메니데스를 서로 대립하는 사상가로 짝짓지만, 눈에 보이지 않는 궁극적인 원리로서 로고스를 추구했다는 점에서 두 사람은 오히려 공통점이 더 크다고 볼 수 있다.

헤라클레이토스와 거의 동시대에 이탈리아의 그리스 식민도시 엘레아에서 활동한 파르메니데스는 감각적 현실 세계보다 로고스를 우위에 두고 진리를 추구했다. 그 결과 그는 현실 세계의 가변성은 모두 환상이며 존재의 참된 본질은 변화하지도 움직이지도 여러 개로 나누어지지도 않은 것이라는 결론에 도달했다.

그에 의하면 '있는 것'은 있는 것이고 '있지 않은 것'은 있지 않기 때문에, 있는 것은 없는 것에서 나올 수 없다. 따라서 '있지 않은 것'이란 있을 수 없는 것이며 그래서 생각될 수도 없는 것이라는 것이다. 이로부터 파르메니데스는 아무것도 없는 빈 공간은 존재할 수도 생각할 수도 없는 것이라는 결론을 내렸다. 운동과 변화는 이런 빈 공간을 상정할 수밖에 없어서 모순이라는 것이다.

그래서, 있는 것이란 빈틈없이 꽉 찬 하나의 실체일 수밖에 없다. (완전한 빈 공간이 존재할 수 없다는 논리는 근대에까지 끈질기게 살아남아 나중에 에테르 같은 개념을 생기게 했다.) 이런 주장은 당연히 우리가 사는 현실 세계와 모순된다. 하지만 파르메니데스는 논리가 현실보다 우월하다고 생각했고, 우리가 현실에서 보는 다양성과 운동, 변화야말로 감각의 망상에 불과하다고 주장했다.

파르메니데스의 제자인 제논은 스승의 주장을 증명하기 위해 교묘한 역리들을 제시하여 운동과 변화가 언어 논리적으로 불가능함을 입증하려 했다.

제논의 역리(Paradox)

제논이 스승 파르메니데스의 정당성을 입증하기 위해 제시한 역리들은 모두 운동과 존재의 다수성을 논리적으로 부정하기 위해 만들어진 것이다.

이중 가장 잘 알려진 것은 준족으로 유명한 영웅 아킬레스와 거북이의 경주를 소재로 한 역리다. 이에 따르면 발 빠른 아킬레스도 거북이가 자기보다 빨리 출발하면 결코 거북이를 앞지를 수 없다. 왜냐하면 거북이는 아킬레스가 달린 만큼 자기 속도대로 조금씩 앞으로 전진해 있기 때문에, 거북이에 무한대로 가까워질 수는 있어도 절대 추월하지는 못한다는 것이다.

이 밖에 날아가는 화살은 날아가지 않는다는 역리도 있는데, 날아가는 화살은 각 순간 자신의 크기와 같은 공간을 차지하고 있고, 이를 정지라고 한다면 화살은 항상 정지해 있는 것이라는 결론을 내릴 수밖에 없기 때문이다.

제논의 역리는 결국 인간의 언어적 논리로 운동을 모순 없이 부정할 수 있음을 증명한 것이다. 하지만 이는 다시 현실에 실존하는 운동과 모순을 이루게 된다. 이 때문에 헤겔은 제논을 "변증법의 창시자"라고 했지만, 오히려 제논은 언어적 논리에 갇혀 있는 인간의 사유로는 결코 현실을 충분히 설명할 수 없음을 보여주었다고 하는 것이 더 정당하다고 하겠다. 실제로 제논의 역리들은 오늘날까지 '논리적'으로는 완벽하게 논파되지 못하고 있다.

로고스 vs 원자론

그런데 이런 궁극적인 이치, 즉 로고스를 추구한 사상가들은 대개 정치적으로 보수적인 편에 서 있었다. 본래 사모스섬에 살던 피타고라스는 참주정치를 피해서 남부 이탈리아의 크로톤으로 이주했다고 전해진다. 그의 교단은 한때 번성하여 크로톤을 지배하기까지 했으나 이후 민주파 시민들의 봉기로 축출되었다는 점을 볼 때 그 정치적 성격을 짐작하기는 크게 어렵지 않다.

헤라클레이토스와 파르메니데스는 부유한 명문귀족이었다. 헤라클레이토스는 대중은 지각이 없고 생각이 모자란 존재라고 하며 노골적으로 경멸했다고 한다. 파르메니데스는 엘레아의 법률을 제정하고 정치에 적극적으로 참여했다고 알려졌는데, 엘레아는 당시 귀족지배 체제였을 가능성이 크다. 제논은 참주에 맞서 반란을 꾀하다가 죽임을 당했다는 전설이 전해지고 있다. 이들은 당시 혼란한 과도기에서 대두하던 평민세력과 거리를 두었던 것으로 보이며 민주주의자는 더더욱 아니었던 것 같다.

파르메니데스와 제논은 로고스의 추구를 통해 눈에 보이는 현실 세계의 변화를 부정했는데, 변화와 운동에 대한 이러한 거부는 격동의 시대에 기존 체제에 대한 긍정으로 귀결될 수밖에 없었다. 실제 현실 세계와 구별되는 사물의 궁극적인 원리가 존재하며 참된 지식을 가진 자는 로고스를 깨우친 자라는 논리는 그 자체로 엘리트주의적인 경향을 띨 수밖에 없었다.

반면 세상을 지배하는 로고스라는 단일원리를 부정하고, 변화와 운동, 세계의 다양성을 지지한 이들도 있었다. 이들은 파르메니데스와 제논이 부정해 버린 변화와 운동으로 가득 찬 감각적인 현실 세계를 구제해 내려 시도했다.

엠페도클레스와 아낙사고라스는 세상이 다양한 요소로 이루어졌다고 주장했다. 엠페도클레스는 세상은 물·공기·불·흙이라는 네 가지 기본요소로 이루어졌다고 했다. 그는 자연의 운동과 변화를 이들 기본요소의 혼합과 분리로 설명했다.

아낙사고라스는 엠페도클레스와 달리 세계가 단지 서너 개의 기본요소가 아니라 수와 종류가 무한한 스페르마타(spermata)라는 것으로 이루어졌다고 주장했는데, 이는 씨앗이라는 뜻이다. 예를 들어 불에는 모든 종류의 스페르마타가 들어 있지만 불의 성격을 가진 스페르마타가 가장 많아 불이 되는 것이며, 눈이 흰 것은 흰색 성질을 가진 스페르마타가 가장 많아 흰빛을 띤다는 것이다.

이러한 다원론은 데모크리토스의 원자론으로 발전했다. 데모크리토스는 파르메니데스 일파가 부정한 빈 공간의 존재를 긍정하여, 우주는 눈으로 볼 수 없을 만큼 작고 더 이상 나눌 수 없는 물체인 원자들과 빈 공간으로 이루어졌다고 주장했다. 이러한 원자론은 파르메니데스나 제논과 달리 운동이라는 것을 논리적으로 설명할 필요가 없는 당연한 사실로 받아들이게 하려고 만들어진 논리였다.

엠페도클레스, 아낙사고라스, 데모크리토스(그리고 그의 스승으로 알려져 있으나 이름 외에 기록이 거의 전하지 않는 레우키포스)는 모두 민주제를 적극적으로 지지한 사람들이었다. 엠페도클레스는 민주제를 위해 투쟁했다고 하며, 페리클레스의 친구였던 아낙사고라스는 페리클레스 반대세력의 박해를 받아 아테네에서 추방되었다.

데모크리토스는 "민주제하에서 빈곤은 군주제하에서의 소위 평안보다 바람직하다"는 말을 남겼다. 그는 감각과 사고는 물질적인 접촉으로 생긴다고 생각했기 때문에, 인간성은 타고나는 것이 아니라 외부의 영향에 의해 형성된다고 보고 교육을 무엇보다 중요하게 여겼다.

필로소피아적 사유가
과연 그렇게 합리적인 사유였을까?

필로소피아적 사유는 그리스 사람들이 갑자기 똑똑해져서 생긴 것이 아니다. 그 배경에는 그리스 세계 각 계급 간의 갈등과 정치체제의 변화가 깔려있다. 아테네 여신이 제우스의 머리에서 성인의 모습으로 솟아났다는 신화처럼 그리스에서 어느 날 갑자기 철학이 탄생했다는 것은 하나의 설화에 불과하다.

이오니아학파로부터 시작된 세상만물의 근본원리에 대한 추구는 피타고라스와 헤라클레이토스를 거쳐 엘레아학파로 이어졌고, 플라톤에 의해 수용되어 아리스토텔레스로 이어졌다. 그리고 아리스토텔레스는 이 전통을 필로소피아로 규정했다.

반면 데모크리토스는 소피스트들과 마찬가지로 플라톤에 의해 철저히 무시되었다. 플라톤이 설립한 '아카데메이아'는 그에 대해 언급하는 것 자체를 금기시했다. 데모크리토스는 대단히 방대한 저술을 남겼다고 알려졌지만 거의 전해지지 못했다. 그러나 데모크리토스의 원자론은 에피쿠로스와 루크레티우스를 거쳐 18세기 계몽주의 시대에 다양한 유물론적 흐름으로 이어졌다. 또 청년 마르크스는 「데모크리토스와 에피쿠로스 자연철학의 차이」를 박사 논문으로 제출했다.

서양의 필로소피아 전통이 근대 과학발전의 밑바탕이 되는 유일하게 합리적인 사유였다는 주장 역시 무리가 많다. 이는 서구의 철학적 전통을 특권적으로 만드는 역할을 하고 있다. 예를 들어 헤겔은 중국사상을 논하며 철학적으로 초보에 머물러 있다고 비판했다.

하지만 과연 그럴까? 중국의 제자백가 시대의 다양한 주장 중에는 고대 그리스 철학자들과 비슷한 논변이 꽤 있다. 11세기에 등장한 중국의 신유학은 플라톤·아리스토텔레스의 사상과 매우 유사했으며, 라이프니츠 등 근대유럽 철학자에게 영향을 끼쳤다. 실제로 서구에서 17세기에 과학혁명이 벌어졌을 때, 당대를 지배하던 아리스토텔레스 철학은 자연과학의 발전을 가로막는 극복의 대상이었다.

3장

플라톤의 꿈과
철학자
아리스토텔레스

플라톤의 아버지는 바다의 신 포세이돈의 혈통을 이어받았다고 하는, 옛날 아테네를 다스리던 바실레우스의 후손이었다. 어머니 역시 저 유명한 솔론의 후손이었으니 그의 집안은 당시 아테네에서 으뜸가는 명문귀족이었다.

그의 본명은 아리스토클레스이지만, 플라톤이라는 별명으로 훨씬 유명했다. 플라톤은 어깨가 넓다는 뜻인데, 체격이 무척 좋았을 거라고 짐작할 수 있다. 집안 좋고, 머리 좋고, 잘생긴 데다 국가대표급 레슬링 선수였던 청년 플라톤은 그야말로 진정한 엄마친구 아들이라고 할 만했다. 똑똑한 대부분의 아테네 청년과 마찬가지로 플라톤 역시 원래는 위대한 정치지도자가 될 꿈을 꾸었다.

기원전 404년 민주정부가 전복되고 귀족과 부유층 중심의 30인 과두정부가 세워졌을 때, 이 유망한 명문가 청년에게 참여

제안이 온 것은 당연한 일이었다. 이미 그의 외삼촌 카르미데스와 외당숙 크리티아스가 과두정부에 주요 인물로 가담해 있었다.

오! 꿈의 나라

하지만 스파르타의 지원을 받으며 민주정부를 뒤엎고 등장한 과두정부는 실정의 연속으로 더 큰 혼란을 불러일으켰다. 귀족과 부유층은 그동안 민주주의 체제야말로 혼란의 근원이라고 비난했지만, 과두정부의 무분별한 폭정은 플라톤마저 "실로 얼마 되지도 않아 이들은 이전의 정치체제가 황금으로 보이게 해주었습니다"라고 썼을 정도였다.

게다가 그들이 소크라테스를 정략적으로 이용하려 드는 것을 보고 젊은 플라톤은 깊이 실망했다. 결국 과두정부는 시민들의 반란으로 붕괴되고 아테네에 다시 민주정부가 세워졌다.

집권한 민주파가 비교적 온건하고 합리적으로 나오는 것을 본 플라톤은 다시 정치활동에 나설 생각을 해보았지만 민주파는 얼마 후 보수파의 정신적 지주로 여겨지던 소크라테스를 처형했다. 이런 일련의 사태를 지켜보면서 플라톤은 결국 정치의 꿈을 접었다.

사실 당시 아테네 정세에서는 플라톤 같은 귀족 출신의 보수파가 뜻을 펼치기 어려웠다. 과두정부가 몰락하면서 아테네에서 보수파들은 기반을 잃었다. 민주주의는 적어도 제도적으로는 더욱 확고해졌다. 보수파들에 대한 아테네 민중의 적대감은 컸고 소크라테스의 죽음은 그것의 명확한 증거였다.

정계 진출의 꿈을 버린 플라톤은 이집트와 시칠리아 등을 여행하며 견문을 넓혔다. 이 과정에서 이탈리아에 남아있던 피타고라스 교단을 접하게 되어 큰 영향을 받았다. 그리고 소크라테스에 대한 기억을 더듬어 서른다섯 편에 이르는 대화를 쓰기 시작한다.

오랜 여행 뒤에 40대 장년이 된 플라톤은 아테네에 돌아와 피타고라스 교단의 수행방식을 본떠 아카데메이아라는 학교를 세웠다. 초기의 대화편들이 소크라테스의 회고에 충실했다면 아테네로 돌아온 플라톤은 이제 소크라테스의 입을 빌려 자기 생각을 펼치기 시작했다.

중년에 이른 플라톤의 대표작은 『국가』이다. 우리가 알고 있는 플라톤의 사상은 바로 이 책에 집대성되어 있다고 해도 과언이 아니다. 『국가』에서 플라톤은 당시 현존하던 그리스의 모든 정치체제를 비판하고 자신이 이상적이라고 생각하는 도시국가의 상을 제시한다.

플라톤은 한 사람의 인간에게 머리와 가슴과 배가 있듯이 인간 사회도 통치자와 수호자와 생산자의 세 계급이 있다고 보았다. 수호자는 군인이나 관리를 의미하고 통치자는 그들 중에서도 뛰어난 자들을 가리킨다. 생산자는 농민과 장인, 상인을 포괄하는 일반 시민이다.

이러한 구분은 타고난 자질에 의해 결정된다. 사람의 각 기관이 각자의 기능을 잘 수행해야 건강하듯이 국가 역시 각 계급이 타고난 본분을 다할 때 건강하게 돌아간다는 것이다.

민주주의는 겉보기에 가장 아름다운 체제로 보이지만 모든 사람에게 지나친 자유와 평등을 부여하기 때문에 무질서한 상태로 빠지기 십상이다. 통치자에게는 통치자의 자질이 있고, 군인에게는 군인의 자질이 있으며, 장인에게는 장인의 자질이 있다. 플라톤은 이런 자질의 차이에 따른 분업이야말로 인간이 국가를 구성하게 된 원인이라고 생각했다.

따라서 나라가 잘 돌아가려면 각자 타고난 자질에 따라 적절한 분업이 이루어져야 하는데 민주주의는 그것을 무시한다. 그 결과 타고난 자질을 벗어나 일반 시민이 나랏일에 마구 참견하게 되어, 배는 산으로 가고 나라는 파멸한다. 그리고 결국 최악의 정치체제인 참주정치로 전락하게 된다.

플라톤이 이상적으로 생각한 정치체제는 소수의 똑똑한 자들이 나라를 다스리고, 우매한 민중은 그들의 말에 따라 묵묵히 일하는 나라였다.

플라톤의 이데아

플라톤 철학의 정수로 알려진 이데아론은 이러한 국가론을 정당화하기 위한 논리였다. 플라톤은 눈에 보이는 현실 세계의 배후에 보편적이고 순수한 관념의 세계가 따로 존재한다고 주장했다. 그리고 현실 세계는 이러한 진짜 세계의 그림자일 뿐이다.

이 진짜 세계는 존재하는 모든 것의 정수로 된 이상의 세계인데, 플라톤은 이를 이데아라고 불렀다. 그에 따르면 아름다움에는 아름다움의 이데아가 존재하고, 선한 것에는 선한 것의 이데아가 존재한다. 즉, 보편적인 것이 개별적인 것과 따로 실존한다는 것이다.

플라톤은 이 이데아에 대한 지식을 '앎' 또는 '인식'이라는 뜻을 지닌 에피스테메라고 불렀다. 에피스테메는 소피스트들이 중시한 독사, 즉 대중의 의견보다 우월한 참된 지식이다. 본래 의견이나 여론을 의미하는 독사라는 단어는 플라톤 이후 사물의 진실한 형상에 대한 잘못된, 왜곡된 견해라는 뜻을 강하게 띠게 되었다.

영국의 수학자이며 철학자인 화이트헤드는 서양철학은 플라톤에 대한 주석이라고 말했다. 플라톤의 이데아론이 상식적인 인식과 별개의 진리를 추구하는 철학이라는 특수한 지적 영역을 만들어냈다는 점에서 이 말은 일리가 있다. 한편 영국의 분석철학자 엘리자베스 앤스컴은 화이트헤드의 말을 비틀어 그렇다면 플라톤은 파르메니데스의 주석이라고 했는데, 이 역시 일리가 있는 말이다.

사실 『국가』에 등장하는 불변하며 단일한 실체에 대한 플라톤의 논증은 파르메니데스의 논리를 갖다 베낀 것에 불과했다.

독사와 에피스테메의 구분 역시 파르메니데스의 독사와 알리테이아(alitheia, 진리)의 구분을 그대로 반복한 것이었다. 플라톤의 독창적인 기여는 이를 더욱 그럴듯하게 논하기 위해 미메시스(mimesis), 메텍시스(methexis), 아남네시스(anamnesis) 같은 개념을 제시한 데 있다.

이 개념들은 모두 이데아의 세계와 현실 세계의 관계를 설정하기 위한 것이었다. 예를 들어 그는 현실에 존재하는 개별 사물은 이데아의 모방(mimesis)이거나 이데아의 성질을 나눠 갖는 것(methexis)에 불과하다고 보았다. 그는 인간의 정신은 원래 이데아를 알고 있었으나 신체와 결합하고 경험적인 사물을 접하면서 잊어버리게 되는 것이라고 주장했다. 그래서 플라톤은 이데아는 배워지는 것이 아니라 경험적 세계의 망상에서 벗어나 정신적 훈련을 통해 자기 자신으로부터 상기(anamensis)되는 것이라고 했다.

변화하고 운동하는 현실 세계는 진정한 세계의 그림자일 뿐이며 오히려 그 본질을 깨닫는 데 장애물이다. 그래서 현실 세계에 대한 상식적인 인식만으로 진정한 세계를 인식하는 것은 불가능하다. 그 세계에 접근하려면 장기간의 엄격한 수련을 통해 고도의 정신적 훈련을 받아야 한다.

플라톤은 언어야말로 소피스트들이 궤변을 일삼을 수 있었던 원천이며 진리는 말이나 글로 옮길 수 있는 것이 아니라고 보았기 때문에 이데아의 세계를 수학적인 것이라고 생각했다. 이는 세상의 궁극원리를 수적 비의라고 생각한 피타고라스의 영향 때문이었다. 우주 질서의 은밀한 의미를 깨달은 정치지도자 집단이라는 아이디어는 확실히 피타고라스 교단에서 얻은 것이 분명하다.

자질이 우수한 자들로 선별되어 고도의 정신적 수련을 거친 자들이 바로 플라톤의 필로소포스(philosophos), 즉 철학자였다. 플라톤의 철학자는 단순한 학자가 아니라 국가 운영을 담당할 정치적 엘리트를 의미했다. 도시국가는 철학자들에 의해 파악된 본질적 세계의 질서에 따라 각 사회계층의 자연적 분업구조에 따라 통치해야 잘 운영될 수 있다.

플라톤의 아카데메이아는 이러한 정치적 엘리트들을 육성하기 위한 기관이었다. 그것은 확실히 소피스트들의 대중적 지식보다 귀족적인 미덕(arete)을 훈련하는 것에 가까웠다. 같은 시대의 유명한 교육자 이소크라테스의 학교가 수사학과 웅변술 같은 실용적 지식을 교육하고 교육기간이 3, 4년에 지나지 않았던 데 비해, 아카데메이아의 학생들은 10년 동안 수학과 천문학, 음악을 배워야 했으며 그런 다음에야 5년 동안의 토론술 공부로 넘어갈 수 있었다.

또한 그의 학교에서는 보수적인 피타고라스와 파르메니데스가 중시된 반면, 민주주의 지지자였던 데모크리토스와 소피스트들은 철저히 배제되었다. 플라톤의 아카데메이아는 엘리트 교육의 효시였다. 아카데메이아라는 이름은 학교 근처에 있던 체육관 이름이었지만, 오늘날까지 고급 교육기관을 가리키는 일반적인 말로 남게 되었다.

도시국가 세계의 쇠락

이상사회에 대한 플라톤의 구상은 어디까지나 당시 그리스의 도시국가를 염두에 둔 것이었다. 그는 후기 저작인 『법률』에서 도시국가의 적정한 인구를 2만 명이라고 보았다. 이는 수십만 명이 살았던 스파르타나 아테네 같은 예외적으로 거대한 도시국가를 제외하고 당시 평균적인 폴리스의 크기였다.

하지만 플라톤이 세상의 전부라고 생각했던 도시국가적인 고대 그리스 세계는 이미 쇠락하고 있었다. 빈부격차가 늘어나 계층 간의 갈등이 커졌고, 내부 문제를 해소하기 위해 국가 간의 전쟁이 잦아졌다. 전쟁은 다시 국가를 궁핍하게 만들어 다시 내부 갈등을 심화시키는 악순환이 계속되었다. 펠로폰네소스전쟁 이후 스파르타까지도 빈부차가 늘어나 리쿠르고스 체제가 해체되기 시작했다.

기원전 4세기 무렵부터 아테네 같은 민주주의 국가에서도 업무의 전문화 현상이 나타나기 시작했다. 이전에는 시민이 참정권을 행사하는 데 특별한 능력과 기술이 필요하지 않았다. 하지만 점차 정치와 군사, 행정업무가 분리되는 경향이 나타났고 시민군 대신 직업적인 용병이 등장했다.

사회의 운영에 전문적인 분업이 필요하다는 플라톤의 주장은 사실 이러한 사회변화를 반영하고 있는 것이었다. 그러나 도시국가라는 틀은 이제 더 이상 사회발전에 적합하지 않았다.

도시국가의 틀을 벗어나야 한다는 범(汎)그리스주의가 등장한 것도 이 무렵이었다. 아테네의 교육자이자 정치가인 이소크라테스는 전쟁의 폐해를 막기 위해 그리스인들이 화합하여 원정에 나가자고 주장했다. 이민족의 땅을 점령하여 빈민에게 토지를 제공하고 안정을 도모하자는 것이었다. 이런 입장은 그리스가 이미 두 번이나 물리친 동방의 대제국 페르시아가 다시 그리스로 뻗어오면서 더욱 강화되었다.

당시 아테네, 스파르타, 테베 같은 전통적인 중심 도시국가들은 쇠락하고 마케도니아가 새로운 강국으로 떠오르고 있었다. 그리스 북부에 자리 잡은 마케도니아 왕국은 오랫동안 아테네와 스파르타 같은 남쪽의 도시국가들에게 반(半)야만국가 취급을 받았다. 그러나 펠로폰네소스전쟁 기간 중 그리스와 교역이 활발해지면서 마케도니아는 그리스 문화와 제도를 적극 받아들이며 빠르게 발전하기 시작했다.

알렉산드로스 대왕의 아버지 필리포스 2세에 와서 마케도니아는 그리스의 패권국가로 떠올랐다. 필리포스 2세는 중무장 보병 제도를 도입하고 상비군을 두고 왕권을 강화하는 등 개혁을 통해 마케도니아를 강대국으로 만들었다. 그리고 그리스의 귀족을 매수해 도시국가들을 이간질하고 남진하며 군사적으로 압박해 왔다.

마케도니아의 팽창에 맞서 그리스의 도시국가들은 친(親)마케도니아파와 반(反)마케도니아파로 갈렸다. 한편에서는 마케도니아를 중심으로 결집하여 페르시아에 맞서야 한다고 주장했고, 한편에서는 마케도니아가 페르시아와 다름없는 전제국가이므로 자유와 민주주의를 지키기 위해 마케도니아와 싸워야 한다고 주장했다.

전자의 대표자가 이소크라테스였다면, 아테네의 위대한 웅변가 데모스테네스는 후자의 대표적인 인물이었다. 데모스테네스는 도시국가를 설득하여 반마케도니아 동맹을 결성해 필리포스의 남하에 맞섰다. 그러나 기원전 338년 필리포스 2세는 카이로네이아에서 데모스테네스가 꾸린 그리스 연합군을 격파했다. 폴리스 세계의 붕괴는 이미 결정된 것이었다.

이러한 혼란의 시기에 도시국가의 이데올로기가 아니라 그것을 뛰어넘는 새로운 이데올로기가 필요했으며, 그 작업은 아카데메이아의 학생이던 아리스토텔레스가 수행했다. 아리스토텔레스는 그리스 북부의 스타게이라라는 도시국가에서 태어났지만, 아버지가 마케도니아 왕의 주치의였던 덕분에 어려서 마케도니아 왕궁에서 자랐다. 하지만 십 대 초반에 양친을 모두 잃고, 소아시아의 그리스 식민도시에 사는 친척에게 몇 년간 맡겨졌다가, 열일곱 살쯤에 아테네로 유학 왔다고 알려져 있다.

애초부터 학자로 교육받고 학자로 생활한 아리스토텔레스는 플라톤보다 전문적인 학자였다. 아리스토텔레스는 지식의 모든 분야를 다루었고, 그의 이론체계는 후대에 자연학, 윤리학·정치학·시학·논리학·형이상학 등 방대한 범위를 아울렀다. 이 모든 분야는 필로소피아로 포괄되었으며 그에 와서 필로소피아는 인간이 추구하는 지식 일반의 의미를 지니게 되었다.

참주정과 스파르타의 정치체제

플라톤은 실재하는 정치체제 중에서 스파르타의 정치체제를 가장 높이 평가했다. 기원전 8세기경까지 스파르타 역시 다른 폴리스들처럼 토지귀족이 민회를 통해 지배하는 귀족정의 형태를 띠었다고 한다. 스파르타 체제를 여타 도시국가와 달라지게 한 중요한 계기는 펠로폰네소스반도 남서부의 비옥한 메세니아 땅을 정복하고 그 주민을 노예화한 사건이었다.

그 결과 스파르타는 시민 수의 20배가 넘는 노예를 가지게 되었다. 이러한 비정상적인 인구구성은 전설적인 입법자 리쿠르고스의 개혁을 낳게 했다. 리쿠르고스는 중무장 보병 중심으로 군사제도를 바꾸고, 정복지의 토지를 추첨을 통해 시민에게 분배하여 재산을 균등하게 만들었다. 이를 기초로 시민을 모두 전사계급으로 만들었다.

이는 시민사회 전체를 병영화한 것이라고 볼 수 있다. 재산의 균등과 공동식사 제도를 통해 사치와 탐욕을 억제하고, 모든 시민은 6세부터 24세까지 공동생활을 하며 전사로서 엄격한 교육을 받았다. 스파르타의 시민은 30세가 되어서야 시민권을 획득하여 병영에서 벗어나 가정을 꾸리게 된다.

플라톤이 주장한 엄격한 사회의 계층화와 공동식사 제도 등은 스파르타 체제를 본뜬 것이었다. 하지만 그는 스파르타 체제는 최선의 정체와 비슷한 점이 많지만 그보다 못한 "명예욕이 지배하는 정치체제"라고 했다. 이 체제는 체육과 전쟁훈련에 과도한 중요성을 부여한 탓에 지혜로운 사람들을 관직에 앉히는 것을 두려워했기 때문이다.

그 결과 점차 재물에 욕심을 내는 사람이 통치자가 되기 시작하면서

'명예욕이 지배하는 정치체제'는 과두정치로 변모하고, 과두정치는 부자와 빈민 간의 사회적 갈등을 심화시켜 결국 민중의 폭동이 일어나 민주주의 체제로 변화하게 된다. 그리고 민주주의 체제는 개인적 야욕을 위해 무지하고 가진 것 없는 민중(demos)을 교묘하게 이용하여 정권을 잡는 참주를 탄생시켜 결국 나라를 파멸로 몰아넣는다.

참주란 그리스 도시국가에서 귀족과 평민의 대립이 격화되던 과도기인 기원전 7~6세기 하층민의 지지를 바탕으로 무력이나 비합법적인 수단을 써서 지배자가 된 자들을 가리키는 말이다.

이전의 왕들을 바실레우스라고 부른 데 반해 이들은 티라노스(tyrannos)라고 불렸다. 이 말은 원래 '주인' 또는 '통치자'를 뜻하는 단어였으나, 후대 들어 점차 불법적인 지배자, 폭군이라는 부정적인 의미로 변화하게 되었다.

그러나 민주주의 체제가 참주정치로 전락한다는 플라톤의 주장은 실제 역사에도 부합하지 않았다. 적어도 아테네의 경우 참주정은 귀족지배에서 민주주의 체제로 가는 과도기에 나타났다.

그리고 플라톤은 자신의 말과 달리 참주에 대해 호의적인 태도를 보였다. 그는 왕들을 찾아다니며 자기 뜻을 펼치고자 한 공자나 맹자처럼 독재자들에게 접근해서 그들을 철학자로 교화시키고자 노력했다. 이러한 노력을 가장 잘 보여주는 것이 이탈리아 시라쿠사의 참주 디오니시오스 2세에 대한 것이었다.

하늘의 플라톤과
땅의 아리스토텔레스

그중에서도 후대의 철학에 영향을 끼친 것은 『형이상학』이었다. 형이상학(形而上學)은 '메타피지카(metaphysica)의 번역어로 원래 '자연학 다음의 저서'라는 뜻이다.

이는 후대에 아리스토텔레스 전집을 편찬하는 과정에서 『자연학(Physica)』과 내용상 연결되는 제목 없는 원고들을 그 책의 뒤에 넣기로 했기 때문에 붙여진 이름이다. 단순히 저작의 순서를 가리키던 메타피지카라는 말은 18세기 이후 사실상 필로소피아와 동일어가 되었다. 그것이 자연현상의 배후에 있는 궁극적인 원리를 추구하는 영역으로 받아들여졌기 때문이다.

아리스토텔레스 자신은 『형이상학』이 다루는 영역을 으뜸가는 필로소피아(prote philosophia)라고 규정했다. 이러한 궁극적 진리, 궁극적 존재를 다루는 영역이 다른 영역의 근본을 이룬다고 생각해서 으뜸철학이라고 주장한 것이다. 이 저작에서 아리스토텔레스는 이전에 존재했던 궁극원인에 대한 탐구를 검토하고 플라톤의 이데아론을 비판하며 자신의 견해를 전개했다.

아리스토텔레스가 플라톤을 비판한 핵심은 플라톤 체계가 가진 단순함과 비현실성이었다. 아리스토텔레스는 세계를 참된 세계와 거짓된 현실 세계로 나누는 플라톤의 이분법이 지나치게 단순한 것이라고 생각했다. 파르메니데스와 플라톤의 이론은 실제로 생성하고 변화하며 운동하는 현실 세계와 너무나 괴리가 컸다. 아리스토텔레스는 미메시스나 메텍시스 같은 플라톤의 개념들이 '시적인 비유'에 불과하다고 말했다.

그는 플라톤 철학이 가진 비현실성을 극복하기 위해 플라톤이 필로소피아의 전통에서 배제해 버린 다원론과 원자론에서 운동과 다양성이라는 개념을 다시 가지고 왔다. (예를 들어 그는 엠페도클레스처럼 물·공기·불·흙을 물질세계를 구성하는 기본원소로 받아들였다.) 하지만 아리스토텔레스 역시 궁극적인 진리는 불변해야 한다고 생각했다.

그래서 그는 플라톤이 제기한 이데아와 현실의 구분 대신 질료와 형상이라는 새로운 구분을 가지고 왔다. 다양성과 운동은 질료의 영역에 있지만 형상은 불변하는 것이다.

철학자들이 추구해야 할 불변성과 궁극성은 형상에 있다. 아리스토텔레스는 운동을 받아들였지만 그것은 현실의 운동이 아니라 질료가 형상과의 일치를 향해 진화하는 관념적이고 목적론적인 운동이었다. 그리고 운동의 근원에는 스스로 운동하지 않으면서 다른 것을 운동하게 하는 것이 있어야 한다.

아리스토텔레스는 이를 제1원인이라고 불렀는데 이것이야말로 으뜸철학의 진정한 대상이라고 했다. 그리고 그 궁극적인 원인을 신이라고 보았기 때문에 여기서 형이상학은 신학 영역으로 넘어가게 되었다. 이렇게 아리스토텔레스의 필로소피아는 플라톤보다 훨씬 복잡하고 역사적인 성격을 띠었다. (그래서인지 르네상스

▲ 라파엘로 「아테네 학당」

◀ 플라톤(왼쪽) 아리스토텔레스(오른쪽)
부분 확대

시대의 거장 라파엘로는 「아테네 학당」이란 그림에서 플라톤은 하늘을 가리키는 모습으로, 아리스토텔레스는 땅을 가리키는 모습으로 그렸다.)

플라톤의 정치이론에 대한 그의 비판 역시 단순함과 비현실성에 있었다. 예를 들어 『정치학』에서 플라톤의 국가를 비판한 한 장의 제목은 "지나친 통일성은 비현실적이다"였다. 아리스토텔레스 생애 말년에 등장한 알렉산드로스의 제국은 다양한 정치체제를 포괄한 느슨한 연합에 가까웠다. 아리스토텔레스는 150여 개에 이르는 그리스 폴리스의 정치체제를 꼼꼼하게 연구했고, 특정한 한 가지 정치체제만을 이상적이라고 하지 않았다.

하지만 궁정의사의 아들이자 알렉산드로스의 스승이었으며 민주주의 아테네의 패망을 직접 목격한 아리스토텔레스는 스승으로부터 민주주의 체제에 대한 경멸을 그대로 이어받았다.

아리스토텔레스는 왕정, 우수자정치, 혼합정체(politeia, 政體)를 세 가지 좋은 정치체제라고 주장했다. 그는 다수의 합의된 판단보다 개인 또는 소수의 탁월한 인물의 판단이 더 올바르다고 생각했기 때문에, 왕정이나 우수자정치(보통 귀족정치라고 번역하지만 아리스토텔레스의 개념은 혈통적이라기보다 능력적인 것이었기 때문에 우수자정치라고 하는 쪽이 더 적합해 보인다) 체제가 이상적이라고 생각했다.

하지만 왕정은 자칫 지배자 개인만의 이해를 앞세우는 폭군정치(보통 참주정치라고 번역하지만 아리스토텔레스의 맥락에서는 폭군정치로 해석하는 것이 더 타당할 듯하다)로 전락할 수 있고, 우수자정치는 소수 부유층의 이해만을 추구하는 과두정치로 타락할 가능성이 있다고 보았다.

그리고 민주주의 체제에 대해서는 그것이 빈민의 이해만을 앞세우기 때문에 잘못된 정치체제라고 주장했다. 그래서 아리스토텔레스는 폭군정치, 과두정치, 민주주의를 앞서 세 가지 좋은 정치체제와 대비되는 세 가지 나쁜 정치라고 했다.

아리스토텔레스는 과두정치와 민주주의가 혼합된 체제를 현실적으로 이상에 가까운 정치체제로 제시했는데, 이는 스스로 중무장 보병으로 무장할 수 있는 중산층이 중심이 된 체제로 과두정적 요소와 민주주의적 요소가 제도적으로 절충된 정치체제를 가리켰다.

플라톤이 귀족적인 미덕을 이상화했다면 아리스토텔레스는 중산층 시민의 중용과 절제를 제일가는 미덕으로 꼽았다. 노예제를 당연한 것으로 긍정한 그의 이론체계는 어느 정도 재산을 가진 중산층 시민의 이데올로기라고 할 수 있을 것이다.

철학제국의 해체

아리스토텔레스의 필로소피아는 형이상학을 기초로 삼단논법이라는 새로운 논리적 추론방식을 무기로 해서 자연과 인간생활의 다양한 영역을 하나의 커다란 완결된 체계로 포괄하는 것이었다.

현실의 다양성은 아리스토텔레스의 철학을 통해 이성적인 원리가 그 속에 면면히 흐르는 조화로운 세계로 통합되었다. 개인과 세계의 조화는 아리스토텔레스의 이론 속에서 훌륭하게 성취되었다.

플라톤의 필로소피아가 협소한 도시국가의 현실을 반영한다면 아리스토텔레스의 필로소피아는 분명 알렉산드로스의 세계제국에 상응하는 것이었다. 필리포스 2세와 알렉산드로스의 마케도니아가 세계적인 대제국을 건설한 것처럼 아리스토텔레스는 헤겔 이전에 가장 포괄적인 철학의 제국을 건설했다.

알렉산드로스가 죽은 뒤 그가 만들어낸 제국은 분열했다. 하지만 확장된 그리스 세계는 다시 도시국가적인 공동체로 돌아갈 수는 없었다. 제국의 중심지가 된 알렉산드리아 같은 도시들은 그리스의 도시국가를 뛰어넘는 대도시였고, 무역뿐 아니라 지식과 문화교류의 중심지가 되었다.

아리스토텔레스의 형이상학도 알렉산드로스제국의 해체와 함께 붕괴했다. 아리스토텔레스보다 한 세대 뒤 정도에 등장한 세 사람의 주요 사상가는 훨씬 더 개인주의적이고 회의주의적인 사상을 창시했다. 이들은 어떠한 형이상학적인 체계를 만들기보다 인간에게 더 나은 삶의 태도가 무엇인가 하는 문제를 탐구했다.

키리코 사람 제논이 만든 스토아학파는 속세의 욕망을 끊고 개인의 정신적 자유를 추구할 것을 주장했다. 데모크리토스의 원자론을 부활시킨 에피쿠로스는 반대로 쾌락을 통해 그러한 것이

가능하다고 주장했다. 그중에서도 피론주의자는 플라톤과 아리스토텔레스의 형이상학적 사고를 헛되고 가망이 없는 것이라고 강력히 비판했다. 그들은 궁극적인 회의를 통해 모든 형이상학적인 체계의 성립 기반 자체를 무너뜨리려 시도했다. 플라톤과 아리스토텔레스류의 철학은 사실 이런 철저한 회의주의에 대답하기 어려웠다.

헬레니즘 시대에 들어 플라톤과 아리스토텔레스의 형이상학은 잊혔다. 하지만 그들의 이론체계는 중세에 접어들어 기독교 신학체계와 결합하면서 다시 전성기를 누리게 되었다.

근대까지 골칫거리가 된 피론의 회의주의

일찍이 데모크리토스의 사상에 영향을 받았다고 전해지는 그리스인 피론은 알렉산드로스 대왕의 동방원정에 참여했고, 인도에 가서 그곳의 수도자에게도 영향을 받았다고 한다. 그는 모든 명제는 참과 거짓 양쪽을 똑같이 논증할 수 있으므로 진리를 추구하는 일이 헛된 노력이라고 주장했다.

3세기 그리스철학자 섹스투스 엠피리쿠스는 『피론주의 개요』와 『독단주의 비판』이라는 책을 써서 피론주의를 후세에 전했다. 그는 예로부터 전해 내려오는 여러 회의주의 논변을 정리하고, 사변적 인식의 모든 영역에서 삼단논법에 따른 증명을 공격했다. 엠피리쿠스의 저작에 실린 피론주의자 아그리파의 다섯 가지 논변형식(① 철학적 주장의 상이성 ② 무한소급 ③ 상대성 ④ 독단적 전제설정의 불가피성 ⑤ 순환논변 원리)은 형이상학에 대한 고대 회의주의의 핵심적인 문제 제기를 잘 드러내 준다.

이에 따르면 개개의 철학자 주장은 항상 서로 다르며(철학적 주장의 상이성), 그들이 추구하는 궁극적 원리에 대한 물음은 무한정 꼬리에 꼬리를 물고 계속될 수밖에 없다(무한소급). 그래서 결국 철학자들은 어느 한순간 아리스토텔레스처럼 자의적으로 전제를 세우고 그로부터 체계를 만들게 된다(독단적 전제설정의 불가피성). 그 결과 궁극원인을 정당화하기 위해 그 이론체계 내의 다른 명제를 근거로 사용하는 순환논변적인 모순에 빠져버린다는 것이다.

이런 피론의 문제 제기는 사변적인 이론체계 전반에 대단히 파괴적일 수밖에 없었다. 1562년 『피론주의 개요』가 유럽에 다시 발간되면서 피론의 회의주의는 근대 초기의 유럽 지식인에게도 큰 영향을 미쳤다. 한편으로는 회의주의적 풍조가 만연했지만, 다른 한편으로는 회의주의의 공격을 피해 새로운 이론체계를 세우려는 시도들이 나타났다. 데카르트 철학을 비롯해 17, 18세기 유럽철학의 많은 부분은 섹스투스 엠피리쿠스가 전한 회의주의 논증들을 격파하기 위한 다양한 노력으로 볼 수도 있다.

4장

축의 시대

기원전 6세기에서 4세기 무렵까지 고대 그리스에서 나타난 '필로소피아의 등장'은 서양 합리주의 정신의 우월성을 보여주는 증거로 흔히 인용된다. 동양이 여전히 신비주의에 빠져있을 때 필로소피아를 통해 신화적 세계관에서 일찌감치 빠져나왔다는 사실이야말로 서양 정신의 우월함을 보여준다는 것이다. 하지만 이것이 과연 사실일까?

비슷한 시기에 다른 지역에서도 기존의 신화적 세계관에 대항하는 새로운 사상이 대거 등장했다. 예컨대 페르시아에서는 조로아스터교가 발흥했고, 인도에서는 불교와 자이나교가, 중국에는 공자와 제자백가가 등장했다. 또 이스라엘에서는 엘리야와 이사야 같은 예언자들이 나타나 야훼가 유일신이라고 주장했다. 그리스의 필로소피아는 이런 폭넓은 사상혁명의 일부였던 것이다.

독일 철학자 카를 야스퍼스는 1948년에 쓴 『역사의 기원과 목표』에서 고대 세계에서 이러한 새로운 사고방식이 동시적이고 폭발적으로 등장함을 가리키기 위해 "축의 시대(Achsenzeit)"라는 말을 사용했다. 이 말은 축이나 중심을 의미하는 독일어 'Achse'에 시대를 뜻하는 'Zeit'를 붙여 만든 조어로, 야스퍼스는 기원전 8세기에서 기원전 3세기까지의 시기를 축의 시대라고 불렀다.

그는 이 시대가 인간이 "오늘날까지도 사유하고 있는 근본 범주가 형성"된, 세계사에서 극히 중대한 시기였다고 주장했지만, 왜 이런 사상혁명이 여러 문명에서 비슷한 시기에 등장했는지는 명확히 밝히지 못했다.

전사들의 세상

축의 시대가 시작되었을 무렵, 유라시아의 정주 문명은 대체로 비슷한 모습을 하고 있었다. 지중해 주변에서 중동과 인도를 거쳐 중국에 이르기까지 도시국가에 가까운 비교적 작은 국가가 들어서 있었다.

물론 이전에 도시국가를 넘어선 큰 나라가 없던 것은 아니었다. 나일강을 따라 세워진 이집트 도시국가들은 이미 기원전 32세기경에 하나로 통일되었다. 메소포타미아의 도시국가들도 기원전 24세기에 아카드제국이 통일했다. 이 나라들과 그 후계 국가들은 초보적이지만 관료제로 통치되는 중앙집권 국가의 면모를 갖췄으며, 국왕들은 신을 자칭하며 강력한 왕권을 휘둘렀다.

이런 상황에 큰 변화를 불러일으킨 것은 기원전 2000년경 중앙아시아 초원지대에서 사는 유목민들이 발명한 전차라는 신무기였다. 바큇살로 된 2개의 바퀴가 달린 수레를 2마리 또는 4마리의 말이 끌고 질주하는 전차는 전장에서 무서운 위력을 발휘했다. 전차는 기원전 18, 17세기에 중동, 인도, 유럽으로 빠르게 전파되었고, 기원전 13세기 무렵에는 중국에까지 전파되었다.

비싸고 다루기 어려운 무기인 전차의 보급은 전차를 소유하고 다룰 수 있는 부유한 군사 엘리트들의 지위를 높여주었다. 예컨대 전차를 발명한 유목민 사회는 본래 사제와 목부로만 구성된 사회였지만, 전차가 발명되면서 전사라는 새로운 신분이 출현했다. 이들은 인도로 가서 크샤트리아라는 귀족계급이 되었고, 이집트와 중동 지역에도 '마리야누(Maryannu)'라고 불리는 전차를 모는 세습 귀족집단이 등장했다. 중국의 하급귀족인 사(士) 역시 원래는 도끼를 든 남자를 상징하는 글자로 전사귀족을 가리키는 말이었다.

메소포타미아의 바알이나, 인도의 인드라, 이스라엘의 야훼처럼 가장 강한 신을 전차 탄 모습으로 묘사하는 경우가 많았으며, 인도의『마하바라타』나 그리스의『일리아스』처럼 신과 함께 용맹한 전사들을 주인공으로 하는 신화들이 만들어졌다. 귀족은 이런 이야기에 나오는 신이나 영웅들의 후손을 자처하기도 했다.

전사귀족 세력이 강해질수록 왕권과 중앙집권은 약해지는 경향을 보였다. 노예제도 강해졌는데, 이들이 많은 토지를 차지하고 전쟁에서 포획한 노예들에게 경작하게 했기 때문이다. 기원전 13세기 말에서 12세기 초, 지중해 유역에 고도로 발전했던 청동기 도시 문명이 불과 수십 년 사이에 대대적으로 붕괴하면서, 일찍이 강대국들이 활약하던 지중해 유역에서도 이런 경향이 지배적이었다.

이집트와 히타이트 같은 대국들은 몰락하고, 전사귀족이 다스리는 더 작은 정치 단위로 쪼개지며, 문자 기록을 찾기 어려운 암흑기가 수백 년간 계속되었다. 기원전 8세기에 저술한 호메로스의 『일리아스』는 오만하기 짝이 없는 전사귀족이 전쟁과 약탈에 몰두하는 호전적이고 위계적인 사회를 묘사하고 있는데, 아마도 이런 암흑기의 사회상을 반영했을 것이다.

전사귀족이 지배하는 억압적인 사회를 무너뜨린 것은 무엇보다 철기의 보급이었다. 지중해 청동기 문명과 함께 국제 무역망이 붕괴하자 청동기의 원료인 주석과 구리를 구하기 어려워졌다. 철광석은 쉽게 구할 수 있는 자원이었지만 그것을 제련하려면 더 높은 화력을 낼 수 있는 기술이 필요했다. 청동기를 제조하기 어려워지자 마침내 새로운 기술이 개발되었고, 철기는 기원전 1000년에서 500년 사이에 유라시아 전역으로 퍼졌다.

철기의 장점은 무엇보다 값이 싸다는 점이었다. 귀한 청동기는 전사귀족의 무구나 제례도구로 사용되었을 뿐 일반인의 생활로 파고들지 못했다. 반면 값싼 철기는 농기구를 만들고 하층민이 무장할 수 있게 해주었다.

쇠로 된 농기구 덕분에 정글을 개척하고 더 넓고 깊이 땅을 개간할 수 있게 되었다. 그 결과 부유한 농민들이 등장했고, 장사로 큰 재산을 쌓은 사람들도 등장했다. 또 쇠로 만든 칼과 창, 방패로 중무장한 보병은 예전과 달리 전차와 맞서 싸울 수 있었다. 이런 변화는 결국 전사귀족 세력의 약화로 이어졌다.

주화의 발명 또한 축의 시대의 변화에 큰 영향을 주었다. 물질 문명이 발전하면서 교역도 다시 활발해졌고, 기원전 7세기와 6세기에 지중해 유역과 인도, 중국에서 잇따라 주화가 발명되었다.

청동기 시대의 무역은 어디까지나 도시국가의 귀족 중심으로 이루어졌고, 무역을 위해 화폐로 사용되던 금괴나 은괴는 신전과 왕궁이 보유했다.

주화가 발명되자 병사와 노동자의 임금이 주화로 지급되며 지배계급이 독점하고 있던 귀금속이 보통사람들의 수중으로 들어가기 시작했다. 이런 화폐유통의 확대는 사회질서를 더욱 유동적으로 만들었을 뿐 아니라, 만물을 하나의 원리나 실재로 환원될 수 있다는 발상이 나타나는 데에 자극을 주었을 가능성이 크다.

후기 청동기 문명이 갑자기 붕괴한 이유?

오늘날 많은 학자는 후기 청동기 시대에 이집트와 메소포타미아 지역을 중심으로 그리스의 미케네와 미노스 문명, 키프로스와 가나안 해안의 도시국가들, 중앙아시아와 유럽의 유목민까지 연결하는 장거리 무역망이 존재했다고 생각한다. 일부 학자는 이를 "청동기 시대 세계체제"라고까지 부르기도 한다.

청동은 구리에 주석을 섞은 합금으로, 당시 도시 문명의 중심지인 이집트와 메소포타미아에서는 나오지 않는 광물이었다. 이 때문에 청동기를 만들려면 여러 곳에 흩어져 있는 구리 및 주석의 산지들과 장거리 무역에 의존해야 했다. 구리와 주석뿐 아니라, 도시 귀족계급의 사치품과 포도주, 올리브 등의 작물들도 이런 무역망을 통해 교역이 이루어졌다.

하지만 번성하던 지중해 유역의 청동기 문명은 기원전 13세기 말에서 12세기 초에 갑자기 붕괴했다. 불과 수십 년 사이에 미케네, 미노아, 히타이트는 멸망했고, 이집트는 쇠락했다. 붕괴의 원인에 대해 학자들은 아직 명확한 결론을 내리지 못하고 있는데, "바다 사람들"이라고 불리는 잡다한 민족으로 구성된 대규모 해적 무리의 침략 때문이라는 것이 유력한 가설이었지만, 최근 들어 『고대 지중해 세계사』를 쓴 에릭 클라인 같은 학자는 여러 가지 내외부적인 요인이 복합적으로 작용했다고 보고 있다. 아마도 기후변화로 인한 계속된 가뭄과 기근, 바다 사람들 같은 이민족의 침략, 난민의 이동 같은 외부적인 요인이 무역을 독점한 귀족의 착취와 빈부격차의 심화, 관료제의 약화 같은 내부적인 요인과 결합하며 벌어진 일이 아닐까.

페르시아와 조로아스터교

가장 오래된 문명인 중동 지역에는 수 세기 동안 이집트, 바빌로니아, 아시리아, 히타이트 등 크고 작은 나라가 각축을 벌이고 있었다. 그러나 이집트를 포함해 중동 전체를 처음으로 통일한 것은 이집트나 바빌론, 아시리아 같은 오랜 터줏대감이 아니라 중앙아시아 초원지대에서 흘러온 유목민이었다.

이들은 전차를 발명하여 고대 세계에 큰 변화를 불러온 사람들로, 스스로를 '고귀하다'는 뜻의 아리아(arya)라고 불렀다. 아리아인들은 신들에게 동물을 바치는 제사를 매우 중요하게 여겼는데, 아리아란 말은 종족적인 의미보다 이런 제사를 올바른 신에게 올바른 방식으로 수행하는 사람들을 가리켰다.

초원에서 부족사회를 이루고 살던 아리아인들은 기후변화로 중앙아시아에 사막화가 진행되기 시작하자 기원전 2000년 무렵부터 살길을 찾아 이주에 나섰다. 일부는 서쪽 멀리 메소포타미아 지역까지 진출하여 미타니 같은 나라를 세우기도 했고, 일부는 이란고원으로, 또 다른 일부는 인도로 향했다.

이란고원으로 내려온 사람들은 오랫동안 부족사회로 존재하다가, 기원전 7세기에야 이란 북부지역에 메디아라는 나라를 세웠다. 메디아는 곧 주변 강국들과 경쟁할 수 있는 국가로 성장했지만, 중앙집권 국가라기보다 부족 연합체에 가까웠다. 오늘날 이란이라는 이름은 '아리아의 땅'이라는 뜻에서 유래한다.

아리아인들은 초원에 살던 시절부터 많은 신을 믿었다. 고대 인도의 경전 『베다』와 조로아스터교의 경전 『아베스타』는 한 뿌리를 가진 이들이 비슷한 언어, 비슷한 풍습, 비슷한 신을 믿었다는 사실을 보여준다.

하지만 이란인들의 신앙은 조로아스터라는 인물에 의해 큰 변화를 일으키게 된다. 사제 계급 출신으로 알려진 조로아스터는 지혜의 신인 아후라 마즈다를 최고의 신이자 유일한 신으로 섬겨야 한다고 주장했다. 기존의 신들은 아후라 마즈다를 섬기는 부속 신으로 격하되거나, 더 나쁘게는 다에바라는 존재로 전락했다.

『베다』에 나오는 데바(deva)라는 말과 『아베스타』에 나오는 다에바(daeva)는 사실 같은 말이다. 하지만 『베다』의 데바가 신을 뜻하는 반면 『아베스타』의 다에바는 아후라 마즈다와 대립하는 악한 존재로 정반대의 성격을 가진다. 전사들의 신인 인드라는 『베다』에서 가장 찬양받는 신이지만 『아베스타』에서는 다에바가 되고, 인도에서는 반대로 아후라 마즈다가 아수라라는 이름의 악신으로 등장한다.

이런 차이는 조로아스터의 종교개혁이 상당히 근본적이었다는 사실을 암시하며, 조로아스터가 자객에게 암살당했다는 설화는 기존 종교와 격렬한 충돌이 벌어졌다는 사실을 보여준다. 『베다』의 인드라는 제사만 잘 해주면 무엇이든지 해주는 화끈하지만 부도덕한 신이었다. 조로아스터는 아후라 마즈다에 선과 지혜라는 윤리적 신성을 부여하며, 당시 전사귀족 사회의 비윤리성에 맞섰던 듯하다.

조로아스터가 어느 시대 사람인지는 의견이 분분하다. 현재 조로아스터가 기원전 1000년경 살았다는 설이 가장 유력하지만, 기원전 7세기 설도 만만치 않다. 조로아스터교는 메디아의 뒤를 이은 아케네메스 왕조, 즉 페르시아제국의 시대에 널리 알려졌지만, 그 이전 시대에 대해 별로 알려진 것이 없기 때문이다.

기원전 554년 메디아의 지방귀족이었던 키루스 2세는 반란을 일으켜 정권을 잡고 리디아와 신바빌로니아 같은 주변 강국들을 연파했다. 키루스 2세는 정복전쟁 도중 전사했다고 알려졌지만, 그의 후계자들은 정복전쟁을 계속해 중동 전역과 이집트까지 아우르는, 그때까지 역사상 가장 넓은 제국을 세웠다. 키루스 2세의 출신 지역이 이란 남서부의 파르사(Pārsa)였기 때문에, 이 제국을 그리스인들은 페르시아라고 불렀다.

키루스 2세가 조로아스터 신자였는지는 불분명하다. 종교적 관용정책을 펼친 그가 아후라 마즈다에 대해 특별한 관심을 보였다는 증거가 없기 때문이다. 아후라 마즈다에 대한 숭배가 명확히 나타나기 시작한 것은 아케네메스 왕조의 세 번째 왕인 다리우스 때부터였다. 다리우스는 키루스의 아들 캄비세스 2세가 이집트 원정 중 급사하고 나서 벌어진 미심쩍은 상황에서 왕이 되었다. 군인이었던 다리우스는 다른 귀족들과 함께 쿠데타로 왕위에 오른 것으로 보이는데, 이후에는 귀족의 세력을 억누르고 중앙집권적 관료제를 시행했다.

조로아스터란 인물이 실존했을 수 있고, 까마득히 먼 고대의 인물일 수도 있다. 하지만 조로아스터교가 급속히 발전할 수 있었던 것은 왕권을 강화하기 위한 정책에 활용되었기 때문으로 보인다. 조로아스터교는 사실상 페르시아제국의 국교가 되어 큰 지원을 받았다.

새로운 신을 내세워 왕권을 강화하려고 시도한 것은 다리우스가 처음이 아니었다. 아시리아는 메소포타미아 지역의 패권을 잡았을 때, 자신들의 중심도시를 신격화한 아슈르를 가장 높은 신으로 섬길 것을 강요했다. 바빌로니아도 바빌론의 수호신인 마르두크를 최고의 신으로 섬길 것을 강요했다. 기원전 14세기 이집트 신왕조의 파라오 아케나톤은 아톤이라는 태양신을 유일신으로 주장하며 종교개혁을 시도하다가 사제와 귀족들의 반발로 실패한 바 있다.

이런 선례들이 아후라 마즈다를 내세운 종교개혁에 영향을 주었을 것이라는 주장도 있다. 그러나 후대에 가장 큰 영향을 끼친 것은 가나안이라고 불렸던 오늘날 팔레스타인-이스라엘 지역에서 나타났다.

유대 왕국과 야훼

구약성서는 모세가 이집트에서 노예로 고통받던 이스라엘 민족을 이끌고 40년간의 유랑 끝에 "젖과 꿀이 흐르는" 비옥한 가나안 땅에 정착했다고 이야기한다. 하지만 오늘날 학자들은 이를 사실이라고 생각하지 않는다. 이집트의 영향력 아래 있던 가나안 해안 도시국가들이 쇠락하면서 산간지방에 정착한 잡다한 기원을 가진 사람들을 이스라엘의 시초로 보고 있다.

당시 이스라엘을 포함한 가나안 일대에 살던 사람들은 바알과 아세라 같은 메소포타미아 전통 신들을 믿고 있었다. 엘이나 바알이 가장 유력한 신이었지만, 아슈르나 마르두크처럼 도시와 부족들이 수호신으로 내세운 신들도 있었다. 야훼는 이스라엘 사람들이 자신들의 신으로 내세운 신이었다. 야훼의 이름은 최고신 엘에서 온 것으로 알려졌지만, 신의 성격은 당시 가장 인기 있던 신인 바알처럼 전차를 타고 폭풍우를 부르는 전사의 신이었다.

아마도 본래 해안 도시의 하층민이나 사막의 유목민이었을 가난한 사람들은 자신들이 알고 있는 강한 신격을 불어넣어 자신들을 보호해 줄 신을 창조했을 것이다. 야훼 역시 메소포타미아 다신교 체계에 존재하는 여러 신 가운데 하나에 불과했다. 이스라엘 백성 대부분은 야훼와 함께 바알과 아세라도 섬겼다.

야훼가 특별한 위치를 차지해야 한다는 주장이 처음 대두된 것은 기원전 9세기 무렵이었다. 구약성서는 기원전 11세기에 통일왕조가 수립되고 다윗과 솔로몬 대에 빛나는 영화를 누렸으나, 솔로몬이 죽은 뒤 나라가 북쪽의 이스라엘 왕국과 남쪽의 유대 왕국으로 갈라졌다고 기술한다. 하지만 대부분 학자는 다윗과 솔로몬의 영화를 매우 과장된 이야기로 생각한다.

유대인들의 나라가 영토국가로 발전한 것은 기원전 9세기 (북)이스라엘의 오므리 왕조에 와서라는 데 많은 학자가 동의한다. 유대 왕국은 이스라엘 왕국과 애초에 별개의 국가로, 통일 왕국이 존재했다는 이야기는 이스라엘 왕국이 멸망한 뒤, 유대 왕국에서 만들어낸 신화라는 것이다.

가나안 땅에 살던 여러 민족 가운데 가장 유명한 것은 페니키아인이었다. (페니키아라는 말 자체가 가나안을 그리스어로 번역한 말이었다.) 가나안 해안과 북부 아프리카에 도시국가들을 건설한 페니키아인은 지중해 무역을 주도하며 번성하고 있었다.

오므리왕의 아들 아합왕은 페니키아 출신 아내를 맞는 등 친(親)페니키아 정책을 통해 그들이 주도하는 국제무역체제에서 이득을 얻으려 했다. 그 결과 페니키아 문화와 풍습, 특히 바알 신앙이 이스라엘에 크게 유행하게 되었다. 아합은 올리브나 포도처럼 수출이 잘되는 작물의 재배를 위해 농민의 땅을 빼앗아 농장의 규모를 키우고, 농민에게 수출 작물 재배를 강요하는 정책을 펼쳤다.

수익 중심의 농업정책은 자영농민을 피폐하게 만들고 부익부 빈익빈 현상을 심화시켰다. 아합과 페니키아인 왕비 아세벨이 포도원을 강탈하려고 나봇이라는 농민을 살해했다는 성서의 일화는 이런 정책을 추진하는 과정에서 생긴 일이었을 가능성이 크다. 엘리야를 필두로 이스라엘에 잇따라 등장한 예언자들은 페니키아 문화와 이방의 신들에 경고하고, 아합의 정책을 맹렬히 비난했다.

하지만 야훼만 섬기라는 예언자들의 외침은 대체로 별 효과가 없었다. 이스라엘과 유대 일반 백성의 다신교 신앙은 여전히 계속되고 있었다. 기원전 720년 이스라엘 왕국은 아시리아에 멸망당한다. 이스라엘 왕국으로부터 많은 사람이 유대 왕국으로 피난 왔고, 이스라엘의 작은 속국에 불과했던 유대 왕국은 인구가 크게 늘면서 유력 국가로 떠올랐다.

그와 함께 이사야 같은 예언자를 통해 유대 왕국에도 유일신 앙이 전파되었다. 예언자들은 이스라엘의 멸망은 야훼를 믿지 않았기 때문이라고 주장했다.

기원전 7세기 유대 왕국의 젊은 군주 요시야왕은 종교개혁을 단행했다. 종교개혁의 목적은 다리우스와 마찬가지로 지방귀족의 세력을 누르고, 왕권을 강화하기 위한 것이었다. 오늘날 학자들은 모세오경 같은 구약성경의 주요 부분이 이 시기 종교개혁의 일환으로 만들어진 것으로 본다. 그러나 개혁군주였던 요시야왕은 이집트와 아시리아의 전쟁에 휘말려 젊은 나이에 전사하고, 국운이 쇠한 유대 왕국은 기원전 586년 신흥강국 신바빌로니아에 멸망당했다.

유대 왕국의 지배층은 신바빌로니아로 끌려가 50년 동안 유배 생활을 해야 했다. 이들이 풀려난 것은 키루스 2세가 기원전 539년 신바빌로니아를 멸망시키고 나서였다. 다른 민족에게 관용

정책을 펼친 키루스 2세는 이스라엘인에게 귀향을 허락했을 뿐
아니라, 무너진 예루살렘 성전을 다시 짓도록 해주었다.

대다수 학자가 바빌론 포로 시절과 성전 재건 이후에야 이스
라엘인 사이에 야훼 신앙이 완전히 정착했다고 보고 있다. 바빌론
에서 목격한 마르두크 신앙과 조로아스터 신앙이 이스라엘인이
유일신을 수용하는 데 영향을 끼쳤을 수도 있다.

불교와 육사외도(六師外道)

중앙아시아 초원에서 동남쪽으로 향한 다른 아리아인 무리는
기원전 1800년경 인도 서북부에 도착했다. 이 지역에는 기원전
2500년 무렵부터 인더스 문명이라 불리는 발전된 도시 문명이 자
리 잡고 있었지만, 이들 역시 기후변화로 이미 쇠락하고 있었고,
아리아인은 전차를 내세워 선주민을 쉽게 몰아냈다.

기원전 10세기 무렵 인도 동북부 갠지스강 유역까지 진출한
아리아인은 유목 생활을 버리고 정착하기 시작한다. 아리아인이
인도에 막 들어왔을 때만 해도 사제, 전사, 평민 신분밖에 없었으
며 이것도 위계적이라기보다는 직업에 가까웠다. 하지만 농경으
로 생활방식을 바꾸며 정착하게 된 아리아인은 오늘날 흔히 카스
트 제도라고 불리는 더 분화되고 엄격한 신분제를 형성했다.

가장 높은 계급인 브라만은 사제로서 제사를 주관하는 자들

이었다. 두 번째 계급인 크샤트리아는 전사귀족으로 평상시에는 통치하고 전시에는 전장에 나갔다. 세 번째 계급은 바이샤로 원래는 목부였으나 이제 농부가 되었다. 여기까지는 예전과 별다름이 없었지만, 수드라라고 불리는 네 번째 계급이 추가되었다. '카스트'는 포르투갈인이 부르던 이름이고, 인도 사람들은 이 계급제도를 '색깔'이라는 뜻의 '바르나'라고 부르는데, 이는 아리아인이 피부색이 다른 선주민을 노예로 삼으며 이런 신분제를 만들었다는 점을 암시한다.

기원전 1200년에서 1000년 사이에 기록된 『베다』는 신들에 대한 찬가를 모은 책으로, 오늘날까지 힌두교의 기본 경전으로 남아 있다. 『베다』에 따르면 세계는 신들이 푸루샤라는 거대한 인간을 제물로 바치면서 창조되었는데, 이때 푸루샤의 입으로부터 브라만이, 두 팔에서 크샤트리아가, 두 허벅지에서 바이샤가, 두 발에서 수드라가 생겨났다고 한다. 이런 세계창조 신화는 바르나 제도에 정당성을 부여해 주는 것이었다.

그러나 이런 계급제도는 농경생활의 발전과 함께 점차 현실과 맞지 않게 되어갔다. 유목민 시절에 만들어진 제사의식과 농경생활의 괴리가 심해졌다. 예를 들어 제물로 바치던 소 같은 동물은 농경사회에서는 함부로 죽이기 힘든 귀한 존재가 되었다. 크샤트리아와 바이샤의 힘이 강해지며, 브라만에 대한 불만도 커졌다.

이런 상황에서 브라만 내부로부터 우파니샤드라는 개혁적인 경향이 나타났다. "귓속말로 전하는 진리"라는 뜻대로 브라만 사이에 비전되는 가르침을 기록한 「우파니샤드」는, 제사라는 형식보다 그 참된 의미를 찾는 쪽으로 방향을 바꾸었다. 그 결과 상당히 추상적이고 사변적인 개념이 생겨났다.

원래 제사에서 읊는 말을 의미하던 '브라만'이란 말은 궁극적 진리 혹은 실재를 가리키는 말이 되었다. 이와 함께 참된 자아를 가리키는 '아트만'이라는 개념이 중요해졌는데, 참된 자아의 탐구가 곧 브라만에 대한 추구로 간주되었다. 아트만이 사멸하지 않고 윤회한다는 개념이 등장하면서, '카르마'라는 개념이 중요해졌다.

우리에겐 업(業)이라는 불교 용어로 잘 알려진 카르마는 제사를 지낼 때 그것을 주관하는 브라만의 행동을 가리키는 말이었다. 원래는 제사에서 올바른 절차를 따른 행동을 해야 신들의 보상을 받을 수 있다는 의미였지만, 윤회라는 관념과 함께 카르마는 다음 생에 영향을 미치는 현생에서의 윤리적 행위라는 의미가 되었다. 즉, 현생에 공덕을 쌓은 자는 다음 생으로 윤회할 때 귀하게 태어나 더 좋은 삶을 살게 되고, 현생에 악행을 일삼은 자는 다음 생에 비참한 삶으로 업보를 받게 된다.

결국, 현재 부와 영화를 누리는 사람들은 전생의 공덕을 보는 것으로 되어, 윤회와 업의 개념은 현존 질서를 절대화하고 계급사회를 정당화할 새로운 논리가 된 것이다.

그러나 이런 논리는 기원전 6세기가 되자 여러 가지 심각한 도전을 받게 된다. 이 시기 인도는 부족사회에서 십수 개의 국가로 통합되었고, 마가다 같은 큰 나라도 나타났다. 도시문화가 발전하고, 국가는 상비군을 갖추고 전쟁을 벌였으며, 주화를 유통시켰다. 기존의 신분질서가 흔들리는 한편, 새롭게 불평등과 사회 모순이 형성되기도 했다.

브라만에 속하지 않는 자 중에서 출가를 통해 신분제도의 속박에서 벗어나 새로운 진리를 찾으려는 사람이 많이 나타났다. 이런 사람 중에 가장 유명한 것이 불교를 창시한 고타마 싯다르타(BC. 560?~480?)와 자이나교를 창시한 마하비라(BC. 599?~527?)이다. 이 두 사람은 모두 크샤트리아 출신이었으며, 거의 동시대를 살며 많은 추종자를 거느렸다.

초기 불교 경전인『사문과경(沙門果經)』에 등장하는 육사외도(六師外道)에 대한 기록은 당시 그 외에도 많은 사상이 널리 유행했다는 사실을 짐작하게 해준다. 육사외도는 자이나교를 비롯하여 당대에 널리 퍼져 있던 여섯 가지 주요한 사조를 가리키는데, 카스트를 벗어난 출가자들의 공동체를 가리키는 상가는 오늘날 보통 불교 용어로 생각되지만,『사문과경』에 따르면 이 여섯 스승 모두 상가와 교단을 거느리고 있었다.

이 가르침들에는 어떠한 행위도 죄가 되거나 공덕이 되지 않는다는 도덕 부정론이나, 모든 것이 결정되어 있으므로 인간의 노력으로 바꿀 수 없다고 주장하는 숙명론도 있었으며, 인간은 흙, 물, 불, 바람 같은 물질적 요소로 이루어져 있어서 죽으면 육신은 다시 그 요소로 돌아갈 뿐 사후세계나 윤회는 존재하지 않는다는 단멸론과, 확실한 것은 아무것도 없다는 회의론까지, 그리스의 필로소피아만큼 다양한 사상이 개진되었다.

이들 사상은 대체로 유물론적이거나 상대주의적 진리관을 드러내며, 브라만 질서를 떠받치는 아트만, 윤회, 업 같은 개념을 근본적으로 거부했다. 이에 대해 고타마 싯다르타는 업과 윤회의 부정이 인간에게 아무런 도덕적·실천적 지침을 주지 않는 교설에 지나지 않는다고 비판하며, 출가를 통한 수행으로 현실의 괴로움에서 벗어나 자유를 얻을 수 있다고 주장했다.

싯다르타는 업과 윤회를 떠받치는 것은 인과로 촘촘히 얽힌 끝없이 변화하는 질서이고, 수행을 통해 이런 세계의 진상을 깨달을 수 있으며, 그 깨달음을 얻는 순간 인과의 굴레에서 해방되는 존재가 된다고 보았다. 자이나교 역시 윤회와 업을 부정하지 않으며, 올바른 지식, 올바른 관점, 올바른 행동을 실천함을 통해 윤회의 굴레에서 벗어날 수 있다고 한다는 점에서 불교와 비슷하지만, 악한 카르마를 쌓지 않기 위해서 고행과 금욕을 강조한다는 점에서 달라진다.

반면 불교는 고정불변한 실체는 존재하지 않고 무한히 변화하며 자아조차 허상에 불과하다고 보기 때문에, 이러한 세계의 진상을 파악하려면 무언가에 집착하지 않는 정신적 수련이 중요하다. 고행과 금욕은 이러한 깨달음을 위한 수단일 뿐 과도한 고행역시 자신의 몸에 대한 집착에 불과하다.

이런 이단 사상들은 브라만교에 비판적인 크샤트리아와 부유한 바이샤 계급에 지지와 원조를 받으며 번성했다. 자이나교와 불교는 윤회와 업을 완전히 부정하는 급진적인 경향에 비해 통치자들에게도 비교적 지지를 받았다. 극단적인 고행과 금욕을 강조하는 자이나교의 엘리트주의적 경향보다는 붓다의 가르침이 더 대중적인 호응을 얻을 수 있었다.

공자와 제자백가

흔히 은(殷)나라로 불리는 상(商)나라는 은허(殷墟)라는 도시를 거점으로 한 도시국가였으나, 기원전 13세기경 황하(黃河) 유역의 비슷한 도시국가 사이에서 주도적인 역할을 하기 시작했던 것으로 보인다. 이 무렵부터 상나라 왕실은 자연신이 아니라 왕실의 조상들을 신으로 모셨다. 말기에 들어서는 왕의 이름에 신을 뜻하는 제(帝)를 넣기 시작했는데, 이는 왕권이 강화되었다는 사실을 보여주는 것으로 이런 상의 행동은 주변 국가들의 불만을 샀을 것이다.

기원전 1044년 혹은 1046년으로 추정되는 해의 어느 날, 상나라 수도 은허 앞 목야라는 벌판에서 300대의 전차부대를 주축으로 한 주나라군이 압도적인 병력을 가진 상나라 군대를 격파했다. 전차는 이미 기원전 13세기에 상나라에 전해졌지만, 주나라 같은 변방 국가가 더 적극적으로 신무기를 받아들인 것으로 보인다. 상의 군주는 자결하고, 주나라가 황하 주변 도시국가들의 새로운 우두머리가 되었다.

주나라는 주변 국가들에 복종을 강요하다 멸망한 상을 타산지석 삼아 소규모 국가들의 자율적이지만 위계적인 네트워크를 조직하고, 그것을 봉건제라고 불렀다. 또 상의 조상신 숭배를 받아들이면서, 이런 위계에 따라 의례를 조직했다. 전설은 주나라 창업공신인 주공이 이러한 의례를 정리하여 『주례(周禮)』를 창시했다고 하지만, 실제로는 기원전 8세기 무렵에 형성된 것으로 추정하는 학자가 많다.

주례가 묘사한 이상적인 질서는 주나라 왕실을 정점으로 하여, 소규모 국가의 통치자인 제후, 대지주이자 고위관리인 경과 대부, 소지주로 전시에는 종군하고 평시에는 하급관리로 일하는 사(士), 정전제로 조직되어 일정한 땅에서 농사를 짓고 왕과 제후에게 공물을 바치는 농민을 기초로 하는 위계 체제였다. 토지 소유에 입각한 이 질서는 영구적이고 고정적이어야 했기 때문에, 토지는 사사로이 매매할 수 없었다. 본래 제사의 형식을 의미하던 예(禮)는 각 신분에 맞는 행동방식을 규정하는 것으로 의미가 확대되었다.

흔히 공자라고 불리는 노(魯)나라 사람 공구는 기원전 551년 하급귀족의 사생아로 태어났다. 이때는 이미 춘추시대 말기로, 인구가 급증하고, 화폐가 유통되었으며, 자국의 귀족 출신이 아닌 사람들이 객경(客卿)이라 불리며 고위 관리로 활약하는 일이 많아지는 등 기존의 질서가 무너지고 있었다.

전쟁 양상이 변하면서 농민이 전쟁에 동원되었고 정전제도 붕괴했다. 토지는 매매가 가능해지고, 부를 축적하는 자가 생겨났다. 이런 시기가 되자 신분질서를 넘어 출세하려는 사람들이 등장했고 교육받는 것이 중요한 일로 떠올랐다. 춘추시대 말기에 와서 귀족이 아닌 일반인들에게 교육 서비스를 제공하는 개인사업자가 나타나기 시작했는데, 공구의 언행을 기록한 『논어(論語)』에 따르면 같은 시대 노나라에도 소정묘와 왕태라는 번창한 교육 사업자들이 있었던 것으로 보인다.

공구는 '속수(束脩)' 이상을 예물로 가져오는 사람은 누구나 학생으로 받았다고 한다(自行束脩以上 吾未嘗無誨焉). '속수'란 육포 묶음을 의미하는 것으로 당시 예물로 바치던 물품 중 가장 싼 것이었다. 물론 수업료가 비싸지 않았다는 의미이지만, 공구의 제자가 3000명에 이르렀다는 기록으로 볼 때 이런 교육사업을 통해 상당한 수입을 얻었을 것으로 생각된다.

공구가 가르친 것은 육예(六藝)라고 불리던, 당시 귀족이 배워야 할 고급 교양이었다. 『주례』에 따르면 육예는 원래 예법, 음악, 글쓰기, 활쏘기, 전차 모는 법, 산술이었는데, 공구는 여기에 역사와 점술을 추가하여 시(詩), 서(書), 예(禮), 악(樂), 역(易), 춘추(春秋)라는 육경(六經)으로 정리했다. 직접 책을 쓰진 않았지만 가르치는 데 필요한 자료를 모아 교과서를 편찬한 것이다.

공구가 소피스트들처럼 누구나 학생으로 받아주었다는 것은 급변하는 사회의 요구를 반영하는 것이었지만, 그가 가르친 것은 소크라테스나 플라톤처럼 기존 사회질서를 옹호하는 것이었다. 공구는 극기복례(克己復禮)라고 하며, 사람의 선한 본성인 인(仁)을 키워 사회의 기본질서인 예(禮)를 복원시켜야 한다고 주장했다.

여기서 예란 "임금은 임금답고 신하는 신하답고 아버지는 아버지답고 자식은 자식다워야 한다(君君臣臣父父子子)"라는 『논어』의 구절처럼 사회적 위계를 명확히 하고, 그에 맞는 행동양식을 부여하는 것을 뜻했다.

유가가 큰 성공을 거두자, 이를 본떠 다른 학파들이 등장했다. 대표적인 것이 묵가와 도가인데, 전국시대에 유가를 계승한 맹가(BC. 372?~289?)가 당대에 묵적과 양주의 말이 천하를 가득 채웠다고 한탄할 정도로 인기를 끌었다.

기원전 4세기에 활동한 묵적은 원래 유가를 공부했지만, 공구의 인(仁)이 차별적인 성격을 갖고 있다고 보고, 겸애(兼愛)라는 차별 없이 평등한 사랑을 주장했다. 그는 대국과 소국 없이 모두가 조그만 나라로 쪼개져 전쟁이 없고 모든 사람이 평등한 세상을 지향했는데, 이런 주장은 오늘날 아나키즘이나 코뮤니즘과 유사한 주장으로 당대 일반 백성에게 큰 인기를 끌었다. 하지만 급진적인 그의 사상은 통치자들의 관심을 끌기는 어려웠다.

묵적보다 조금 앞서 활동한 양주는 상대주의적 세계관과 개인주의적 윤리관을 설파했다. 후대에 와서 그의 사상은 공자와 동시대 인물로『도덕경』의 필자로 여겨지는 노담과 더 후대의 인물인 장주와 묶여 도가를 형성한다고 여겨졌다. 하지만 개인주의적인 양생론에 가까운 도가는 집단적인 학파로 존재하지는 못했다.

축의 시대에서
제국의 시대로

야스퍼스는 축의 시대가 기마민족의 출현과 고대제국 등장 사이의 일로, 그 두 사건과 어떤 연관이 있으리라고 추리했지만, 당시 지식의 한계로 더 나아가지는 못했다. 돌이켜보면 축의 시대는 말이 끄는 전차가 발명되면서 유라시아 전반에 등장한 전사귀족 사회가 무너지고 고대제국이 건설되기까지, 수백 년간의 사회변화가 낳은 산물이었다.

『왜 서양이 지배하는가』라는 책을 쓴 미국 역사학자 이언 모리스는 전사귀족 시대에 형성된 분산적인 통치형태를 저가전략이라고 명명하면서, 축의 시대에 들어 관료적 통치에 근거한 고가전략이 나타났다고 평가한다. 그에 따르면 축의 시대 사상들은 고가전략에 대한 반발로 일어났다. 하지만 축의 시대에 등장한 다양한 사상을 그렇게 단순하게 설명하기는 어렵다.

이 시대에는 묵가나 원자론처럼 기존 질서에 근본적으로 반대하는 급진적인 사상들도 등장했지만, 공구나 플라톤처럼 그것을 유지하려는 보수적 태도도 나타났다. 조로아스터교나 야훼 신앙처럼 위로부터의 종교개혁도 등장했다.

축의 시대가 지나고 지중해 유역, 중동, 인도, 중국에는 모두 제국이 등장했다. 이 제국들은 축의 시대에 등장한 사상들을 통치 이념으로 받아들였는데, 불교를 수용한 마우리아제국이나 유가를 수용한 한나라의 예에서 보듯이 너무 급진적이거나 반사회적인 사상들을 배척하고 비교적 온건하고 보수적인 사상들을 수용했다.

축의 시대를 거치며 인간의 삶을 수시로 간섭하던 인간적이지만 무섭고 변덕스러운 신들은 덜 간섭하는, 더 추상적인 존재들로 대체되었다. 하층민과 노예의 목숨은 파리 목숨이나 다름없고 인신공양이나 순장 같은 잔인한 풍습이 횡행하던 폭력적이고 불평등하며 위계적인 시대가 저물고, 비록 많은 제한이 있지만 인간은 평등하고 그 생명은 존중되어야 한다는 생각이 자리 잡기 시작했다.

5장

철학, 신의 나라 이념이 되다

기원전 2세기 중엽 그리스 세계는 로마에 정복되었다. 이와 함께 그리스 필로소피아는 로마제국으로 유입되었다. 헬레니즘 시대에 플라톤과 아리스토텔레스의 사변적인 이론체계는 스토아주의나 에피쿠로스주의 같은 경쟁자들에게 밀렸는데, 이는 로마에서도 마찬가지였다. 플라톤의 필로소피아적 사유가 다시 부흥한 것은 3~4세기에 와서의 일이었다.

흔히 철학은 이성적인 것이고 종교는 비합리적이고 미신적인 것으로 생각되지만, 플라톤 사상의 부활은 오히려 종교적 분위기의 부흥에 힘입은 바가 컸다.

쇠락하는 제국

18세기 영국의 역사가 에드워드 기번은 『로마제국쇠망사』에서 자신이 "야만과 종교의 승리를 서술했다"고 썼다. 계몽주의자인 기번에게 그리스도교는 눈부신 고전문화를 좀먹은 미신에 불과했다. 하지만 그리스도교의 승리는 오히려 고대 세계의 사회경제적 쇠락의 결과이지 그 반대는 아니었다.

그리스 필로소피아를 낳은 도시국가 체제는 이미 기원전 4세기에 내적인 한계에 도달했다. 소규모 도시 공동체의 틀은 커지는 내부 갈등을 더는 해결할 수 없었고 제국으로의 팽창을 요구했다. 폴리스 시대 말기에 등장한 범(汎)그리스주의는 그 반영이었다. 그러나 폴리스 세계를 통일한 알렉산드로스의 제국은 오래가지 못했다. 알렉산드로스가 요절하자 제국은 곧 여러 나라로 분열하였다.

알렉산드로스가 이루지 못한 제국의 꿈을 실현한 것은 이탈리아반도의 도시국가 로마였다. 로마 역시 그리스 폴리스들과 비슷한 문제를 겪었고, 귀족과 평민의 갈등을 해결하기 위해 팽창으로 나아갈 수밖에 없었다. 알렉산드로스의 제국이 붕괴한 기원전 4세기 무렵부터 로마는 반대로 끊임없이 팽창하기 시작했다.

기원전 3세기 초 이탈리아반도를 통일한 로마는 기원전 2세기 강력한 경쟁자 카르타고를 제압하고 지중해의 패권을 잡았다. 기원전 146년에는 그리스 전역을 속주로 편입하고 지중해의 거의 모든 지역을 정복했다.

로마 지배층은 정벌로 획득한 부를 분배하는 것으로 평민들의 불만을 달랬다. 하지만 정복을 통해 로마로 흘러들어온 막대한 부는 오히려 더욱 심한 빈부격차를 낳았다. 해외에서 들여온 값싼 농산물은 자영농을 몰락시켰다. 토지 재분배로 이 문제를 해결하려던 그라쿠스 형제의 개혁은 기득권층의 커다란 반발을 사서 실패하고 말았다.

이후 로마 공화정은 문제의 근원적인 해결 없이 기득권층의 이해를 대변하는 옵티마테스와 민중의 이익을 내세우는 포풀라레스라는 두 당파로 나뉘어 갈등을 거듭했다. 이러한 갈등을 해소하기 위해 로마는 다시 끝없는 전쟁을 해야 하는 악순환에 빠졌다. 전쟁을 통해 축적한 부를 민중에게 뿌리며 인기를 얻은 군사지도자들은 당파와 무관하게 독재자가 되는 길을 택했다. 결국, 로마는 카이사르의 뒤를 이은 아우구스투스에 와서 공화정이 폐지되고 1인 통치 국가가 되었다.

그러나 서기 9년 토이토부르크 숲에서 아우구스투스의 군대가 게르만 연합군에게 참패하면서 로마제국의 팽창은 사실상 끝이 났다. 이후 수백 년 동안 로마제국은 게르만족과 긴장관계를 유지하며 천천히 쇠락하게 되었다.

서기 96년에서 192년까지 약 100년 동안 5현제의 시기라고 불리는 상대적으로 안정적인 시기가 오긴 했으나, 비대한 군사·관료 체제는 재정을 고갈시켰고 제국의 신민은 막대한 세금을 부담해야 했다. 노예제는 이러한 상황을 더욱 악화시켰다. 여러 정복지로부터 유입된 노예는 자유민을 실업자로 만들고 중산층을 몰락시켰다. 유입된 노예의 생활은 더욱 비참하여 전반적인 사회적인 삶을 하락시켰다.

노예와 하층민에게 삶은 지속적인 고통일 뿐이었다. 그야말로 "현실은 견딜 수가 없었으며, 미래가 있다면 그 미래는 더욱 두려운 것이었다(엥겔스, 〈브루노 바우어와 초기 그리스도교〉)." 이러한 사회 분위기 속에서 로마의 상류층은 초기의 건강성을 잃고 물질적 쾌락에 빠지거나 반대로 스토아주의 같은 엄격한 금욕주의에 의탁했다.

반면 현실에서 아무런 희망을 찾을 수 없었던 민중은 종교에서 위안을 구했다. 그리스도교뿐 아니라 이집트의 이시스와 오시리스 신앙, 페르시아의 조로아스터교, 미트라교, 마니교 등 다양한 동방종교가 로마제국으로 들어와 번창했다. 엥겔스의 말처럼 그리스도교가 "출현한 곳은 바로 이같이 정치, 경제, 지식, 도덕 등의 모든 분야에서 퇴보가 진행되던 도가니 속"이었다.

로마와 그리스도교

그리스-로마 세계의 다신교적 전통은 다원적이고 개방적이었으며 이민족 종교에 너그러운 편이었다. 제정 이후 로마 황제들은 자신을 신격화하는 전통을 세웠는데, 외래 종교가 자기들의 신과 함께 황제를 신으로 모시는 한 별다른 탄압을 하지 않았다.

하지만 그리스도교는 제국 정부로부터 예외적인 탄압을 당했다. 이는 주로 그리스도교 자체의 배타성과 폐쇄성에 기인했다. 자연환경에서 나타난 인간적이고 방탕한 신들과 달리, 오직 자신에게만 복종할 것을 요구하는 유일신 야훼는 유대 민족주의자들이 만들어낸 편협하고 가부장적인 신이었다.

유대교의 배타성을 그대로 이어받은 그리스도교 신도는 황제 숭배와 군사적 봉사를 거부했고 그 결과 불법화되었다. 이 때문에 그리스도교 신앙은 은밀한 형태를 띠게 되었으며, 그런 폐쇄성으로 말미암아 초기 그리스도교는 혹세무민하는 기이한 미신 혹은 사교 취급을 면치 못했다.

그런데도 그리스도교의 교세는 노예와 해방 노예 등 비참한 생활을 영위하는 도시 하층민을 중심으로 빠르게 확대되었다. 5현제 시대 이후 50년간 쿠데타와 암살로 18명의 황제가 등장하는 극심한 혼란기가 도래했다. 3세기 내내 계속된 이런 사회·정치적 혼란은 그리스도교의 확대에 매우 좋은 토양이 되었다. 이 시기를 거치며 그리스도교는 하층민의 은밀한 신앙에서 점차 중상류층으로 파고들며 대중적인 종교로 발돋움했다.

3세기 말에 등장한 디오클레티아누스 황제는 오랜 혼란을 끝내고 일정 정도 정치적 안정을 회복시켰다. 디오클레티아누스는 방대한 제국의 통치와 방어를 효율화하기 위해 제국을 네 개로 분할하고, 황제의 신격화를 더욱 강화했다.

황제 숭배를 거부하는 그리스도교 신자들은 제국의 통일에 대한 실질적인 위협으로 여겨졌으며 디오클레티아누스는 그리스도교를 유례없이 강력하게 탄압했다. 하지만 그리스도교는 이미 제국의 주요 종교로 확고히 뿌리 내리고 있었다.

디오클레티아누스의 뒤를 이은 콘스탄티누스 황제는 그리스도교를 수용하는 쪽으로 정책을 바꾸었다. 콘스탄티누스는 서기 313년 그리스도교를 공인했다. 콘스탄티누스의 공인 이전에 그리스도교의 세가 어느 정도였는지 확실한 자료는 없지만, 역사학자들은 대략 전체 로마인의 10% 정도였을 거로 추정한다.

그리스도교가 도시 하층민의 종교라는 성격이 강했으므로 상대적으로 도시에 신자가 더 많았을 것으로 짐작된다. 하지만 공인 이전의 그리스도교는 당시 로마에 들어와 번성하던 여러 외래 종교 중 하나에 불과했다. 예를 들어 군인들 사이에 널리 퍼져 있던 미트라교의 교세는 그리스도교에 못지않았다.

그러므로 그리스도교가 교세가 커져서 공인되었다기보다는 오히려 국가의 공인과 지원이 그리스도교 교세 확대의 결정적인 계기가 되었다고 보는 게 더 사실에 가까울 것이다. 콘스탄티누스는 그리스도교를 공인했을 뿐 아니라 여러 가지 친(親)그리스도교 정책을 펼쳐 지원했다.

콘스탄티누스가 그리스도교를 받아들이게 된 계기에 대해서는 여러 설이 있지만, 그리스도교를 광대한 제국을 단일하게 묶을 통치이데올로기로 이용하려 한 것은 분명하다. 광대한 제국이 하나의 신을 믿는 하나의 종교로 통일된다면 고질적인 정치적 불안도 진정될 것이다.

그리스도교는 공인된 이후 무서운 기세로 교세를 확대하여 불과 한 세기 내에 3천만 명 이상의 신도를 헤아리게 되었다. 394년 로마 황제는 제국 내에 그리스도교 이외의 종교를 금지했다. 그리스도교는 명실상부한 대제국의 국가이념으로 자리 잡게 되었다.

필로소피아와 그리스도교

원래 그리스도교는 유대교의 한 일파로 출발했으며 그 전통을 많은 부분 그대로 지니고 있었다. 하지만 예수의 추종자들은 주류 유대 교단에 탄압을 당했고, 점차 다른 민족에서 신도를 찾기 시작했다.

이러한 가운데 민족적이고 가부장적이며 편협한 신은 점차 국제적이고 보편적인 신으로 변화했다. 특히 바울은 그리스도교 신도는 유대교 율법과 관습을 따를 필요가 없으며 예수를 구세주(그리스도는 구세주라는 뜻이다)로 믿으면 구원받을 수 있다고 주장했다. 그 결과 그리스도교는 유대교의 일파에서 그리스도를 섬기는 새로운 종교로 변모했다. 예수가 죽고 한 세대가 지나자 그리스도교는 유대교와 다른 독립적인 종교로 인식되었다.

초기 그리스도교는 본질적으로 하층민의 신앙이었다. 적대자들은 흔히 육체 노동자들과 소년, 여인, 거지, 노예들이나 믿는 밑바닥 종교라고 비난했다. 엥겔스가 「초기 그리스도교의 역사」라는 글에서 그리스도교를 가리켜 로마 시대의 공산주의 운동이라고 부른 것은 이러한 성격 때문이었다.

초기 그리스도교는 유대교뿐 아니라 당시 유행하던 여러 사상의 영향을 받았다. 그 중 그리스 필로소피아의 영향, 특히 당시 로마제국에서 유행하던 스토아주의의 영향이 컸다.

스토아주의는 그리스 필로소피아가 통속화된 형태로, 독자적인 체계를 가졌다기보다 헤라클레이토스와 플라톤 등의 사상을 짜깁기한 인생지침 혹은 처세훈적인 성격이 강했다. 스토아주의는 인간이 세계의 원리인 로고스를 파악하고 그에 따라 살아야 한다고 가르쳤다. 에피쿠로스주의나 회의주의 등 헬레니즘 시대에 유행한 다른 사상들은 위험사상으로 배척당했지만, 공공성과 도덕성을 강조한 스토아주의는 점차 체제 친화적인 성격을 띠게되었다.

1세기 말에 저술된 것으로 추정되는 「요한복음」은 "태초에 말씀이 계셨다. 그 말씀은 하나님과 함께 계셨다. 그 말씀은 하나님이셨다."라고 시작한다. 하나님과 동일시된 이 '말씀'이란 바로 스토아주의에서 말하는 로고스를 가리키는 것이다. 이때부터 이미 그리스 필로소피아의 영향을 받고 있었음을 보여준다.

하지만 3세기 로마제국의 혼란 속에서 스토아주의는 신플라톤주의에 지배적 사상의 위치를 빼앗겼다. 본래 사회·정치적 성격이 강했던 플라톤주의는 폴리스 세계의 붕괴와 함께 점차 개인주의적이고 신비주의적인 성격을 띠기 시작했다. 그래서 헬레니즘과 로마 시대를 거치며 스토아주의와 융합되거나 유사 종교적인 경향을 보였다. 이런 경향은 플로티노스가 주장한 신플라톤주의에 와서 정점을 이루었다.

플라톤은 가변적인 현실 세계는 허상이고 변하지 않는 유일한 참 존재가 있다고 생각했다. 그리고 현실 세계는 참 존재의 성격을 나누어 가지고 있거나 모방한 것이라고 주장했다. 플로티노스는 이를 극단화시켜 오로지 불변하고 유일한 참 존재만이 존재하고 다른 모든 것은 그로부터 흘러나온 것이라고, 즉 유출(流出)된 것이라고 주장했다. 그는 삶의 궁극적 목적은 그 유일한 존재를 파악하여 그와 합일하는 것이라고 보았다.

신플라톤주의가 로마제국에서 빠르게 주류 사상으로 떠오른 것은 어느 정도 어용 철학적인 성격을 띠었기 때문이다. 당시 황제 갈리에누스는 그리스도교에 관용책을 펼치는 대신 플로티노스와 신플라톤주의를 후원하여 그리스도교를 견제하고자 했다. 신플라톤주의자들은 대개 그리스도교에 비판적인 태도를 보였다.

하지만 신플라톤주의와 그리스도교는 유사한 점이 상당히 많았다. 유일한 참 존재라는 생각은 그리스도교의 유일신과 상통하는 것이었다. 신플라톤주의의 유일자를 '하나님'으로 바꾸면 그리스도교에서 하는 이야기와 별반 다를 게 없었다. 실제로 플로티노스의 스승으로 알려진 암모니우스 삭카스는 원래 그리스도교도였다고 알려져 있다.

초기 그리스도교 이론가들은 신플라톤주의에 대응하며 그 논리를 상당수 흡수했다. 예를 들어 아우구스티누스 이전에 가장 유명한 그리스도교 이론가인 오리게네스는 플로티노스와 마찬가지로 암모니우스 삭카스에게 배웠다. 오리게네스는 만물이 하나님으로부터 차례로 파생되었다는 유출론과 비슷한 견해를 지녔다. 신플라톤주의는 특히 필로소피아적 사변에 익숙한 그리스를 비롯한 옛 헬레니즘 세계에서 그리스도교에 크게 영향을 끼쳤다.

민중종교에서 국가이념으로

초기 그리스도교 지도자들은 대개 그리스도교 내부로 들어오는 그리스철학 사조에 적대적이었다. 그들은 이교도의 사상을 가지고 교리를 따지는 행위 자체가 불경이라고 생각했다.

하지만 교세가 커지면서 이런 태도는 점차 유지하기 힘들어졌다. 그리스도교는 하층민에서 점차 중산층과 상류층으로 파급되었다. 3세기 중반이 되자 원로원 의원이나 황족 같은 최상류층에도 그리스도교 신자가 나타났다. 이와 함께 그리스철학을 교육받은 지식인이 더 많이 그리스도교로 유입되었다.

이들은 그리스철학을 기초로 빈틈과 모순이 많은 그리스도교 교리를 매끄럽게 다듬고자 했다. 이런 사람들을 흔히 교부철학자라고 부르는데, 이들에 의해 유목민의 가부장적인 신과 하층민의 미신적인 종교는 점차 로고스의 하나님을 믿는 논리적인 종교로 변해갔다.

이는 공산당이 자본주의 체제 내의 대중정당으로 제도화되면서 게오르크 루카치나 루이 알튀세르처럼 제도 학계에 종사하던 부르주아 지식인들이 공산주의로 개종하여 주류 철학을 가지고 마르크스주의를 정교화하려고 시도한 것과 유사한 현상이었다. 더욱 비슷한 것은 그리스도교 역시 스탈린주의처럼 국가의 지배이데올로기로 변질되는 양상을 보이기 시작했다는 것이다.

공인 이후 그리스도교의 부흥은 콘스탄티누스의 지원 정책의 덕이 컸다. 콘스탄티누스는 탄압으로 박탈된 그리스도교 재산을 보상해 주었을 뿐 아니라 특혜도 여럿 주었다. 그 때문에 상류층에서 그리스도교로 개종하는 것이 큰 유행이 되었으며, 그리스도교는 탄압받던 사교에서 돌연 막강한 재력과 사회적 힘을 가진 세력으로 급부상했다.

그러나 그리스도교가 로마제국의 통치이데올로기로 기능하기 위해서는 우선 교회의 통일이 필요했다. 초기의 그리스도교는 매우 다양한 분파가 난립하고 있었다.

교회를 분열한 가장 큰 문제는 예수의 지위에 관한 것이었다. 그 이름에서 알 수 있듯이 그리스도교는 예수가 중심인 종교일 수밖에 없었다. 그럼 예수와 신의 관계는 어떻게 되는가? 예수는 신의 아들로서 부차적인 존재일 뿐인가, 아니면 신과 대등한 존재인가?

한 극단에서는 예수는 인간일 뿐이라고 주장했고, 다른 한 극단에서는 예수를 그 자체로 신이라고 주장했다. 2세기를 지나며 이러한 양극단을 배척하고 신과 그리스도는 동등하며 그리스도는 신이자 인간이라는 중간 입장이 주류 교파로 등장했다. 하지만 문제가 완전히 해결된 것은 아니었다. 공인 이후에도 신플라톤주의적인 유출론에 따라 신은 오직 하나뿐이며 예수 역시 신의 피조물에 불과하다는 알렉산드리아의 사제 아리우스의 주장이 동방교회를 중심으로 위세를 떨쳤다.

콘스탄티누스는 교회의 분열을 예방하고자 325년 니케아에서 종교회의를 개최해 문제의 해결을 시도했다. 두 견해는 팽팽하게 맞섰으나 군인 출신으로 그리스적인 사변에 거부감이 컸던 콘스탄티누스가 정통파의 손을 들어주면서 저울추는 급격히 기울었다. 아리우스파는 이 회의를 통해 이단으로 규정되었으며, 이후 신과 그리스도와 성령이 하나라는 삼위일체설은 그리스도교의 근본이 되었다.

그리스도교가 국가이념으로 확립되려면 교리의 통일뿐 아니라 탄압받는 작은 종파로 존재하던 시절의 완고함을 버려야 했다. 황제 숭배와 로마 관습을 거부하여 순교자를 많이 냈던 것에서 알 수 있듯이 그리스도교는 신자에게 희생을 크게 요구하는 종교였다.

신도의 헌신성은 초기 그리스도교가 강한 탄압에도 꺾이지 않고 유지될 수 있었던 원동력이었다. 하지만 국가종교로 발돋움하는 마당에 완고한 원리주의는 거추장스러울 뿐이었다. 교세가 크게 확장된 3세기에 이미 초기의 엄격함은 많이 완화되었다. 3세기 중엽 박해 당시 변절했지만 박해가 끝난 뒤에 다시 교회로 돌아오고 싶어 하는 신도들에 대해 교회는 관용적인 태도를 취했다.

반세기 뒤 디오클레티아누스 황제의 박해 때는 더 심각한 문제가 벌어졌다. 이번에는 평신도가 아니라 배교한 성직자들이 문제가 되었다. 교회 주류는, 교회 의례는 교회 자체로 효력이 발휘되는 것이지 성직자 개인의 인격에 좌우되지 않는다고 주장하며 이들을 다시 받아들였다.

카르타고의 주교 도나투스는 이에 대해 강하게 반발했고 공인 후에도 계속 논란이 되었다. 이에 대해서 황제가 직접 개입해서 도나투스파를 이단으로 규정했다.

아우구스티누스,
그리스도교 철학의 완성

그리스도 교리는 4~5세기를 거치며 종교회의를 통해 확립되었다. 종교회의의 결정은 황제의 입김을 강하게 받았다. 논리보다 세속의 권력이 교리를 결정했다.

확립된 교리에는 새로운 이론적 정당화가 필요했다. 여기 부응한 사람이 바로 가장 위대한 교부철학자라 불리는 아우구스티누스였다. 그리스도교가 한창 교세를 확대하던 시기 북아프리카에서 태어난 아우구스티누스는 본래 그리스도교 가정에서 태어났다.

하지만 젊을 때는 성서의 내용이 유치하다고 생각해서 그리스도교를 우습게 여겼다. 매우 다양한 지적 편력을 거치다 서른이 넘어서야 그리스도교로 돌아왔는데, 그때까지의 정신적 방황을 뉘우치고 기록한 것이 바로 『고백록』이다.

아우구스티누스는 그리스도교의 신이 전지전능한 절대 선이라면 왜 악이 발생하는지 해명되지 않는다고 생각했다. 그래서 세상을 선한 신과 악한 신의 투쟁으로 이해하는 마니교에 빠지게 되었다. 마니교는 3세기 페르시아인 마니가 기존 종교들을 대체하는 세계적이고 보편적인 종교를 만들겠다는 야심을 품고 조로아스터교·그리스도교·불교·신플라톤주의 등을 혼합해서 만들어 낸 종교였다.

마니는 여러 나라를 여행한 학식이 뛰어난 사람이었고 다른 종교들의 약점을 연구해서 종교를 창시했기 때문에 마니교는 다른 종교들에 비해 더욱 그럴듯하고 아귀가 맞아 보였다. 문제는 마니가 자연과 사물에 대해서 쓴 글들이 당시 선진적이던 그리스-로마의 자연과학적 지식과 맞지 않는 부분이 많았다는 데 있었다.

로마 지식인으로 자연학자들의 이론에 정통했던 아우구스티누스로서는 당연히 점차 마니교를 의심할 수밖에 없었다. 결국, 아우구스티누스는 당시 아카데메이아를 장악했던 회의주의를 접하면서 마니교를 버렸다. 하지만 "유일하게 확실한 인식은 확실한 것이 없다는 인식뿐"이라는 회의주의자들의 주장도 결코 만족할 수 없었다. 모든 것이 불확실한 상태라면 어떻게 인간이 행복해질 수 있겠는가? 회의주의의 불안정한 상태를 벗어나기 위해 그는 신플라톤주의를 거쳐 유일신에 대한 신앙으로 귀의하게 되었다.

'알기 위해서' 즉, 회의주의라는 불확실의 상태에 빠지지 않으려면 먼저 믿어야 한다. 감각으로 얻은 지식은 회의주의자의 주장처럼 주관적일 수 있지만, 진정한 진리는 참 존재 자체인 신에게서 나오기에 절대적인 것이다. 인간은 신을 믿음으로써만 절대적인 참된 진리를 알 수 있다.

아우구스티누스가 귀의한 그리스도교는 본래의 거칠고 조악한 하층민의 종교가 아니라 신플라톤주의와 결합한 철학적인 그리스도교였다. 문제는 신플라톤주의가 아리우스파같이 이단으로 규정된 종파들의 근거로도 사용되었다는 점이었다. 신플라톤주의의 유출설은 오로지 참 존재인 유일자만을 존재하는 것으로 규정함으로써 이미 정통교리로 확고히 자리 잡은 삼위일체설을 위협할 가능성이 있었다.

그래서 아우구스티누스는 플로티노스의 유출설 대신 플라톤의 원래 생각과 더욱 가까운 이원론으로 돌아갔다. 죄 많은 현실 세계는 단순히 환상이나 신의 유출물로 치부될 수 없으며 신과 다른 질을 가지고 독자적으로 실존한다. 신은 엄연히 실존하는 현실 세계 속으로 현현하여 인간의 죄를 대신 속죄하였으며 때문에 그리스도는 신성과 인성을 모두 가지고 있다. 이런 논리는 삼위일체설을 정당화하는 데도 동일하게 사용되었다.

니케아 회의에서 신(성부)과 그리스도(성자)의 본성이 같다는 주장을 대변한 아타나시우스는 신과 동일시된 말씀(로고스)이 인간으로 육화한 것이 바로 그리스도라고 주장했다. 하지만 삼위일체에서 '위'를 의미하는 그리스어 '히포타시스(hypostasis)'는 당시 라틴어 '본질(substantia)'로 번역되었다. 이는 신이 세 개의 본질을 가져서 '삼위'가 각기 다른 존재처럼 이해될 소지가 있었다.

아우구스티누스는 여기에 하나의 본질이 각기 독립성을 가진 다른 모습으로 현현한다는 철학적 개념을 부여해서 그런 난점을 피했다. 그는 궁극적 본질인 로고스는 하나지만 그것이 다양한 차원으로 나뉜다는 플라톤의 모델을 빌려 삼위일체설을 정당화한 것이다.

교회의 신성화

아우구스티누스는 무엇보다 교회의 이론가였다. 그리스도교는 원래 여러 교회의 느슨한 연합일 뿐이었는데 종교회의를 거치며 하나의 통일된 교회로 확립되었다. 승리한 교파는 단일한 보편교회라는 의미에서 보편적이라는 뜻의 '가톨리쿠스'라고 불렸다. 교회는 "부드럽고도 평등한 조직(『로마제국쇠망사』)"에서 로마제국의 관료조직을 모사한 수직적인 위계조직으로 변모했다.

아우구스티누스는 개종한 지 4년 뒤인 391년에 사제가, 396년에는 주교가 되었다. 성직자가 된 아우구스티누스는 여러 종교회의에 참여하며 교회의 권위에 도전하는 그리스도교 내부의 경향에 대한 투쟁에 앞장섰다. 특히 북아프리카에서 번성했던 원리주의자들, 즉 도나투스파와 펠라기우스파가 그의 주요한 공격 대상이었다.

이 원리주의자들은 천 년 뒤의 프로테스탄트 운동처럼 교회와 의례를 부정하고 개인의 신앙과 양심을 강조했다. 동시에 그들은 현실 사회의 개혁에 강한 관심을 가졌다. 이들의 주장은 분명 예수의 본래 가르침에 더 가까웠을 테지만 교회의 눈으로 볼 때는 교권을 부정하는 위험천만한 내부의 적일 뿐이었다.

특히 펠라기우스는 원죄와 은총에 대한 아우구스티누스의 주장을 비판했다. 아우구스티누스는 인간에게 자유의지가 부여되었지만 인류는 아담 이래로 그것을 악행을 저지르는 일에만 사용했다고 주장했다.

인간이 이러한 원죄로부터 탈출하려면 신에게 절대적으로 귀의하여 신의 은총을 받아야 한다. 하지만 신의 은총은 오로지 신의 뜻일 뿐 인간이 노력한다고 얻을 수 있는 것이 아니다. 결국, 인간이 신의 은총을 받기 위해 할 수 있는 일이란 신의 뜻을 담지하고 있는 교회의 의례에 참가하는 것뿐이었다.

펠라기우스는 아우구스티누스의 이런 주장이 인간을 도덕적으로 해이하게 만든다고 비판했다. 이에 대해 아우구스티누스는 펠라기우스가 원죄를 부정하고 도덕을 종교의 우위에 둔 이단이라고 격렬히 비판했다. 아우구스티누스의 주장은 개인의 양심에 앞서는 교회조직에 대한 절대화와 신성화로 귀결될 수밖에 없었다.

이런 교회의 신성화는 그의 마지막 대작 『신국론』에서 완성된다. 410년 게르만족의 일파인 고트족이 로마를 약탈하는 사건이 벌어지는데, 이는 그리스도교에 대한 여론을 악화시켰다. 아우구스티누스는 로마의 몰락이 그리스도교 때문이라는 비난에 대응하기 위해 『신국론』을 집필했다.

아우구스티누스는 신의 나라와 속세의 나라를 나눈다. 속세의 나라는 쇠락하거나 몰락할 수 있지만 신의 나라는 영원하다. 이제 교회는 현실의 로마제국 우위에 서는 새로운 나라, 신의 나라로 격상된다.

그리스도교는 원래 철저한 종말론이었다. 초기 그리스도교도에게 내세는 현실을 초월해 있거나 먼 미래의 것이 아닌, 곧 들이닥칠 임박한 현실이었다. 그래서 예수의 복음은 혼탁하고 타락한 현실의 모든 것을 거부하고 부정하는 급진성을 띠었다. 하지만 아우구스티누스의 신의 나라는 그런 급진성과는 거리가 멀었다.

현실국가는 결코 완전한 부정의 대상이 아니었다. 이미 현실의 국가권력과 교회권력은 서로 불가분하게 얽혀 있었다. 아우구스티누스는 주교로서 도나투스파와의 투쟁에 국가권력의 개입을 요구한 적이 있었다. 신의 나라인 교회와 현실의 권력은 서로 공존하는 것이었다. 『신국론』은 임박한 현실의 종말을 주장하는 것이 아니라 장구한 역사를 통해 신의 나라가 점진적으로 승리해 갈 것을 역설했다.

그는 인간의 역사를 전지전능한 신의 계획이 실현되어가는 과정으로 바라보았으며, 교회는 그 속에서 신의 섭리를 알고 대리하는 세속국가에 우월한 신의 나라다. 교회의 출현은 인류사에서 결정적인 전환점이며, 교회는 최후의 심판으로 역사가 끝나고 진정한 신의 나라가 실현될 때까지 인류의 정신적인 발전을 지도한다. 신의 은총은 교회를 통해서만 인간에게 비출 수 있으며, 따라서 교회 없이는 구원도 없다.

『신국론』에서 그는 알렉산드로스 대왕과 해적이 도덕적으로 무슨 차이가 있느냐고 질문한다. 알렉산드로스는 국가의 차원에서 약탈했기 때문에 대왕이라고 불리며 해적은 배 한 척으로 약탈하기 때문에 해적이라고 불릴 뿐이다. 이렇게 현실국가는 구성원들의 협약에 의해 도덕적 기준이 판별되므로 기준이 상대적일 수밖에 없다.

자유의지나 인간들의 협약은 악으로 빠질 수 있다. 신의 의지만이 절대적으로 올바를 수 있으며 그러므로 그 뜻을 대변하는 새로운 국가, 곧 교회가 모든 것에 군림해야 한다는 것이다.

신의 나라가 도래하다

아우구스티누스는 430년 히포가 반달족에게 포위되어 함락되기 직전에 숨을 거두었다. 서로마제국의 쇠락은 이미 돌이킬 수 없었다. 476년 서로마제국은 결국 게르만족의 침입으로 멸망했다.

이후 수 세기 동안 서유럽은 끝없는 전쟁과 약탈, 혼란에 휩싸였다. 그러나 아우구스티누스의 사상과 교회는 혼란을 뚫고 살아남았다. 11세기까지 그리스도교와 결합한 플라톤주의는 유일 사상으로 유럽을 지배했다. 그 밖에 다른 사상들은 모두 이단으로 배척당했다.

그야말로 신의 나라가 도래한 것이었다. 신의 섭리를 아는 성직자의 조직인 교회가 꼭대기에 서고, 전사이자 관리인 귀족이 백성을 다스렸다. 대다수 민중은 묵묵히 일하며 성직자와 귀족을 부양했다. 플라톤의 철인국가는 바로 그리스도교 국가들 속에서 실현되었다. 후세 사람들은 이를 "암흑시대"라고 불렀다.

만들어진 그리스도교

콘스탄티누스의 공인 이후 그리스도교가 국가이념으로 변화하면서 사실상 그리스도교의 여러 의례와 교리는 거의 새롭게 만들어졌다. 특히 로마제국에서 크게 유행하던 미트라교가 그리스도교에 남긴 흔적은 지대했다.

미트라교는 페르시아의 조로아스터교에서 파생된 종교로 태양신인 미트라를 숭배하는 종교였다. 그리스도교보다 조금 먼저 로마에 들어와 자리 잡은 미트라교는 하층민과 군인 사이에서 크게 유행했고, 군인의 환심을 사려는 여러 황제도 믿었다. 콘스탄티누스도 원래는 미트라교 신자였던 걸로 알려졌다.

하나의 신이 성부·성자·성신의 삼위로 현상한다는 삼위일체의 개념은 성경에서 근거를 찾기 어려우며 이집트·페르시아·인도의 고대 종교에 흔히 나타나는 화신(化身)이라는 개념에서 나온 것이 거의 확실하다. (위격을 의미하는 그리스어 '히포타시스(hypostasis)'는 본래 가면이라는 뜻도 가지고 있었다.) 물론 미트라교에도 유사한 교리가 있었다고 한다.

12월 25일 성탄절은 본래 미트라 신의 탄신절이며, 그리스도교의 안식일은 토요일이었으나 국교화 이후 태양을 숭배하는 미트라교의 휴일인 일요일이 안식일이 되었다. 예수 탄생과 관련된 여러 비화도 미트라교의 신화와 유사한 것이 많다. 세례의식도 본래 미트라교의 종교의식이었다.

그리스도교는 원래 종말론이었다. 예수가 당대의 유대 사회에 위험하기 짝이 없는 급진분자로 인식된 것은 무엇보다 그가 하나님의 심판을 현실로 생각한 것에 있었다. 그는 자신을 최후의 심판이 임박했음을 알리러 온 선지자로 소개했고, 그리스도교 본래의 교리는 「요한묵시록」에 나와 있듯이 세계의 종말이 오면 최후의 심판에 의해 과거의 선인들은 부활하고 구원받는 자들은 영생을 얻게 된다는 것이었다.

하지만 예수가 죽고 수십, 수백 년이 흘렀지만, 세상의 종말은 오지 않았다. 또한 현실 세계를 부정하는 종말론의 급진성 또한 국가이념으로는 적합하지 않았다.

이로부터 점차 유대교와 그리스도교에 존재하지 않던 영혼 불멸과 천국과 지옥이라는 개념이 도입되었다. 천국과 지옥이라는 개념은 인도의 힌두교에서 처음 나타나 한편으로는 불교로 유입되고 다른 편으로는 조로아스터교와 미트라교를 통해 그리스도교로 유입되었다. 영혼 불멸이라는 개념은 플라톤주의에서 들어왔을 가능성이 크다.

이런 사실들은 그리스도교가 국가종교로 만들어지는 과정에서 다른 유력한 종교들의 교리나 관습을 상당수 흡수하고 지배층의 입맛에 맞게 새롭게 창조되었음을 보여준다.

6장

중세의 황혼과
아리스토텔레스의
부활

아우구스티누스가 죽고 서로마제국이 멸망한 이후 8세기 프랑크 왕국의 카롤루스 대제가 서유럽을 재통일하기까지 수백 년 동안 혼란이 계속되었다. 이런 사회적 혼란 속에서는 학문도 발전할 수 없었다.

프랑크 왕국은 카롤루스 대제 사후 곧 붕괴했지만 이후 유럽 사회는 봉건제로 조직되면서 점차 안정화되기 시작했다. 사회적 안정과 함께 성직자 중에 형성된 전문적 학자집단이 스콜라철학이라는 새로운 경향을 이끌었다. 스콜라철학은 봉건사회의 안정화와 함께 교회이데올로기의 필요로 제기되었다.

플라톤주의와 봉건제

아우구스티누스는 플라톤의 이데아론을 빌려 현실 교회의 교리와 권위를 정당화했다. 플라톤은 보편적인 개념이 실제로 존재한다고 생각했는데, 그것을 이데아라고 불렀다. 즉 아름다운 것을 아름답게 하는 아름다움의 이데아, 용감한 행동을 용감한 것으로 인식하게 하는 용기의 이데아 같은 게 있다는 것이다.

플라톤은 그런 순수하고 보편적 개념의 세계가 현실 세계와 나란히 실존한다고 생각했다. 그는 이데아의 세계야말로 참된 세계이며, 현실에 살고 있는 우리는 변화·운동·다수성 같은 거짓 외양에 사로잡혀 동굴 속에 앉아 그 입구에 나타나는 흐릿한 그림자를 보고 그것이 세상의 전부인 양 생각하는 자들과 같다고 주장했다. 이런 진정한 진리의 세계를 볼 수 있는 것은 고도의 지적 훈련을 받은 엘리트이며 세상은 그들이 지배해야 한다는 것이다.

그러나 우리가 실제로 경험하는 세상은 다양한 개별적인 존재와 변화와 운동으로 가득 차 있다. 단일하고 불변하는 참된 세계란 현실에 대한 우리의 경험과 도무지 맞지 않는다. 그런 참된 세계의 존재를 추론해 내는 것은 엘레아학파의 제논이 보여주듯, 사실 언어적인 논리에 기초한 궤변에 불과하다.

그런데도 이런 식의 사변적 논리는 인간의 사고 자체가 언어논리에 갇혀 있기 때문에 쉽게 사람들을 현혹하며, 단순한 지적유희를 넘어 권력의 뒷받침을 받아 왕왕 강력한 힘을 발휘한다. 중세 유럽이 바로 그런 경우였다. 아우구스티누스에 의해 그리스도교와 융합된 플라톤주의는 9세기에서 11세기까지 봉건사회에서 유일 지배사상으로 군림했다.

프랑크 왕국이 붕괴하면서 서유럽에 통일된 중앙집권적인 권력을 건설하려는 시도는 최종적으로 좌절되었다. 그 결과 봉건제에 기초한 새로운 사회가 등장했다. 봉건제는 토지를 매개로 한 수직적인 신분사회였다. 왕은 공작·백작 등 대귀족과 고위성직자에게 커다란 땅덩어리를 나누어 주었고, 이들은 다시 수도원장과 하급귀족인 기사에게 땅을 나누어 주었다. 수도원장과 기사는 다시 백성에게 땅을 나누어 주었다.

고대에 평민에게 힘을 실어준 중무장 보병 대신, 중세에는 동방 유목민에게 배운 기마술의 혁신으로 기병이 전쟁의 중심이 되었다. 따라서 군사적 역할은 다시 귀족계급이 독점했다. 백성은 귀족의 군사적 보호(?)를 받으며 귀족이 직접 경영하는 토지에서 노역해야 했다. 자기 땅에 대한 귀족의 통치권은 국왕도 건드릴 수 없었으므로 봉건사회는 로마제국과 달리 지방권력의 느슨한 연합체적 성격을 띠었다.

그리스도교는 이런 봉건적 사회질서를 정당화하고 교회와 수도원을 통해 사회 가장 하부까지 지배이데올로기를 전파하는 역할을 했다. 신의 섭리를 아는 성직자, 나라를 다스리고 전쟁을 수행하는 왕과 귀족, 군소리 없이 묵묵히 일하며 그들을 부양하는 농민, 플라톤이 꿈꾼 신분적 분업사회는 봉건사회에 와서 비로소

완전하게 실현되었다.

　유럽의 새로운 지배자들은 교회를 통해 신으로부터 자신의 권위를 인정받기를 원했다. 카롤루스 대제는 서기 800년 로마 교황에게 서로마제국 황제의 관을 받았다. 독일 오토 황제도 교황에게 962년 신성로마제국 황제의 관을 받았다. 이런 세속의 지배자들은 그 대가로 교회에 대규모 영지를 하사하고 수많은 특권을 부여했다. 그 결과 교회는 상징적인 이데올로기 집단에서 점차 세속권력과 어깨를 겨루는 독자적인 세력으로 성장했다.

사회변화와 새로운 요구

서로마제국의 붕괴로부터 프랑크 왕국이 형성될 때까지 교회의 수도원은 혼란한 시대에 고대의 지식을 보존하는 피난처 역할을 했다. 그러나 철학적 이론을 정교하게 펼칠 여력도 필요도 사회에 없었기 때문에 이 시기의 학문적인 발전은 미미한 수준에 머물렀다.

　최초의 스콜라철학자로 불리는 요한네스 스코투스 에리우게나(810?~877?)가 그리스도교 교리를 철학적으로 합리화하고자 했던 노력조차 그럴 필요성을 별로 느끼지 못했던 교회로부터 오히려 배척당했다.

　하지만 인구가 급속히 증가하고 농업생산력이 발전하면서

봉건사회는 대략 11세기경부터 변화의 조짐이 나타났다. 무역과 상업이 활발해졌으며 도시가 부활했다. 세속권력과 교회권력 사이의 긴장과 갈등이 첨예해져 신성로마제국 황제가 교황에게 파문당한 카노사의 굴욕(1077년)이 벌어졌다.

더욱이 상대적으로 평화로운 시기에 수적으로 늘어난 기사계급의 횡포는 훨씬 참을 수 없게 심해졌고, 내부 갈등을 해소하기 위해 벌어진 십자군전쟁(1096년)은 동로마제국과 이슬람의 선진 문물이 서유럽에 쏟아져 들어오는 계기가 되었다.

자연과 학문에 관한 관심이 늘어났으며 수도원 부속학교를 중심으로 성직자 내부에서 보다 전문적 학자집단이 등장했다. 사회 발전과 함께 훈련된 지식인의 수요가 늘어나 도시에 대학이 생겨났으며, 새로운 학자집단은 이를 중심으로 비교적 자유롭게 학문 연구와 토론을 벌였다. 스콜라철학이라는 말은 바로 이러한 전문적인 학자집단이 주도하는 학문이라는 의미를 지니고 있었다.

이러한 사회변화는 서서히 지배적인 이데올로기인 그리스도교-플라톤주의에 대한 문제 제기를 불러일으켰다. 초기 스콜라철학의 대표자로 꼽히는 안셀무스(1033~1109)는 '신의 존재증명'으로 유명해졌다. 그는 쉽게 말해 인간은 신이라는 완전성의 개념을 생각할 수 있으므로 신은 존재한다고 주장했다. 이런 식의 증명법은 인간이 머릿속에서 떠올린 개념이 실제로도 존재한다는 것을 전제로 한 것이었다.

개념이 실재하는가 아닌가의 문제는 중세철학 전반을 관통하는 중요한 문제였다. 이는 보편논쟁이라고 불리는데, 개별 사물에 대한 개념문제가 아니라 보편적·추상적 개념의 실재성 문제가 주로 문제가 되었기 때문이다. '사과'라는 개념은 현실에 존재하는 '사과'라는 물체와 쉽게 연결되지만, '사랑'이라든가 '용기'라든가 '신'이라든가 하는 개념은 현실에서 그 대응물을 찾기 어렵다.

이런 보편적 혹은 추상적 개념이 진짜 존재한다는 주장을 실재론(實在論) 혹은 실념론(實念論)이라고 했는데, 이 문제가 중요해진 것은 그것이 교회의 권위와 직결되었기 때문이었다. 만일 그런 개념들이 실제로 존재하지 않는다면 보편적인 교회 즉 가톨릭교회 역시 자기 존재의 정당성을 주장할 수 없을 것이다.

때문에 로마 교황의 권위를 인정하는 측은 대체로 강하게 실재론을 주장했다. 캔터베리 대주교였던 안셀무스도 잉글랜드 국왕과 자주 갈등을 일으켰던 확고한 교권주의자였다. 카노사 사태가 벌어졌을 때도 그는 교황의 입장을 강력하게 옹호했다.

안셀무스 같은 극단적인 실재론이 등장한 것은 유명론(唯名論)의 등장과 무관하지 않았다. 유명론은 존재하는 것은 오로지 개개의 사물뿐이며 보편적인 개념은 실재하는 것이 아니라 그냥 사람이 붙인 이름일 뿐이라고 주장했다. 안셀무스와 동시대에 살았던 로스켈리누스(1050?~1126?)는 이런 주장을 통해 가톨릭교회의 근본토대인 삼위일체론을 부정하기에 이르렀다.

그는 삼위일체론에서 개별적으로 존재하는 세 가지 위격을 총칭하는 하나의 신적 실체 역시 실제로 존재하는 것이 아니라고 주장했다. 이러한 유명론은 플라톤에 기초한 단순한 실재론의 한계를 보여주었지만, 지나치게 이단적이라 당시 사회로서는 용납하기 어려운 것이었다. 로스켈리누스는 당연히 교회로부터 이단으로 비난받고 배척당했다. 하지만 안셀무스의 극단적인 실재론도 당대에 많은 비판을 받았다.

수도사 가우닐로는 신에 대한 관념이 있음으로 신의 존재가 증명된다면, 생각할 수 있지만 증명할 수 없는 다른 존재에게도 똑같이 적용해야 한다며 안셀무스의 주장을 반박했다. 안셀무스도 이런 비판에 대해, 생각할 수 있다고 해서 그것이 바로 실제로 존재한다고 할 수 없다는 것이 일반적인 사실임을 인정할 수밖에 없었다. (하지만 그는 신의 관념은 예외적이라고 억지를 썼다.)

이런 일들은 이미 플라톤주의가 단일 지배사상으로 유지되기 어려워진 상황을 반영했다. 로스켈리누스의 유명론적인 경향은 탄압에도 불구하고 당대의 대학자로 꼽히던 피에르 아벨라르(1079?~1142) 같은 사람에게 이어졌다. 학교와 대학을 통해 형성된 지식인들은 새로운 이념을 갈구했던 것이다.

아리스토텔레스의 부활

이러한 요구에 호응한 것이 바로 서유럽에서 오랫동안 잊힌 아리스토텔레스의 이론체계였다. 물론 서유럽 학자도 아리스토텔레스의 이름 정도는 알고 있었지만, 당시 서유럽에서 아리스토텔레스에 대한 연구는 매우 빈약한 상황이었다. 일례로 아벨라르는 자기 생각이 아리스토텔레스에 가까운 것 같다고 여겼으나 그 같은 대학자도 아리스토텔레스의 저서를 구해 볼 길이 없었다.

아리스토텔레스의 저서들 역시 로마 교양계급의 필수적인 교육과정에 포함되긴 했지만, 방대하고 사변적인 아리스토텔레스의 이론체계는 로마제국에서 상대적으로 홀대를 받았다. 게다가 신플라톤주의자들이 득세하면서 아리스토텔레스는 더욱 뒷전으로 물러났다.

그 때문에 아리스토텔레스의 저서들은 서유럽 지식인의 공용어인 라틴어로 거의 번역되지 않았다. 아우구스티누스도 『고백록』에서 자신이 아리스토텔레스의 『범주론』을 읽었을 뿐이라고 했다. 고대와 중세의 전환기에 아리스토텔레스는 주로 자연학과 수사학·논리학 등으로 알려져 있었다.

11세기까지 서유럽 지식인은 신플라톤주의자의 책을 통해 간접적으로 아리스토텔레스를 접했다. 오히려 아리스토텔레스의 저작들은 그리스 세계와 인접한 이슬람 세계로 유입되어 특히 9~10세기에 아랍어로 활발히 번역되었다. 아랍인들의 아리스토텔레스 연구는 애초에 신학적 논쟁의 필요로 시작되었다가, 점차 신학으로부터 독립된 이슬람 철학으로 발전해 나갔다. 필라소피아를 아랍어로 음차한 번역어 '팔사파(falsafa)'로 불리는 이슬람 철학은 이븐 시나(라틴어 명 아비켄나, 980~1037)나 이븐 루시드(라틴어 명 아베로에스, 1116~1198) 같은 대학자들을 낳으며 크게 꽃을 피웠다.

11세기 중반 이슬람교도가 지배하던 스페인과 시칠리아를 유럽인이 탈환하면서, 지식에 목마른 서유럽 지식인은 아랍인이 남겨 놓은 책들을 대거 라틴어로 번역하기 시작했다. 특히 12세기 후반에는 번역의 홍수라고 할 정도로 많은 아랍어 저작이 라틴어로 번역되었고, 이 속에서 아랍어로 번역된 아리스토텔레스 저작도 상당수 라틴어로 번역되었다.

토마스 아퀴나스의 스승이며 당대 제일의 대학자였던 알베르투스 마그누스(1193?~1280)도 자연에 대한 관심으로부터 아리스토텔레스 이론을 연구했다. 그렇게 아리스토텔레스의 저작들과 그에 관한 아랍학자들의 연구가 소개되면서 서유럽에서도 점차 형이상학에 관한 관심이 증가하였다.

플라톤은 파르메니데스를 따라 참된 세계는 변화하지 않고 나눠질 수 없는 유일한 실체라고 주장했다. 그런데 플라톤이 말한 것처럼 아름다움에는 아름다움의 이데아가, 용기에는 용기의 이데아가, 삼각형에는 삼각형의 이데아가 존재한다면 이데아는 다양한 것이 되고 만다. 그렇다면 참된 존재는 오로지 하나뿐이라는 주장과 모순되지 않는가?

이런 모순을 해소하기 위해 플라톤은 이데아 사이에도 서열이 있다거나, 다양한 개별자는 단일한 본질을 나누어 가진다거나 하는 주장을 내세웠다. 하지만 이런 주장은 제자인 아리스토텔레스가 문학적인 비유에 불과하다고 비판할 만큼 불명확한 설명이었다. 플로티노스를 위시한 신플라톤주의자는 이러한 난점을 없애기 위해 참된 존재가 유일하다는 점을 강조하고 현상적인 것들은 이 유일자로부터 유출되는 것이라고 설명했다.

반면 아리스토텔레스는 순전히 언어 논리로 근원적 실체를 추론하려 한 파르메니데스나 플라톤과 달리 자연현상에 대한 풍부한 연구로부터 궁극적인 불변의 존재를 끄집어내려 했다. (그래서 형이상학이라는 말 자체가 자연학의 뒤에 오는 저작들이라는 의미를 지닌 것이다.)

그에 따르면 자연에 존재하는 모든 것은 어떤 용도나 목적을 향해 움직인다. 이 형상은 개별 사물에 프로그램처럼 미리 입력되어 있는데, 예를 들어 올챙이는 미리 심어진 프로그램에 따라 다른 무엇이 아니라 개구리로 자라나는 것이다. 또한 자연의 모든 운동과 변화에는 반드시 원인이 있고, 이를 계속 소급해 들어가면 그 모든 운동과 변화를 가능하게 하는 궁극적인 존재가 있다.

그 결과 아리스토텔레스에게 보편적인 것은 현실 세계를 초월해 존재하는 실체적인 것이 아니라 개별 사물 속에 녹아들어가 있는 원리 또는 형식에 가까운 것으로 이해되었다.

아리스토텔레스는 이렇게 복잡한 현상 뒤에 만물을 조화롭게 하는 근본원리, 혹은 근본존재를 탐구하는 것이 필로소피아 중에서도 가장 으뜸가는 필로소피아라고 주장했다. 이런 주장은 플라톤과 달리 현실의 운동과 변화를 긍정할 뿐 아니라 훨씬 풍부하게 설명하는 것으로 서유럽 지식인에게 받아들여졌다.

아리스토텔레스의 형이상학은 그리스도교 철학의 전통적인 섭리론, 즉 로고스론과 쉽게 융합될 수 있는 소지가 있었다. 그리스어로 설명·이유·근거·논증이라는 의미를 지녔던 로고스라는 말은 헤라클레이토스에 의해 세상만물의 법칙·이치라는 의미로 확장되었다.

플라톤에게 로고스라는 단어는 논리적이고 합리적이라는 의미를 크게 벗어나지 않았으나, 헬레니즘 시대와 로마제국에서 크게 유행한 스토아학파는 헤라클레이토스의 로고스 개념을 받아들여 만물의 원리라는 의미로 썼다.

이런 용법은 스토아학파의 전성기에 형성된 그리스도교로 자연스레 흘러들어와 로고스는 신의 말씀, 신의 섭리라는 의미를 띠게 되었다. 아우구스티누스를 비롯한 그리스도교 철학자는 신과 동일시된 로고스의 개념을 통해서 삼위일체론을 정당화할 수 있었다.

교회는 처음에 아리스토텔레스의 사상이 위험하다고 생각하여 금기시했지만, 아리스토텔레스의 이론체계가 그리스도교 철학자가 말하는 로고스와 더욱 잘 조화될 수 있다는 점이 인식되기 시작했다. 차츰 교회는 아리스토텔레스주의를 인정하고 받아들일 수밖에 없었다.

토마스 아퀴나스

고대 세계에서 아리스토텔레스의 이론은 단순 소박한 도시국가 체계의 붕괴를 반영하는 것이었다. 마찬가지로 중세 사회에서 아리스토텔레스의 대대적인 부활은 복잡해진 사회에 대한 새로운 포괄성에 대한 요구에 부응하는 것이었다.

아리스토텔레스의 이론체계를 그리스도 교리로 통합해 낸 것은 토마스 아퀴나스(1224/25?~1274)였다. 귀족의 아들로 태어난 아퀴나스는 집안의 반대를 뿌리치고 도미니크 수도회에의 가입하여 전형적인 학자의 길을 걸었다.

그는 박학다식하나 한 우물을 파는 인내심이나 집요함과는 거리가 멀었던 스승 알베르투스 마그누스와 달리 끈질기고 세심한 작업을 통해 아리스토텔레스의 이론체계 전반을 그리스도 교리에 적합하게 재구성하는 데 성공했다.

아리스토텔레스에게 필로소피아(철학)란 인간의 모든 지적 탐구를 의미했고 그의 저술은 자연과학에서 예술론에 이르기까지 방대했다. 게다가 생전에 공개적인 출판을 위해 저술된 저작은 몇 되지 않았고 대부분은 강의노트 형태였다. 이런 강의노트들은 오랜 세월에 걸쳐 거듭 덧붙여지고 보완되며 만들어진 원고들이었고, 이를 포함한 아리스토텔레스의 모든 저작은 사후 거의 300년 가까이 지나서야 체계적으로 편집되었다.

그래서 사실 아리스토텔레스의 저작 속에는 그가 직접 저술한 것인지 아니면 그의 학교에서 강의한 여러 사람의 공동저작물인지 분명치 않은 저작도 꽤 있었다. 『형이상학』 역시 완결된 저작이 아니라 오랜 시간 동안 보완되고 덧붙여진, 그가 점차적으로 플라톤의 영향에서 벗어나 독자적인 사상을 전개해 나간 과정의 기록에 가까웠기 때문에, 체계성이 떨어지는 각기 모순적이고 혼란스러운 원고의 집합체에 불과했다.

하지만 토마스 아퀴나스는 이러한 형이상학을 토대로 아리스토텔레스의 이론체계를 유기적으로 연결된 체계로 재조직하여 그리스도교와 융합했다. 총 3부로 구성한 방대한 저작 『신학대전』은 1부에서 신의 존재론을, 2부는 인간사회와 윤리를, 3부는 성사(聖事)에 관련된 구체적인 문제를 다루었다.

토마스 아퀴나스는 안셀무스의 극단적인 실재론 증명을 버리고 형이상학에 따라 개별 사물에 형상을 부여하고 운동과 변화의 원인이 되는 존재의 필요성으로부터 신의 존재를 증명했다. 즉, 아리스토텔레스의 궁극적인 존재의 자리에 그리스도교의 신을 가져다 놓은 것이다. 이제 그리스도교의 신은 만물을 초월한 실체에서 만물에 원인과 섭리를 부여하는 존재로 변화했다.

토마스 아퀴나스는 이런 형이상학의 기초 위에서 윤리와 정치에 대한 이론을 펼쳤다. 신과 만물의 존재원리로부터 연역하여 인간의 윤리와 구체적인 문제까지 일관되게 적용되는 단일한 원리로 작동하는 체계를 만들어낸 것이다.

아퀴나스에 의해 아리스토텔레스주의는 비로소 가장 보편적인 것으로부터 가장 구체적인 것까지 일관된 원리로 관통하는 유기적으로 완결된 이론체계로 등장하게 되었다. 이는 현실로부터 완전히 자립한 일관적이고 통일적인 논리의 세계였다.

그러나 서유럽의 봉건제는 사실 12세기를 정점으로 내리막을 걷고 있었다. 토마스 아퀴나스의 이론체계는 아리스토텔레스의 체계가 고대 도시국가 체제의 붕괴를 반영한 것과 마찬가지로 고전적 봉건제의 해체를 반영하는 것이었다. 따라서 아리스토텔레스처럼 균형과 조화를 강조한 그의 이론체계는 모든 면에서 절충적인 성격을 가지고 있었다.

예를 들어 그는 신학으로부터 독립된 철학의 독자적인 영역이 있음을 인정했지만, 여전히 철학은 종교로 보완해야 하는 불충분한 것이었고, 계시와 이성적 사유는 분리되지만 계시가 이성보다 우월하다는 식이었다.

아랍의 대철학자 아베로에스는 신앙으로부터 철학의 완전한 분리를 주장했고, 파리대학에서 아리스토텔레스를 강의한 시제르 드 브라방(1235?~1282?)도 철학이 그리스도교 교리와 어긋난다고 해도 오직 이성으로 세계를 탐구해야 한다고 주장했다.

하지만 아퀴나스는 계몽주의를 예기하는 듯한 그런 급진적인 태도를 경계하며 신의 영원한 진리는 이성이 아니라 계시로 파악할 수밖에 없다는 입장을 고수했다. (결국 아베로에스주의는 서유럽에서 공식적으로 금지되었다.)

당대에 중요한 문제로 떠오른 교황권과 세속권력의 문제에서도, 토마스 아퀴나스는 교황권과 세속권력을 모두 정당화하고 균형점을 찾으려 했다. 이는 특히 그의 자연법사상에 나타났는데, 자연법이란 우주 만물의 원리인 신의 영원한 진리가 인간사회에 투영된 것으로, 교회법이든 세속군주의 법이든 인간의 법률은 사람이 자의적으로 만드는 것이 아니라 이 자연법을 따라야 한다는 것이다.

따라서 세속권력은 세속사회를 통치할 권리를 가지지만 이 자연법에 따라 통치해야 하며, 자연법보다 상위에 있는 영원한 진리의 담지자인 교회의 지도를 따라야 한다. 초기 계몽주의자는 절대왕권을 제약하기 위해 자연법사상에 의존했지만, 아퀴나스에게 자연법은 어디까지나 세속권력에 대한 교회의 우위를 재확인하기 위한 것이었다.

형이상학에 대한 저항

토마스 아퀴나스의 이론체계는 당시 사회변화에 따라 대두되던 갈등과 모순을 포괄적인 체계 속에서 조화시키고 현실의 지배체제를 정당화했다. 그 결과 이후 300년 동안 그의 이론은 지배적인 이데올로기로 기능했다. 덕분에 아리스토텔레스는 이교도인데도 움베르토 에코의 소설 『장미의 이름』에서 나타나듯이 중세 후기 유럽사회에서 절대적 권위를 누릴 수 있었다.

중세 시대는 플라톤과 아리스토텔레스의 필로소피아적 사유가 궁극적이고 절대적인 것을 찾는 종교적 절대성과 궁합이 잘 맞음을 보여주었다. 플라톤과 아리스토텔레스의 필로소피아는 단일한 하나의 실체 혹은 원리를 가지고 자연과 인간과 사회를 총체적으로 설명하려는 이론체계였다.

이 단일원리는 쉽게 신의 섭리가 될 수 있었으며, 성직자는 사회의 지배계급으로 그 섭리를 깨우친 자들이었다. 이런 논리로 이들은 사회질서 유지에 공헌했다.

토마스 아퀴나스 시대 이후 그가 철학으로 정당화하려 했던 유럽사회의 균형은 무너지기 시작했다. 영국의 스콜라철학자 둔스 스코투스(1266~1308)는 신앙과 이성은 조화될 수 없다고 선언하며 신앙의 우위를 주장했다. 윌리엄 오컴(1285?~1349?)은 유명론을 강력하게 제기하여 아퀴나스의 아성에 반기를 들었지만 로스켈리누스의 시대와 달리 교황권에 반대하는 세속군주의 지지를 받았다. 그래서 오컴은 감히 "만약 왕이 검으로 나를 지킨다면 나는 글로써 왕을 지킨다"고 말할 수 있었다.

마르크스는 유명론을 유물론의 맹아라고 해서 높이 평가했다. 그러나 이런 중세 후기의 사상들은 선구적이긴 했지만 새로운 사회로 발전을 이끌 수는 없었다. 논쟁은 어디까지나 스콜라철학의 틀 내에서 이루어졌으며 14세기와 15세기 봉건제가 급속히 몰락하는 과정에서 스콜라철학은 함께 쇠락하여 유명무실하게 되어버렸다.

오히려 새로운 사회의 변혁은 철학의 틀을 완전히 깨버린 성서 원리주의자들, 즉 존 위클리프(1320~1384)나 얀 후스(1372~1415), 마르틴 루터(1483~1546), 장 칼뱅(1509~1564) 같은 과격한 종교개혁가들이 반영했다.

철학이 완전히 새로운 단계로 넘어서기 위해서는 신학과 완전히 결별해야 했으며 15세기에서 17세기까지 거대한 사회적 변화가 필요했던 것이다.

이슬람과 중국의 형이상학

로마제국은 476년에 멸망했지만, 공화정 말기부터 라티푼디움이라고 불리는 대규모 토지 소유가 확대되며 불평등이 심각한 문제가 되었다. 이는 공화정이 결국 제정에 자리를 내준 주요 원인 가운데 하나였다. 로마제국은 팽창을 통해 획득한 부로 내부의 불만들을 완화하려 했지만, 결국 한계에 부딪히면서 점차 쇠락했다.

중국의 후한(後漢)도 사정은 비슷했다. 전한(前漢) 시기부터 귀족의 대토지 소유가 늘어나며, 중앙정부는 약화되고 귀족의 수탈과 불평등이 심화되었다. 전한이 무너지고 후한으로 바뀌었지만, 근본적인 문제는 해결되지 못했다. 결국 2세기 말부터 지방귀족과 군벌이 할거하는 분열의 시대가 수백 년간 계속되었다.

이처럼 고대제국이 무너진 뒤에는 귀족과 군벌이 주도하는 더 불평등하고 분열적인 사회가 나타났다. 인도는 마우리아제국이 붕괴한 뒤, 오랫동안 분열이 계속되었다. 유럽에서는 봉건제가 등장했다. 아케네메스 왕조가 알렉산드로스 대왕에게 멸망하고 등장한 파르티아 왕조와 사산조 페르시아도 사정은 크게 다르지 않았다.

축의 시대에 등장한 사상들은 이런 불평등한 세계를 정당화하는 세계관으로 변질되었다. 플라톤주의와 결합한 유럽의 그리스도교, 사산조 페르시아의 조로아스터교, 중국과 동아시아로 전파된 불교는 초기의 평등주의, 인도주의적 색채를 잃고 귀족 사회를 정당화하는 이데올로기로 변화했다.

7세기 사막의 유목민 속에서 출현한 이슬람교가 중동과 북아프리카를 넘어 인도와 동남아시아까지 확산할 수 있었던 것은 억압적인 사회에 대한 민중의 불만에 힘입은 바 컸다. 이슬람교가 내세운 평등주의는 많은 지역에서 불평등에 지친 민중의 호응을 얻었다.

750년 우마미아 왕조를 무너뜨리고 등장한 아바스 왕조는 귀족과 군벌을 억누르고 관료적 중앙집권제를 통한 문치를 시도했다. 일본 역사학자 미야자키 이치사다는 유럽의 르네상스에 앞서 8~9세기 아바스 왕조에서 그 못지않은 문물의 부흥이 나타났고, 이것이 유럽과 중국에까지 영향을 미쳤다고 이야기한다.

아바스 왕조는 신학 논쟁과 자연학에 대한 관심으로 아리스토텔레스를 비롯한 고대 그리스의 많은 책을 아랍어로 번역했다. 8~9세기에 이슬람 신학을 정립한 무타질라파는 유럽의 교부철학처럼 이슬람 신학을 합리적으로 체계화하려 시도했는데, 자유의지와 이성의 역할을 강조하는 등 실제로도 신플라톤학파나 아우구스티누스의 입장과 유사한 면모를 보였다.

아바스 왕조가 세속적인 태도를 취하면서 신학과 철학 논쟁이 활발히 벌어졌고, 이는 이슬람 철학, 즉 이슬람 팔사파의 발전으로 이어졌다. 이를 바탕으로 이븐 시나, 이븐 루시드 같은 유럽에도 널리 알려진 학자들이 나타나 이슬람 철학은 전성기를 맞았다.

이슬람 철학은 아리스토텔레스 철학을 바탕으로 신학과 세속사회의 조화를 꾀했다는 점에서 유럽의 스콜라철학의 성과를 선취했지만, 이슬람교가 점점 신비주의와 근본주의에 경도되면서 쇠락했다. 하지만 중동의 그리스 저작 번역물들과 철학사상은 유럽에 수입되어 이른바 12세기 르네상스에 큰 영향을 주었다.

중국에서도 당나라 말기와 5대 10국의 혼란기를 겪으며 귀족과 군벌이 몰락하고, 송나라 시대에 들어 과거제도와 관료제가 정비되면서 지방 소지주가 사회의 주도세력으로 등장했다. 이들은 사대부(士大夫)라 불리는 유교경전을 학습한 지식인이 되어 중앙집권적 관료조직을 이끌었다.

헤겔은 『철학사』에서 공자와 노자를 논하며 중국의 철학적 사유가 초보 상태에 머물러 있다고 주장했지만, 사대부의 새로운 이념은 비슷한 시기 아리스토텔레스-아퀴나스의 이론과 유사한 정교한 형이상학적 체계였다. 그것이 바로 북송시대의 정호(1032~1085)·정이(1033~1107) 형제와 남송시대의 주희(1130~1200) 등이 주도한 새로운 유학운동, 곧 성리학이었다.

사대부 성리학자는 도가와 불교의 우주론을 유학에 도입하여 세상만물을 궁극적인 원리인 이(理)와 물질을 구성하는 기(氣)의 운동으로 설명하고, 이를 통해 우주의 생성, 인간의 심성, 윤리와 정치를 모두 설명하고자 했다.

사대부는 한편으로 관료로, 한편으로 향촌의 지도자로서 성리학적 지배원리가 사회 구석구석에 파고들도록 하는 역할을 했다. 성리학은 고려말에 한반도로 전파되어 조선 중기에 조식(1501~1572), 이황(1501~1570), 이이(1536~1584) 등에 의해 고도로 발전되었다.

반면 중국에서는 명나라 시대에 들어 완고한 성리학 체계에 대한 반발이 나타나 왕양명(1472~1529) 같은 사람은 성리학의 이론주의를 비판하고 개인의 수양과 실천을 강조하는 양명학을 창시했다. 명나라 말기에 등장한 급진적인 양명학자 이지(이탁오, 1527~1602)는 성리학 이론체계를 거침없이 비판하여 사회적 파문을 일으켰지만, 당대 사회로부터 박해를 당하고 스스로 목숨을 끊었다.

7장

중세에서 근대로,
프랜시스 베이컨과
새로운 철학

19세기 말 일본인들이 서양의 학문 필로소피아를 번역하기 위해 '철학(哲學)'이라는 새로운 조어를 만들어낸 것은 그것이 성리학 같은 동양의 전통적인 학문과 근본적으로 다르다는 인식 때문이었다. 니시 아마네의 말처럼 동양의 성리학은 물질의 이치와 정신의 이치를 구분하지 않고 하나의 이(理)로 설명하려 했다.

하지만 흔히 서양철학의 출발점이라고 이야기되는 플라톤과 아리스토텔레스 역시 언어의 논리와 객관의 질서를 동일시하면서 자연과 사회의 포괄적인 원리를 추구했다. 물론 서양의 근대 이후 새로운 문제 설정이 나타나, 이전에 없었던 새로운 분과학문으로서 필로소피아가 등장한 것도 사실이다. 그렇다면 이러한 시대의 변화는 어떻게 일어났는가?

르네상스와 새로운 종교운동

유럽에 '르네상스' 시대가 있고, 그것이 근대의 출발점이라는 것은 널리 퍼져있는 통념이다. 이러한 통념은 '르네상스'라는 말을 처음으로 사용한 프랑스 역사학자 쥘 미슐레나 스위스 역사학자 야코프 부르크하르트 같은 19세기 학자들의 영향이다. 그러나 우리가 '르네상스' 하면 바로 연상하는 단테나 보카치오의 문학, 피렌체 대성당 같은 건물, 보티첼리나 레오나르도, 미켈란젤로 등의 미술 같은 것은 이탈리아 북부 몇몇 도시국가, 그것도 주로 피렌체에서 일어난 극히 국지적인 현상에 불과했다.

중세 후기 사회발전의 핵심에는 로마제국 붕괴 이후 파괴되었던 도시의 부활이 있었다. 십자군전쟁으로 동방무역이 활성화되면서 특히 이탈리아 북부의 도시가 크게 성장했다. 도시에는 상공업에 종사하는 시민이라는 새로운 계층이 생겼고, 그들은 자치 공동체 코뮌을 꾸렸다. (이러한 도시 시민은 도시bourg에 사는 사람이라는 의미로 부르주아bourgeois라는 말의 어원이 되었다.) 코뮌은 봉건적 위계 관계에서 벗어나 동등한 시민 사이에 맺어지는 서로 보호하고 돕겠다는 맹세로 결합해 있었다. 이 도시 공동체의 일부는 점차 공화국을 표방하는 도시국가로 발전해 갔다. 14세기 들어 이탈리아 도시를 북해와 직접 연결하는 해상 교통로가 완성되자, 베네치아, 밀라노, 피렌체 같은 도시국가는 더 큰 번영을 누렸다. 이러한 번영이 이탈리아 르네상스의 바탕이 되었다.

중세 후기는 늘어난 물질적인 부를 놓고 교황과 세속권력의 쟁투가 치열하게 벌어지던 시대였다. 이탈리아 도시국가도 시민이 황제당과 교황당으로 나누어 당파싸움을 극심하게 벌였다. 부의 증가와 함께 빈부격차도 증가하여 하층민의 반란과 봉기가 잇따랐다. 이로 인해 점차 코뮌으로 대표되던 시민 자치는 파괴되고 공화국은 소수 상층 엘리트의 과두제로 기울어졌다.

문예부흥을 이끈 것은 메디치 가문처럼 귀족화된 상인·금융 엘리트와 상층 시민이었다. 15세기 중엽부터 피렌체를 지배한 메디치 가문은 교황의 재정을 관리하며 성장한 은행가문이었다. 르네상스 때 일어난 인문주의는 흔히 14세기 후반에서 15세기에, 그리스와 로마의 고전 문헌을 연구하는 새로운 기풍을 말하는 것으로 중세 신 중심의 세계관에서 인간의 존엄을 깨우치고 해방을 위한 정신이라고 알려져 있다. 그러나 르네상스 연구자 제리 브로턴은 인문주의 교육이란 세속권력의 성장 속에서 형성되던 관료조직에 필요한 실용적인 기술을 가르치는 것이었다고 지적한다. 프란체스코 페트라르카(1304~1374) 같은 초기 인문주의자들은 공적 활동에서 웅변과 수사의 설득력을 높이는 데 적합한 모델을 찾는 과정에서 그리스와 로마의 고전을 연구했던 것이다.

사실 인문주의는 중세 도시에 설립된 대학의 3학(trivium, 문법·논리학·수사학)과 4과(quadrivium, 산술·기하학·음악·천문학) 중심의 교육 체계에 기초를 둔 상층 시민이 공적 출세를 위해 받는 문법과 수사학 중심의 교육 체계에 가까웠다. (이 3학4과는 중세 자유민이 배워야 할 필수 교양이라는 의미에서 '자유 7과Seven liberal arts'라고 불렸으며, 이는 오늘날 인문학liberal arts의 어원이 되었다.) 초기 인문주의자들은 고전에서 배운 로마 공화정을 이상화하는 경향이 있었지만, 콜로초 살루타티(1331~1406)처럼 참주정치나 독재정치를 정당화하는 쪽으로 기울어지면서 점차 도시국가를 지배하게 되는 과두제에 영합했다.

15세기 들어 마르실리오 피치노(1433~1499) 같은 인문주의자는 13세기 이후 잊힌 플라톤 철학을 본격적으로 소개하기 시작했다. 그는 플라톤 전집을 유럽 공용어인 라틴어로 최초로 번역하여 유럽 일대에 다시 플라톤 붐을 일으켰다. 도시국가의 배타적인 지배층으로 등장한 상인·금융 엘리트는 아리스토텔레스주의의 대안으로 플라톤주의를 지원했다. 아리스토텔레스의 복잡한 정치학 대신 근본적으로 도시국가의 위계적 질서를 정당화하는 면이 있던 플라톤주의가 입맛에 맞았기 때문이다. 메디치 가문은 피렌체에 플라톤 아카데미를 부활시켰고, 새로운 플라톤주의는 이탈리아 대학들에서 최신 이론으로 크게 각광받았다.

1454년 이탈리아반도의 주도권을 두고 투쟁하던 베네치아와 밀라노가 평화조약을 맺으면서 세기말까지 평화가 이어졌다. 이 시기 들어 르네상스 문화, 특히 미술은 보티첼리, 레오나르도, 미켈란젤로 등이 활약하며 활짝 꽃을 피웠으나, 15세기 말부터 기존의 신성로마제국뿐 아니라 백년전쟁을 끝낸 프랑스니 스페인 같은 주변 강국이 정치적 안정을 찾고 민족국가로 발전하면서 이탈리아반도에 본격적으로 개입하기 시작했다. 또한 동방무역에 새로운 항로가 개발되며 지중해 도시의 번영은 쇠락해 갔다.

1494년 프랑스가 이탈리아반도를 침략했다. 이후 수십 년 동안 이탈리아반도는 프랑스, 스페인, 신성로마제국의 대리전이 벌어지는 무대가 되었다. 프랑스의 침략으로 메디치 가문이 쫓겨나자 지롤라모 사보나롤라(1452~1498)라는 성직자가 피렌체의 권력을 잡고 개혁 정책을 펼쳤다. 사보나롤라 개혁의 성격은 한편으로는 세속주의에 맞서 기독교 근본주의를 주장했지만, 한편으로는 공화국을 주장하는 모순적인 성격을 갖고 있었다. 결국 기득권 세력의 간계에 걸려 사보나롤라는 시민의 손에 화형당하는 비극적인 최후를 맞았다. 이 사건은 도시국가 쇠락의 전조를 보여주었다. 메디치 가문은 1512년 다시 집권했지만, 피렌체는 영영 과거의 영광을 찾지 못했다. 사보나롤라와 같은 해에 태어난 레오나르도 다 빈치(1452~1519)는 혼란한 피렌체를 떠나 밀라노에서 일자리를 구했지만, 밀라노를 지배하던 스포르차 가문도 1500년 프랑스와 전쟁에 패배하면서 추방당했다.

르네상스의 정점이라고 불리는 미켈란젤로(1475~1564)와 라파엘로(1483~1520)의 화려한 예술은 이탈리아 도시국가의 쇠락을 덮기 위한 과시적 성격이 강했다. 교황청의 권위가 잠식당하는 와중에서 교회는 권력을 재확인하기 위해 미켈란젤로나 라파엘로 같은 일류 예술가를 고용하여 베드로 성당 증축 같은 과시적인 소비를 증대했다. 이런 행태는 교회의 재정을 고갈시켰고, 재정 마련을 위해 면죄부 같은 파행적인 조처를 하기에 이르렀다.

1517년 독일의 성직자 마르틴 루터는 면죄부와 교황청의 타락을 규탄하는 95개 조 반박문을 써서 향후 기독교의 분열을 불어온 종교개혁에 불을 붙였다. 사실 교회에 대한 불만과 개혁 운동은 오래전부터 있었다. 가까운 예로 피렌체의 사보나롤라가 있었으며, 상층 귀족과 성직자가 지배하는 교회에서 벗어나려는 다양한 민중운동이 나타났다. 그러나 이렇게 다양한 반교회 운동과 경향이 찻잔 속의 태풍에 그쳤던 반면 루터가 시작한 운동은 황제와 교황의 영향력에서 벗어나려 한 제후세력과 몰락하는 기사, 상공업 시민이 강력한 지지를 보냈다. 이는 곧 가톨릭교회의 전면적인 분열로 이어졌다.

새로운 종교운동은 '항의'를 뜻하는 '프로테스탄티즘'이라고 불렸다. 토마스 뮌처(1489?~1525)가 지도자인 이 운동의 급진적 부위는 교회·황제·제후의 수탈로 불만에 가득했던 농민과 결합하여 1524~25년 독일 농민전쟁이라고 불리는 사상 최대의 농민 봉기를 일으켰다. 약 300만 농민이 이 반란에 참여했으며 도시 하층민까지 가세하여 독일 전역으로 확산되었다. 그러나 농민전쟁에 대한 루터 등 종교개혁 주류의 반응은 싸늘했다. 루터는 농민전쟁을 단호하게 진압하라고 제후에게 촉구했고 곧 진압되었다. 뮌처를 비롯한 수천 농민이 처형당했다. 면면히 농민사회에 전해오던 신비주의적인 전통은 종교적 급진파에 대한 탄압과 함께 사멸했다.

르네상스와 종교개혁은 중세 후기의 사회발전이 낳은 풍요와 그로 인한 세속화 흐름의 산물이었다. 르네상스 말기의 사상가들은 이러한 사회변화에 대해 이중적이고 모순적인 태도를 보였다. 피렌체의 공화주의자 마키아벨리(1469~1527)는 사보나롤라의 통치에 깊은 인상을 받고 예언자는 무장했어야 했다고 주장했다. 그의 『군주론』은 종교와 윤리라는 영역과 분리된 통치라는 새로운 영역을 이론화한 것으로 평가받지만, 사실은 다시 정권을 차지한 메디치 가문에게 자기 능력을 팔기 위한 이력서에 불과했다.

상공업 발전으로 면화 수요가 급증하자 지주가 장원의 공유지를 사유화하여 양을 키우던 인클로저로 농민이 고통받는 것을 목격한 잉글랜드의 토마스 모어(1478~1535)는 이를 비판하는 『유토피아』를 썼지만, 사회발전의 폐해에 대한 현실적인 대안이라기보다는 전통적인 공동체를 이상화하는 데에 가까웠다. 모어는 결국 헨리 8세의 종교개혁을 반대하여 가톨릭교회의 편을 들다가 순교자가 되었다. 네덜란드의 에라스무스(1466?~1536)는 교회를 비판하고 네덜란드어 성경을 번역해서 루터에게 영향을 주었지만, 보수적인 루터의 운동조차 그에게는 지나치게 급진적인 것으로 보였다.

르네상스의 이탈리아 인문주의자나 독일의 종교운동가는 현재를 타락으로 보았는데, 그 대안을 미래가 아닌 과거에서 찾았다. 인문주의자는 고대를 자신들의 시대보다 훌륭한 사회라고 생각하고, 그것을 전범으로 삼아야 한다고 생각했다. 새로운 종교운동가 역시 교회제도 이전의 신과 직접적인 소통을 회복하는 것을 목표로 삼았다. 근본적으로 복고적인 흐름이었다.

혁신의 16세기

르네상스 같은 상업의 발전과 문물의 부흥은 14~15세기 유럽에서만 일어난 일이 아니다. 중세 유럽에도 일찍이 카롤링거 시대의 문예부흥이 있었고 르네상스 시기보다 12세기의 유럽이 더 전반적인 발전을 이루었다며 '12세기 르네상스'라는 용어를 주장하는 학자들도 있다. 일본의 중국사 전문가 미야자키 이치사다는 유럽의 르네상스에 앞서 유사한 문물의 부흥이 8~9세기 서아시아와 10~12세기 동아시아에서 먼저 나타났으며 이것이 14~15세기 지중해 르네상스에 영향을 끼쳤다고 지적한다. 그러나 유럽을 제외하면 이런 부흥은 농업사회를 근본적으로 변화시키지 못하고 일시적인 현상에 그쳤다.

특히 10~12세기 북송시대의 물질적인 발전은 거의 근대 초기 유럽의 발전에 육박하였다. 르네상스의 3대 발명품이라는 화약, 인쇄술, 나침반은 모두 북송시대 중국에서 유래되었으며, 당시 중국의 철광 생산량을 영국이 따라잡은 것은 19세기에 이르러서였다. 이 시기 중국은 상업이 번창하여 수학이 발전하고, 고전이 인쇄되고 소설이 발생하는 등 유럽 르네상스와 매우 비슷한 모습을 보였다. 그러나 중국의 발전은 19세기 말까지 일정 한계 내에서 성쇠를 반복했을 뿐, 유럽처럼 자본주의라는 근본적으로 새로운 사회로 도약하지는 못했다.

그렇다면 유럽과 다른 문명의 향방을 근본적으로 달라지게 한 계기는 무엇인가? 야코프 부르크하르트는 르네상스를 통해 이후 자본주의 발전을 이끌 근대적 개인이 출현했다고 주장했으며, 막스 베버는 그것이 칼뱅의 종교개혁을 통해 만들어졌다고 주장했다. 이런 주장들은 기본적으로 유럽의 근대화를 르네상스에서 산업혁명까지 이어진 유럽 내부의 발전으로 보는 시각에 바탕을 두고 있다. 르네상스의 시대라는 14~15세기와 과학혁명 및 계몽주의의 시대라고 불리는 17~18세기 사이에는 16세기라는 매우 급격한 변화의 시기가 있었고, 그 변화를 불러온 것은 내부라기보다는 외부로부터의 충격이었다.

16세기 유럽에 벌어진 가장 중요한 사건은 무엇보다 엄청난 양의 금과 은이 쏟아져 들어온 것이었다. 15세기 말부터 유럽은 귀금속의 부족에 시달리고 있었다. 무역이 더 확대되려면 더 많은 귀금속이 필요했으므로, 상업으로 큰 이득을 보던 상인과 국가들은 금을 가져오는 데 혈안이 되었다. 유럽인은 부족한 금을 확보하기 위해 아프리카 금광을 개발했고, 이 과정에서 항해술이 발전했다. 1453년 오스만튀르크가 동로마제국을 멸망시키면서 동방 무역을 독점한 것도 유럽인이 대양 항해에 나서게 한 주요한 동인이었다. 1488년 포르투갈의 항해가 바르톨로메우 디아스가 아프리카 서해안을 따라 대륙 남단인 희망봉에 도달함으로써 아프리카 남쪽 끝을 돌아 인도로 가는 항로의 가능성이 열렸다.

반면 제노바의 선원 크리스토퍼 콜럼버스는 지구는 둥글기 때문에 서쪽으로 계속 항해하면 동쪽으로 가는 것과 마찬가지로 동방에 도착할 것이라는 기발한 착상을 해냈다. 그는 프톨레마이오스 등 고대 지리학자 저서들에 의존해서 서쪽으로 가는 길이 아프리카를 돌아가는 것보다 더 가까우리라고 예측했다. 물론 이는 대서양 반대편에 존재하는 아메리카 대륙의 존재를 몰랐을뿐더러 지구의 크기를 실제보다 훨씬 작게 추측했기에 가능한 발상이었다. 콜럼버스의 황당한 아이디어는 놀랍게도 에스파냐의 여왕 이사벨을 설득하는 데 성공했다. 콜럼버스는 3개월의 항해 끝에 인도가 아니라 아메리카 대륙에 도착했다.

1530년대부터 멕시코와 페루에서 귀금속이 쏟아 들어오기 시작했다. 한 세기 동안 유럽에서 금과 은의 유통량은 2배 이상 증가했다. 갑작스러운 화폐의 증가는 '가격혁명'으로 불리는 급격한 물가상승을 일으켰는데, 이는 흔히 화폐로 임금을 받던 노동자의 실질임금을 하락시키고 도시의 상공시민이 큰 부를 축적하는 기반이 되는 한편, 화폐로 지대를 내던 농민의 부담을 줄여주고 봉건지주에게 타격을 입혔다고 이야기된다. 그러나 화폐 가치가 크게 떨어지면서 독일의 푸거 가문 같은 기존의 유력 금융가문이 몰락하는 등 '가격혁명'이 자본주의 발전에 유리한 영향만을 끼쳤는지는 논란의 여지가 있다. 무엇보다 귀금속의 대량 유입이 불러온 큰 영향은 화폐에 대한 무한한 욕망을 만들어내어 축적의 강력한 동기를 부여했다는 점에 있을 것이다. 이로부터 유럽의 상업과 무역의 발전은 농업사회를 넘어 자본주의라는 다른 차원으로 발전하기 시작했다. 중세 후기에 등장한 기술 발전과 그에 연계된 수학·관측 천문학·역학 등 실용 학문은 16세기에 급속하게 발전했다. 이러한 발전의 산실은 여전히 아리스토텔레스주의나 플라톤주의가 장악하고 있는 대학이 아니었다. 현장 기술자들의 손과 두뇌에 의해 발전이 이루어졌다.

서구 과학혁명의 출발점이라고 이야기되는 코페르니쿠스의 지동설도 사실 이러한 발전의 산물이었다. 천동설을 주장한 프톨레마이오스의 저서들은 흔히 알려진 것처럼 중세의 지배적인 세계관이 아니었다. 프톨레마이오스의 지리학과 천문학에 관한 책들은 상업의 부흥과 함께 13세기 이후에야 유럽에 도입되었다. 15세기 말, 원양항해에 나선 선원들은 대양에서 위치를 알려면 별의 위치를 정확히 알아야 한다는 것을 깨달았다. 그러나 프톨레마이오스의 우주 모형이 실제 관측과 틀리다는 것이 자주 지적되고, 천문 관측을 통한 수정이 이루어졌다. 이러한 관측 결과를 바탕으로 코페르니쿠스(1473~1543)는 수리 계산을 통해 프톨레마이오스의 우주 모형을 근본적으로 뒤바꾸는 『천구의 회전에 관하여』를 썼다.

폴란드 사람이지만 젊은 시절 이탈리아에 유학하며 당시 유행하던 플라톤주의의 영향을 크게 받은 코페르니쿠스는 우주는 단순하고 수학적인 조화를 이루고 있다고 믿었다. 그러나 프톨레마이오스가 제시한 우주 모형은 수학적으로 지나치게 복잡했다. 사실 그의 업적은 관측 결과에 수학적인 정합성을 제시하기 위한 이론적 작업이었으며, 책 제목에 있는 '천구'라는 단어가 보여주듯이 우주가 천구라는 별들이 붙어 있는 투명한 수정구로 겹겹이 둘러싸여 있다는 고대의 우주 모형에 갇혀 있었다. 하지만 코페르니쿠스가 죽은 직후 발행된 그의 책은 케플러, 갈릴레오 같은 한 세대 뒤의 '과학자'들에게 큰 지지를 받으며 과학혁명의 출발점으로 추앙받게 되었다.

코페르니쿠스의 계산을 가능하게 한 수학의 발전은 상업 발전의 산물이었다. 레오나르도 피보나치 혹은 피사의 레오나르도라는 이름으로 알려진 13세기 피사의 상인은 아랍 상인의 계산법을 접하고 1202년 『주판책(Liber abaci)』이라는 산술 교과서를 썼다. 이 책은 오늘날 우리가 아라비아 숫자라고 부르는 인도에서 기원한 수 기호를 유럽에 소개했는데, 수백 년 동안 유럽 상인에게 널리 읽히며 아라비아 숫자와 아랍식 산술이 유럽사회에 뿌리박는 데 크게 공헌했다.

이를 바탕으로 16세기 금융 및 상거래의 고도화와 함께 수학이 혁신적으로 발전했다. 수학의 발전은 점점 복잡해지는 상품과 어음의 눈에 보이지 않는 전 세계적인 움직임을 파악하기 위한 도구를 제공했다. 오늘날 쓰고 있는 많은 수학 기호가 이 시기에 개발되었다. 기하학과 대수학의 발전은 무기 및 지도 제작, 정밀한 천체 관측, 광석 채굴과 제련 등의 실질적인 필요성에 의해 탄도학·기계학·화학·투영법 등 분야에 혁신을 일으키는 바탕이 되었다.

야마모토 요시타카는 『16세기 문화혁명』이란 책에서 상층시민의 인문주의가 아닌 기술자의 르네상스가 16세기에 등장했으며, 이로부터 새로운 유형의 장인 지식인이 나타났다고 주장한다. 이들은 교육용 서적을 집필 출판하고 사설 교육기관을 설립하여 대중에게 산술 등 실용 지식을 가르치면서 기술 발전과 전파에 공헌했다. 그런 장인 지식인의 대표적인 인물이 베이컨에게 큰 감명을 주었다는 프랑스의 도공 베르나르 팔리시(1509~1590)였다. 도자기 제조업으로 크게 성공한 팔리시는 1575년부터 파리에서 정기적으로 대중강연회를 열어 자연사·농업·광물학·지리학 등에서 직접적인 실험과 경험에서 우러나온 실용적 지식의 중요성을 강조했다.

15세기 중엽 발명된 인쇄술은 종교개혁가들의 책을 유포시키는 데 큰 역할을 했을 뿐 아니라, 장인 지식인들이 쓴 교육용 서적들을 널리 읽히게 해주었다. 『천구의 회전에 관하여』가 출판된 1543년, 현대 해부학의 아버지라는 안드레아 베살리우스(1514~1564)의 『인체의 구조에 관해서』가 출간되었다. 수많은 도판으로 이루어진 이 책은 정교하게 발전한 동판 인쇄술이 없었다면 널리 읽히기 어려웠을 것이다. 인쇄술은 또한 다양한 읽을거리를 제공하며 출판 시장을 창출했다. 르네상스 시대에는 플라톤뿐 아니라 회의주의·유물론·원자론 같은 이전에 금기시되던 다양한 고대사상도 함께 소개되었는데, 데모크리토스와 에피쿠로스의 고대 원자론 사상을 요약한 로마 시인 루크레티우스의 『사물의 본성에 관하여』(1417년 피렌체의 인문주의자이자 유명한 책 수집가 포조 브라촐리니가 발견, 1473년 출판)나 고대 회의주의를 정리한 섹스투스 엠피리쿠스의 『피론주의 개요』(1562년에 제네바에서 출판) 같은 책들은 인쇄술의 덕으로 널리 보급되어 몽테뉴·베이컨·데카르트·흄 같은 유럽 지식인에게 큰 영향을 끼쳤다.

루터가 시작한 종교운동도 새로운 단계로 돌입했다. 장 칼뱅의 종교운동은 루터보다 더욱 급진적이었다. 현세의 지위와 신분의 고하와 무관하게 구원은 오로지 신이 예정한 것이며 인간은 신 앞에 모두 죄인일 뿐이라는 교리는 중세 신학이 정당화하던 봉건 질서의 위계를 부정하는 것이었다. 재세례파가 사유재산을 부정하며 전통적인 농민 공동체를 이상화하고, 루터교가 교황 및 황제와 갈등을 빚던 독일의 제후들에게 수용된 반면, 칼뱅주의는 도시 상공시민의 세속적·실천적 윤리로 자리 잡으며 후세에 가장 큰 영향을 끼쳤다. 하지만 칼뱅의 새로운 교리는 화폐의 일반화에 기초한 유럽사회의 전반적 상업화의 반영이지 베버의 주장처럼 그 반대는 아니었다. 20세기 영국의 경제사학자 리처드 토니는 『기독교와 자본주의의 발흥』을 통해 오히려 칼뱅주의가 상공업 발전의 영향을 받으며 변형되는 과정에 주목했다.

문학에서도 몽테뉴(1533~1592), 세르반테스(1547~1616), 셰익

스피어(1564~1616)의 작품들은 회의적 개인이라는 근대인의 면모를 뚜렷하게 보여주었다. 16세기의 급속한 사회변화는 동시대가 지금까지와 다른 새로운 시대라는 인식을 낳았다. '현재' 또는 '최근의 시대'를 지칭하는 라틴어 형용사 'modo'에서 기원한 근대(modern)라는 용어는 16세기 말부터 현재 사용되는 의미로 쓰이기 시작했다.

중세 후기의 사회발전과 르네상스

중세를 암흑기라고 하지만 십자군전쟁(1096~1291) 이후, 중세 유럽 사회는 상당한 사회발전을 이루었다. 무역과 상공업이 발전하고, 도시가 부활하기 시작했다. 도시에는 대학이 설립되어 지적 중심이 수도원에서 대학으로 옮겨오기 시작했다. 아라비아로부터 유럽에서 유실된 그리스 시대의 고전들이 들어와 지성계에 새로운 기풍이 일어났다. 일부 역사학자는 14~15세기보다 12세기의 유럽에 전반적으로 더 큰 발전이 일어났기 때문에 '12세기 르네상스'라는 용어를 사용하기도 한다. 중세를 특징짓는다는 봉건제는 이러한 사회발전으로 이미 해체되고 있었다. 이탈리아 도미니크 수도회의 토마스 아퀴나스가 창조한 아리스토텔레스 철학에 기초한 형이상학적 신학 체계는 이런 사회변화의 반영이었다. 사실 아퀴나스가 속했던 도미니크 수도회나 프란체스코 수도회 같은 탁발 수도회 자체가 12세기에 일어난 교회 개혁 운동의 산물이었다. 아퀴나스는 아리스토텔레스의 사상을 빌려 이미 균질성이 깨어진 중세 사회를 조화와 균형의 체계로 포괄하려고 했다.

그러나 이러한 조화는 매우 위태로울 수밖에 없었다. 이미 아퀴나스의 시대에도 신플라톤주의 입장에 서서 이후 신비주의에 영향을 준 이탈리아 프란체스코 수도회의 보나벤투라(1221?~1274)나 아리스토텔레스의 자연학에 영향을 받아 경험을 강조하는 잉글랜드 프란체스코 수도회의 로저 베이컨(1214?~1294)처럼 토마스주의에 반발하는 흐름이 만만치 않게 존재했으며, 교황과 세속권력의 대립은 십자군전쟁 이후 교회의 권위가 크게 실추되면서 더욱 깊어졌다.

1303년 프랑스 국왕이 교황을 기습하여 교황이 일개 병졸에게 뺨을 맞고, 교황청이 프랑스 남부 도시인 아비뇽으로 강제로 옮겨지는 사건이 벌어졌다. 이후 70년 동안이나 교황청은 프랑스 국왕의 꼭두각시로 움직였다. 아비뇽 유수는 1377년에 끝났지만, 세속권력과 교회가 서로 자기 입맛에 맞는 교황들을 뽑는 바람에 교황이 난립하는 대립 교황의 시대가 1417년까지 계속되었다. 이런 혼란이 14세기 내내 지속되며 교회의 권위는 바닥에 떨어졌다. 게다가 14세기 들어 기존 사회질서의 해체 현상이 뚜렷해지면서 도시에서는 폭동이, 농촌에서는 자크리의 반란(1358) 같은 대규모 농민반란이 잇따랐다.

농민반란의 바탕에는 천년왕국설 같은 종말론과 교회가 아니라 신비적 종교체험과 청빈함을 중시하는 평신도 신앙이 깔려있었다. 이를 반영하여 스콜라 신학자 사이에도 신과 합일이라는 신비적 체험을 중시하는 독일의 마이스터 에크하르트(1260?~1327) 같은 신비주의 경향이 나타났다. 스코틀랜드 프란체스코 수도회의 스콜라 신학자 둔스 스코투스 역시 플라톤주의의 영향을 받아 주류 아리스토텔레스주의 신학에 반대하여 이성과 의지의 분리를 주장했다. 스코투스는 교황파였고 그의 논리도 아우구스티누스 이래 오래된 것이었지만 당대에 그런 주장은 교회의 영역을 제한하는 것을 함의할 수밖에 없었다. 더 나아가 개념은 개념일 뿐 실재하지 않는다는 유명론을 주장한 잉글랜드 프란체스코 수도회의 윌리엄 오컴은 세속군주의 보호를 받았다. 교회 내의 비주류 사상으로서 신비주의와 유명론 경향은 서로 영향을 받으며 프로테스탄트 종교운동의 바탕이 되었다. 스코투스와 오컴의 영향을 받은 잉글랜드의 존 위클리프는 교회보다 성서의 권위를 우선시하고 화체설(성찬식 때 먹는 빵과 포도주가 외형은 변하지 않으나 그리스도의 살과 피로 변화한다는 교리)과 성상 숭배 같은 미신적 요소의 배격을 주장하여 보헤미아의 얀 후스와 마르틴 루터의 교회 개혁 운동의 선구자가 되었다. 신비주의 전통을 이어받아 지성의 불완전성을 주장한 신학자이자 수학·과학·예술에 조예가 깊은 르네상스적인 지성인인 독일의 니콜라우스 쿠자누스(1401~1464)는 교회 개혁뿐 아니라 세속국가(신성로마제국)에 대한 개혁안을 제안했다.

한편 14세기 이탈리아 북부 도시를 중심으로 한 국제무역의 부흥은 흑사병이라는 미증유의 부작용을 불러왔다. 소아시아에서 발원한 흑사병은 1347년에서 1351년까지 지중해 항구도시들로부터 유럽 전역을 휩쓸었다. 유럽 인구의 3분의 1이 흑사병으로 죽었다. 오늘날 세계화의 결과로 사스나 메르스, 코로나 같은 신종 전염병이 발생하는 것과 비슷한 현상이었다. 그러나 흑사병의 창궐에도 불구하고 지중해 무역은 번창했고, 흑사병은 기존 기독교 세계관에 대한 불신과 회의를 강화하는 역할을 했다. 불안한 현세에서 한편으로는 광신주의가, 한편에서는 향락주의가 만연하며 세속주의가 뿌리내리는 기반이되었다. 의사들은 고대 의학이 이 새로운 병에는 별로 소용없다는 사실을 깨닫고 임상 경험에 기초한 의학을 발전시키는 계기가 되었다. 르네상스와 프로테스탄트 종교운동은 이러한 중세 후기 사회변화의 연장선에 있었다.

프랜시스 베이컨과 학문의 대혁신

16세기는 변화의 시대인 동시에 번영의 시대였다. 15세기 중엽 유럽 인구는 4500~5000만 정도였지만, 17세기가 시작되던 1600년 유럽 인구는 1억으로 늘어나 있었다.

이러한 16세기의 변화를 포괄하는 학문의 혁신과 새로운 체계를 제시하려고 시도했던 야심만만한 인물은 잉글랜드의 정치가 프랜시스 베이컨(1561~1626)이었다.

16세기 천문학과 지리학의 발전은 아리스토텔레스주의 세계관에 치명타를 날렸다. 역사상 가장 위대한 맨눈 천체 관측자인 튀코 브라헤는 1572년 새로운 별을 발견하고 그것이 달보다 멀리 있는 항성임을 증명했다. 또 1577년에는 혜성을 관측하여 그것이 아리스토텔레스의 주장처럼 대기 현상이 아니라 달 너머 먼 곳에 있는 천체라는 사실을 밝혔다. 이런 발견들은 달 너머 우주는 변하지 않는다는 아리스토텔레스의 주장과 상충할 뿐 아니라, 당시까지 사람들이 믿었던 (우주를 겹겹이 싸고 있는) 투명한 천구의 존재를 부정하는 것이었다.

1610년 갈릴레이 갈릴레오는 망원경을 발명하여 달에 산이 있고 목성에 위성이 있으며 태양에 흑점이 있다는 사실을 누구나 눈으로 확인할 수 있게 만들었다. 이 또한 천체는 흠 없이 완벽한 구형이라는 아리스토텔레스의 주장과 다른 것이었다. 고대인에게 전혀 알려지지 않았던 아메리카 대륙의 존재와 그 땅에 사는 사람들의 발견 역시 아리스토텔레스의 우주 및 세계에 대한 인식이 잘못되었음을 보여주었다. 초기 인문주의자는 아리스토텔레스의 대안으로 플라톤주의를 제시하려 했고, 플라톤주의의 수학적 우주관은 코페르니쿠스, 케플러, 갈릴레오에게 큰 영향을 주기도 했다. 그러나 새로운 발견이 계속 이어지며 플라톤주의든 아리스토텔레스주의든 고대의 학문체계가 현실에 맞지 않는다는 점이 명백해졌다. 기존 학문체계에 대한 전면적 검토가 요구됐다.

한편 16세기에 서유럽 주요 국가인 잉글랜드와 프랑스에서 관료적인 중앙집권제가 발전하기 시작했다. 1527년 종교개혁의 열풍에 맞서 권위 회복을 꾀하던 교회가 프랑스와 신성로마제국 사이에서 줄타기를 하며 교황령의 팽창을 추구하다가 본거지인 로마를 무참하게 약탈당하는 '로마 대약탈(Sacco di Roma)'이 벌어졌다. 이를 계기로 교회는 유럽에서 정치세력으로서 중요성을 결정적으로 상실했다. 로마를 공격한 것은 아이러니하게도 가톨릭 군주인 카를 5세의 군대였다. 이미 프랑스 국왕은 1516년 볼로냐 정교 협약을 통해 자국 교회를 실질적으로 지배하고 있었고, 잉글랜드 국왕 헨리 8세는 1533년 자신이 잉글랜드 교회의 우두머리라고 선언했다. 가톨릭을 믿든 프로테스탄티즘을 믿든 상관없이 세속군주들의 시대가 되었다.

1576년 프랑스의 주교 장 보댕(1530~1596)은 『국가론』에서 세속군주의 권력이 국가의 최고 권력(sovereignty), 즉 주권이라고 선언하여 근대 주권론의 초석을 놓았다. 그러나 프랑스의 부르봉

왕조보다 한발 앞서 강력한 왕권을 확립한 것은 백년전쟁과 이어진 장미전쟁으로 봉건귀족이 거의 궤멸한 잉글랜드의 튜더 왕조였다. 튜더 시대의 잉글랜드는 이전보다 신분의 유동성이 높은 사회였다. 헨리 8세 시대(1509~1547)의 최고 권력자 토마스 울지(1473~1530)와 토마스 크롬웰(1485?~1540)은 각기 백정과 대장장이의 아들이라는 소문이 돌 정도로 신분이 불확실한 인물들이었다. 울지의 후임인 토마스 모어의 조부도 런던에서 빵을 만드는 사람이었다. 이들은 모두 평민 신분에서 능력과 지식의 힘으로 국가 관료조직을 이끄는 새로운 엘리트가 되었다.

프랜시스 베이컨의 아버지 니콜라스 베이컨도 비슷했다. 부유한 농가의 둘째 아들로 태어난 니콜라스 베이컨은 대학과 법률원을 졸업하고 오늘날 총무처 장관에 해당하는 국새상서와 그랜드 챈슬러(grand chancellor)라는 최고위직에 오른 입지전적인 인물이었다. 베이컨은 아버지처럼 케임브리지대학에 들어가 공부했으나, 여전히 스콜라주의자들이 장악하던 당시의 인문학 교육은 그가 보기에 실용성이 떨어졌다. 그는 대학 졸업 이후 프랑스 주재 잉글랜드 대사를 보좌하면서 파리에 체류했는데, 프랑스에서 궁정 아카데미 활동과 도공 베르나르 팔리시의 대중강연을 접하면서 깊은 인상을 받았다.

아버지의 갑작스러운 죽음으로 프랑스에서 귀국한 베이컨은 법률을 공부하고 아버지처럼 국가 관료로 입신출세를 꾀했다. 하지만 정계 입문 초창기에 일찌감치 여왕의 눈 밖에 난 데다 끌어

줄 연줄이 없어 출세에 어려움을 겪었다. 그는 당시 엘리자베스 여왕의 총애를 받던 젊은 에식스 백작에게 줄을 섰는데 불행하게 도 백작은 얼마 뒤 총애를 잃고 반란을 모의하다 붙잡히는 신세 가 되고 말았다. 썩은 동아줄을 잡은 죄로 베이컨은 에식스 백작 의 반란 혐의 수사에 적극적으로 나섰고 결국 그를 처형하는 데 일조했다. 당대의 베스트셀러가 된 『수상록』(초판은 1597년 출판)을 통해 명성을 쌓았던 베이컨의 평판은 배신자라는 오명 때문에 바 닥에 떨어졌다. 덕분에 국왕이 바뀌고 나서 자기 입장을 변명하기 위해 『고(故) 에식스 백작을 둘러싼 험담들에 대한 변론(1604)』이 라는 책을 써야 했다.

제임스 1세가 즉위하자 베이컨은 새 국왕에게 적극적으로 어 필하기 위해 1605년 『학문의 진보』라는 책을 써서 국왕에게 바쳤 다. 그는 이 책에서 아리스토텔레스를 뛰어넘은 학문의 체계를 새 로 잡아야 국가의 발전을 이룰 수 있다고 강력하게 주장했다.

베이컨은 일찍이 기존 학문체제를 일신할 기획을 구상하 고 여기에 라틴어로 '인스타우라티오 마그나(Instauratio magna, 학문의 대혁신)'라고 이름 붙였다. 이 단어는 흔히 '대혁신(Great instauration)'으로 번역되지만, 라틴어 'Instauratio'는 일반적으로 '재건', '복구'라는 뜻이며 중세시대에는 종교 의례의 복원, 성소의 재건 등과 같은 신학적인 의미를 포함했다고 한다. 베이컨은 전체 학문체계를 재구축하여 인간이 신으로부터 자연에 대한 지배력 을 부여받았던 에덴시대를 복원하겠다는 의미를 강조하기 위하여 이 개념을 쓴 것으로 추측된다.

베이컨은 1620년 '인스타우라티오 마그나 2부'라는 명목으로『노붐 오르가눔』을 출판하면서 비로소 그 구체적인 계획을 제시했는데, 이 책에 첨부된 '작업 계획'이란 글을 보면 이 학문의 대혁신은 모두 여섯 단계로 이루어져 있다. 이에 따르면, 가장 먼저 학문의 분류체계를 새롭게 구성하고, 두 번째로 자연 해석을 위한 새로운 방법론을 제시하며, 세 번째로 자연과 실험의 역사를 수집하고, 네 번째 그것을 바탕으로 새로운 방법을 적용하여 더 높은 일반화 단계로 나아가는 과정을 밟는다. (그는 이를 지성의 사다리라고 불렀다.) 다섯 번째는 새로운 철학이 아직 완성되지 않았더라도 (또 새로운 방식이 아니라 기존의 방식을 사용해서 얻은 결론이라도) 잠정적으로 사용할 만한 것들을 제시한 다음, 최종적으로 귀납법을 기초로 새로운 철학체계를 정립한다. 베이컨은 귀납법을 기초로 정립될 새로운 철학을 기존의 철학과 구별하기 위해 "두 번째 철학(Phiosophia Secunda)" 또는 "능동적인 학문(Scientia Activæ)"이라고 불렀다.

『학문의 진보』는 이 기획의 첫 번째, 학문의 새로운 분류체계를 잡는 단계에 해당한다. 이 책에서 베이컨은 가장 먼저 학문을 신적 학문과 인간적 학문으로 나눈다. 여기서 말하는 신적 학문이란 교리와 성사를 다루는 종교적 학문을 가리키며, 인간적 학문은 세속적 학문을 의미한다. 그는 인간의 정신이 이성과 상상력과 기억력으로 구성되어 있다고 보았는데, 이에 따라 인간적 학문을

(기억력에 의존하는) 역사학과 (상상력에 의존하는) 시와 (이성에 의존하는) 철학으로 나누었다. 그리고 철학을 역사학·문학과 구분되는 모든 사물에 대한 포괄적인 이성적 탐구로 규정했다. 그에 따르면 "모든 사물에는 이와 같은 세 특징, 신적 권능, 자연적 특성, 인간적 효용이 마치 세 겹의 글자처럼 새겨져 있다. 그러나 지식이 분포되고 분할되는 양상은 … 한 나무로부터 뻗어난 가지들처럼 분할"된다.

따라서 철학은 신에 대한 탐구(자연신학), 자연에 대한 탐구(자연철학), 인간에 대한 탐구(인간철학)로 다시 나뉠 수 있다. 베이컨에 따르면 자연철학에는 이론적인 물리학·형이상학·기계학·마술 등이 포함되며, 인간철학은 인간의 본성·육체·정신을 탐구하는 인간학과 시민으로 살아가기 위한 기예를 다루는 시민철학으로 나뉜다. 베이컨은 이러한 학문의 분할을 논하기 전에 그 '밑줄기'를 이루는 종합철학 또는 보편학문, 즉 실재 일반에 대한 지식을 알고 있다면 유익하지만, 이에 관한 지식이 혼란스럽게 뒤섞인 상태이기 때문에 새롭게 구성되어야 하며, 그러려면 자연신학이나 인간철학보다 자연철학의 발전이 가장 중요하다고 보았다.

『학문의 진보』를 국왕에게 헌상한 뒤, 베이컨은 마침내 왕의 신임을 얻는 데 성공하여 1607년 법무차관에 임명되고, 1613년에는 법무장관이 되었다. 그는 아버지처럼 1617년 국새상서를 거쳐 마침내 최고 직위 가운데 하나인 그랜드 챈슬러에 임명되었다. 그랜드 챈슬러는 흔히 대법관으로 번역되지만, 헨리 8세 시대에 이 직위는 사실상 수상의 역할을 하여 토마스 울지, 토마스 모어 등 최고 권력자가 거쳐간 막강한 자리였다. 비록 엘리자베스 시대에 위치가 떨어지긴 했으나 여전히 상원의회를 주재하고 사법부를 총괄하는 최고위 관직이었다.

제임스 1세 시대는 절대주의 왕권과 의회의 대립이 심화되기 시작한 시기였다. 베이컨은 국왕의 편에서 의회 지도자들에 맞서는 역할을 했다. 베이컨이 그랜드 챈슬러로 재직하던 시절에서 30년도 안 되어 제임스 1세의 아들 찰스 1세는 아버지의 왕권 강화 정책을 계승하여 의회와 대립하다 참수되었다. 그의 정치적 입장은 이미 시대에 뒤떨어지고 있었다.

학문의 새로운 방법론

1620년 권력의 정점에 있던 프랜시스 베이컨은 '인스타우라티오 마그나 2부'라는 큰 제목 아래 『노붐 오르가눔』이라는 책을 출판했다. '노붐 오르가눔'이라는 라틴어 제목은 대개 '신기관' 혹은 '신논리학'으로 번역되었지만 '새로운 방법론' 정도의 의미로 보는 게 가장 타당하다. 라틴어 '오르가논'은 기관이나 도구라는 뜻으로 논리적 추론방식을 다룬 아리스토텔레스의 저작에 붙여진 제목이다. 이는 학문을 위한 도구로서 학문의 방법론을 다루었다는 뜻이며, 아리스토텔레스의 방법론은 언어 논리를 통한 연역 추리를 제시하고 있어 보통 '논리학'이라고 불려왔다. 아리스토텔레스의 『오르가논』은 6세기 초 마지막 교부철학자라고 불리는 보에티우스(?~524)가 라틴어로 번역한 이래 모든 교육이 그것에 기초를 둘 정도로 유럽 학문에 막대한 영향을 끼쳤다.

베이컨이 여기에 '새로운'이라는 뜻의 라틴어 '노붐'을 붙인 것은 아리스토텔레스의 방법론을 대체할 새로운 방법론을 제시하겠다는 의도였다. 대혁신 2부라는 큰 제목이 보여주는 대로 이는 학문의 진보에 이어 학문의 대혁신 두 번째 단계인 '새로운 방법론을 제기하는 것'이었다.

베이컨은 아리스토텔레스의 연역 추리, 특히 스콜라 학자들이 자신들의 주장을 전개할 때 주로 사용한 삼단논법을 비판한다. 아리스토텔레스가 『오르가논』에서 체계화한 삼단논법은 당시에 이르기까지 모든 논증의 기본 형태였다. 삼단논법은 기본적으로 "모든 인간은 죽는다", "소크라테스는 인간이다" "소크라테스는 죽는다"는 식으로 대전제와 소전제로부터 결론을 도출하는 방식이다. 사실 이런 방식으로는 앞선 전제로부터 부연되는 결론만을 얻을 수밖에 없다. 그런데도 이를 통해 사물에 대한 지식을 확장할 수 있다고 생각한 것은 당시 사람들이 언어 논리와 세계의 질서가 궁극적으로 일치한다는 생각을 받아들이고 있었기 때문이다. '로고스'는 언어의 논리인 동시에 세상의 질서였으며, 논리학은 곧 로고스의 학문이었다.

언어적인 것, 개념과 실재, 논리와 역사의 일치는 오랫동안 서양철학의 전통으로 면면히 내려온 것이다. 개념 논리와 실재를 구분해야 한다는 생각은 13세기에야 비로소 유명론이라는 형태로 등장했다. (이러한 전통은 20세기 구조주의 언어학에 와서야 비로소 소멸했다고 봐야 할 듯하다.) 베이컨은 유명론의 입장에 서서 인간의 정신이 말보다 실재를 향해야 한다고 하면서, 실재 자체를 탐구하는 새로운 방법론을 제시하려고 했다. 베이컨이 볼 때, 아리스토텔레스의 체계는 더 이상 세계와 합치되지 않았다. 즉, 로고스와 실재가 합치되지 않는다는 것이 이제 명확해진 것이다. 그래서 베이컨은 실재의 세계를 근본적으로 다시 파악해야 한다고 주장한다. 기존에 상식으로 받아들여 온 공리들이 새로운 지식을 쌓아가는 데 오히려 방해가 되기 때문에, 그것들을 가차 없이 의심하고 오로지 실재 그 자체를 관찰해야 한다.

베이컨은 아리스토텔레스의 방법을 비판하는 이 책의 1부에서 올바른 인식을 방해하는 네 가지 우상에서 벗어나야 인간의 정신이 현실 그 자체를 편견 없이 직관할 수 있게 된다고 주장한다. 그는 여기에 각기 "종족의 우상", "동굴의 우상", "시장의 우상", "극장의 우상"이라는 이름을 붙였다.

"종족의 우상"이란 근래 우리가 흔히 인간중심주의라고 부르는 것과 비슷한 개념이다. 인간은 자기도 모르게 자신을 중심으로 생각하기 때문에 사물을 있는 그대로 보지 못하고 실제로는 존재하지도 않는 과도한 질서를 자연에 부여하곤 하다. "동굴의 우상"은 개인적인 애착이나 기호가 빚는 오류들을 말하고, "시장의 우상"은 인간의 정신이 언어에 갇혀 있어 빚어지는 혼란을 가리킨다. 언어 자체가 지니는 한계는 철학이나 학문을 궤변으로 전락시키는 주범이다. "극장의 우상"은 기존 학문체계의 학설과 잘못된 증명방법 때문에 생긴 우상이다. 이러한 우상론은 진리를 알려면 인간의 정신, 즉 이성이 기존의 전통에서 벗어나야 한다는 새로운 문제의식을 제기한다는 면에서 중요하다. 로고스가 언어의 논리이자 객관적 질서였다면, 이제 마침내 로고스의 시대에서 이치를 따지는 인간의 능력인 이성(reason)의 시대로 나아간 것이다.

베이컨은 아리스토텔레스에 반대하는 논리를 만들기 위해 유명론뿐 아니라 15세기 이후 유럽에 새로이 소개된 고대의 이단적 사상들, 즉 회의주의, 원자론 등에 의지했지만, 몽테뉴와 달리 회의주의에 대해서는 명확히 선을 긋고, 인간이 자연에 대한 확실한 지식을 얻을 수 있다고 확신하는 낙관성을 보인다. 그는 성급하게 공리를 세우는 것을 비판했을 뿐, 일반적인 공리 자체를 거부하지는 않았다. 단지 공리를 세우기 전에 최대한 실제의 사실들을 수집하고 검토해야 한다고 했다. 그가 대혁신의 세 번째 과제로 자연사 실험의 역사를 축적하자고 제기한 것은 이 때문이다. 이러한 작업은 일개인의 힘으로는 달성할 수 없으므로, 베이컨은 여기에 국가적인 집단 노력을 기울이기를 거듭 강조했다. 그가 1614년경에 썼다고 알려진 『새로운 아틀란티스(1627)』에 이러한 생각이 명확히 표현되어 있다.

하지만 순수한 귀납법이라고 할 수 있는 베이컨의 방법론(자신의 표현으로는 "참된 귀납법")은 이미 당대의 과학발전에 상당히 뒤처진 것이었다. 베이컨은 갈릴레오 갈릴레이(1564~1642), 요하네스 케플러(1571~1630)와 동시대를 살았고, 그들의 성과를 어느 정도 알고 있었지만, 당대의 첨단 과학을 명확히 이해하지는 못했다. 16세기에 급속히 진행된 전 사회적인 수량화를 바탕으로 17세기 이후 수학에 기초한 추상 과학이 발전하기 시작했다. 이를 통해 아리스토텔레스로 대표되는 고대의 언어 논리적인 이성과 베이컨이 제기한 경험적 인과관계를 따지는 상식적 이성도 아닌 수리 이성이 중요하게 부각되었다. 케플러와 갈릴레이 같은 동시대의 과학자는 이미 베이컨이 제기한 단순한 사실과 실험의 축적이 아니라 관측·실험과 수리 계산의 결합으로 확실성을 보증하는 새로운 과학 모델을 창조하고 있었다. 그러나 베이컨은 여전히 수학을 형이상학의 보조자라고 보았을 뿐이었다.

16세기 들어 잉글랜드에서도 로버트 레코드(1510?~1558)가 영어로 된 최초의 대수학책을 쓰고 등호(=)를 발명하는 등 수학이 발전하고 자연과학에 대한 관심이 높아져, 다음 세기에 로버트 보일(1627~1691), 로버트 훅(1635~1703), 아이작 뉴턴(1642~1727)이 주도한 영국 과학의 전성시대를 예비하고 있었다. 당시까지 영국에서 가장 중요한 과학적 업적은 윌리엄 길버트(1544~1603)의 자기에 대한 연구였다. 길버트의 연구는 지구가 거대한 자석이라는 사실을 밝혀내 케플러 같은 후세의 과학자들에게 큰 영향을 주었다. 하지만 베이컨은 길버트의 업적이 가진 중요성을 제대로 이해하지 못하고, "자석 연구에만 매달린 나머지, 제 눈에 중요하게 보이는 대상에만 적용될 수 있는 철학을 만들어냈다"고 비판했다.

또 제임스 1세의 주치의로 베이컨도 치료 받은 적이 있던 윌리엄 하비(1578~1657)는 간에서 만들어진 피가 정맥을 통해 온몸으로 퍼져나간다는 고대의 통념과 달리 혈액이 순환한다는 사실을 발견하여 갈릴레이에 비견할 만한 업적을 생물학에 남겼다. 이 발견은 기존 통념을 깨고 직접적인 관찰을 통해 새로운 사실을 밝혀낸 가장 대표적인 업적이었지만, 베이컨은 하비의 연구에 대해 전혀 알지 못했다. (오히려 하비는 베이컨의 책을 읽고 그가 학자로서가 아니라 고관으로서 학문에 관해 쓰고 있다고 비웃었다.)

흔히 지적되는 것처럼 베이컨은 직접적인 관찰과 실험의 중요성을 강조한 나머지 가설의 중요성을 경시했다. 사실을 맹목적으로 수집하기보다 잘못된 가설이 과학에 기여한 예는 얼마든지 있다. 예를 들어 코페르니쿠스, 케플러, 갈릴레이는 모두 우주가 수학적인 조화를 이룬다는 플라톤주의의 잘못된 신비주의 가설에 입각했지만 결국 새로운 법칙들을 발견해 냈다.

베이컨은 『노붐 오르가눔』의 2부에서 사물의 숨겨진 본질("잠재적 과정" 또는 "잠재적 구조")을 밝혀내는 것이 학문의 목적이라고 하면서, 열의 본성에 대한 탐구를 통해 자신의 방법론이 실제로 적용되는 예를 보여주려고 했지만 그렇게 신통한 결과를 내진 못했다. 여기서 베이컨은 열이라는 성질을 가진 다양한 사례(햇빛, 번개, 화염 등)를 수집하여 "존재와 현존의 표"라고 이름 붙이고, 앞에서 수집한 사례들과 비슷하지만 특정 조건이 빠져있는 사례를 수집하여 "근접사례 중 일탈 혹은 부재의 표"라고 이름 붙였다. 마지막으로 열의 다양한 정도를 수집한 "정도표 혹은 비교표"를 만들어, 세 표를 비교·추리한 결과 "열이라는 것은 억제된 상태에서 저항하는 입자들 사이의 팽창 운동"이라는 결론을 도출할 수 있다고 주장했다.

이런 결론은 당시에도 별반 새롭지 않은 주장이었을 뿐 아니라, 통념과 가설을 배제하고 최대한 사실을 그 자체로 보여주겠다는 의도에도 충실하지 못했다. 베이컨은 입자(particle)의 존재를 당연하다는 듯이 말하지만, 19세기 초 현대적인 분자(molecule) 개념이 등장하기 전까지, 물질의 구성요소로서 입자는 역시 통념적인 전제에 지나지 않았다. 또 그는 자신이 제시한 표들 자체가 일종의 가설이라는 점을 깨닫지 못했는데, 서로 비슷하지만 특정 조건만 결여된 사례들이 자연계에 반드시 존재할 이유는 없기 때문이다. 열의 성질이 '과학'적으로 규명되기 위해서는 일단 베이컨에게 열과 냉이라는 서로 다른 성질로 인식된 것이 '온도'라는 단일한 수량 체계에 편입되는 것이 필요했지만, 현상적인 성질을 나열하는 베이컨의 표들로는 알 수 없었다. 과학 방법으로서 베이컨의 귀납법은 19세기쯤 되면 완전한 웃음거리가 되었다.

베이컨은 귀납법을 기초로 아리스토텔레스의 체계를 대체할 포괄적인 이론체계를 만들겠다는 야망을 품었지만, 애초부터 성공하기 어려운 기획이었다. 실제로 그의 작업은 현실 가능한 학문

체계 혹은 학문의 방법을 제시했다기보다 사실 자체를 탐구해야
한다는 선언에 그쳤다고 보는 게 타당하다.

베이컨은 자신의 학문이 유럽 대륙과 후세에 널리 알려지기
를 희망했으나, 그가 끼친 영향은 매우 제한적이었다. 그가 죽고
나서 불과 십 년 뒤 르네 데카르트의 『방법서설(1637)』이 출간되
었고, 얼마 지나지 않아 데카르트주의는 아리스토텔레스주의의
진정한 대안으로 각광받으며 유럽 지식인계를 평정했기 때문이
다. 한때 베이컨의 조수로 일했던 토마스 홉스조차 베이컨보다는
갈릴레이를 비롯한 유럽의 수학적 기계론자에게 더 큰 영향을 받
았다.

하지만 베이컨은 로크와 계몽주의 시대에 높은 평가를 받았
고, 이후 제도화된 철학사에서 근대철학사가 인식론 논쟁 중심으
로 기술되면서 경험주의의 시조로 편입되었다. 카를 마르크스 역
시 『신성가족』에서 그를 둔스 스코투스-베이컨-로크-프랑스 유물
론-공산주의로 이어지는 영국 유물론의 시초로 평가한다.

베이컨은 고대사상은 과거의 것일 뿐이며 고대인보다 근대
인의 문명과 지식이 더 우월하다는 생각을 강력하게 제기했다는
면에서 이전 르네상스 시대의 사상가들과 명확히 구분된다. 또 향
후 수 세기를 지배한 무한한 진보라는 관념과 더불어 회의주의를
배격하는 지적 낙관주의와 자연의 법칙을 파악함으로써 자연을
지배한다는 관념을 명확하게 표현한 최초의 인물이었다.

번영의 시대에서 혼란의 시대로

베이컨은 그랜드 챈슬러의 지위에 올라 『노붐 오르가눔』을 발표한 바로 그 시기를 정점으로 내리막길을 걷기 시작했다. 1621년 반대파에게 뇌물수수죄로 탄핵을 당했으며, 실각하고 5년 뒤, 죽은 닭이 눈 속에서 얼마나 오래 유지되는지 확인하기 위해 손수 닭을 잡아서 눈에 묻는 작업을 하다가 폐렴에 걸려 죽었다. 이 덕분에 베이컨은 과학 실험을 위해 몸을 바친 선구자의 이미지를 확고히 굳히게 되었지만, 실제로는 관직에 있을 때보다 큰 학문적 성과는 이루지 못했다.

그가 대혁신 계획에서 제출한 여섯 가지 과제 중 세 번째인 자연사 및 실험의 역사를 다룬 여러 단편은 미완성으로 남았고, 나머지 계획은 거의 손을 대지 못했다. 『노붐 오르가눔』 이후 출판된 책들은 대개 이전에 썼던 글들을 증보한 것이 많았다. 실각한 이후 베이컨은 오히려 국왕의 신임을 회복하고자 편지와 연설문, 왕조의 역사 등 국왕과 당대의 권력자인 버킹엄 공작에게 보내는 글을 많이 썼다. 하지만 제임스 1세는 끝내 사면하지 않았다.

베이컨은 기본적으로 16세기 공방 장인들이 발전시킨 실용적·경험적 지식에 기초하여 그 방법론을 이론적으로 일반화하려고 했다. 베이컨이 성장기와 장년기를 보낸 엘리자베스 1세 시대 (1558~1603)는 대서양 무역의 발전으로 유럽의 중심이 지중해 연안과 중부유럽에서 북서유럽으로 옮겨오던 시기였다. 네덜란드가 유럽에서 가장 부유한 국가로 떠올랐고, 영국도 그 뒤를 따르는 신흥 강국으로 떠오르고 있었다. 네덜란드는 1582년 당시 유럽의 최강대국 에스파냐로부터 독립을 선언했으며, 잉글랜드는 1588년 에스파냐의 무적함대를 칼레 앞바다에서 대파했다. 발전하는 신흥국가의 고위 관료로서 그는 실제적인 학문의 발전이 부국강병의 토대가 된다고 생각했다.

베이컨의 진보에 대한 무한한 낙관은 16세기적인 것이었다. 베이컨은 『학문의 진보』에서 "우리 시대의 전반적 추세는 평화로 향하고 있다"고 썼지만, 유럽사회는 이미 위기와 혼란의 시기로 빠져들고 있었다. 1566년 네덜란드는 에스파냐에 독립전쟁을 시작했다. 1562년부터 신구교도가 내전을 벌이던 프랑스에서는 1572년 메디치 가문 출신의 프랑스 왕비 카테린느 데 메디치가 프로테스탄트 신도 수만 명을 학살하는 성 바르톨로메오 축일의 대학살을 일으켰다.

이 두 사건은 17세기 중반까지 수십 년간 유럽 대륙을 휩쓴 종교전쟁의 출발점이었다. 15세기와 16세기 전반 유럽을 지배한 상대적인 관용의 시대가 가고 가혹한 불관용과 대립의 시대가 열리고 있었다. 17세기의 혼란은 지식인들에게 막연한 전망보다 더 큰 확실성을 추구하는 새로운 체계를 요구하고 있었다.

누구를 위한 근대였나?

코페르니쿠스의 『천구의 회전에 대하여』가 출판된 1543년, 해부학에도 혁명적 저작이 출판되었다. 브뤼셀 출신의 의사 안드레아 베살리우스의 『인체의 구조에 관해서』다. 근대 해부학을 열었다는 이 책의 표지 그림은 베살리우스가 극장에서 학생, 시민, 동료 의사 등 남성에게 둘러싸여 벌거벗은 여성 시신의 배를 갈라 자궁을 보여주는 모습을 묘사하고 있다. 이러한 이미지는 여성을 자연으로, 즉 과학의 대상으로 응시하는 근대적 사고방식을 적나라하게 드러낸다.

베살리우스, 『인체의 구조에 관해서』 표지

80년대 들어 여성주의 학자들은 베이컨의 저작들이 여성과 자연을 대상화하는 근대 과학의 성격을 명확히 드러내고 있다고 지적했다. 특히 미국의 여성주의 역사학자 캐롤린 머천트는 베이컨이 마녀재판과 자연 탐구를 동일시하고 있다고 주장했는데, 그가 자신의 저작에서 마녀를 고문해 자백을 얻어내듯이 자연을 괴롭혀 진리를 뽑아내야 한다고 은근히 암시한다는 것이다. 이런 비판은 근거가 취약하지만, 마녀사냥을 열렬히 지지한 국왕 제임스 1세 아래 사법부 수장을 지낸 베이컨에게 해볼 법한 의심이긴 하다. 그가 인간은 자연의 법칙을 파악하여 그것을 지배해야 한다고 생각한 것은 사실이며, 그 역시 당시의 대다수 남성과 마찬가지로 확고한 남성 우월주의자였다. 베이컨이 '인스타우라티오 마그나'라는 개념을 처음 제시한 것은 "우주에 대한 인간 지배력의 위대한 복원(Instauratio Magna Imperii Humani in Universum)"이라는 부제가 붙은 미출간 원고 「시대의 남성적인 탄생(Temporis partus masculus, 1603)」이었는데, 여기에서 항상 남성적인 것은 강건하고 공개적이고 진취적인 긍정적 성질로, 여성적인 것은 유약하고 은밀하고 회고적인 부정적 성질로 나타난다. 베살리우스가 해부한 여성의 시신 또한 어쩌면 마녀사냥의 희생자였을지 모른다.

많은 여성주의 이론가는 근세 초의 마녀사냥과 근대 의학의 성립, 자본주의 축적의 연관성을 지적한다. 대표적으로 이탈리아 출신의 여성주의 학자 실비아 페데리치는 『캘리번과 마녀(2004)』라는 책에서 16~17세기에 '마녀사냥'이라는 여성에 대한 대대적인 공격이 감행되었으며, 이를 통해 근대 자본주의 체제가 여성의 신체를 길들이고 재산을 박탈하여 체제의 기초를 마련했다고 주장한다. 페데리치는 마녀사냥이 농민에 대한 수탈, 아메리카 대륙에서 벌어진 대학살, 아프리카 노예무역과 함께 유럽이 근대사회로 진입하는 중요한 기초가 되었다고 말한다.

1500년경 아메리카에는 최소한 8,000만 명이 살았다고 추정된다.

그러나 1550년경, 아메리카 대륙의 인구는 1,000만 명으로 줄어들었다. 보물을 찾는 유럽인의 학살과 그들이 옮겨간 전염병으로 불과 50년 만에 7,000만 명이 사라진 것이다. 아메리카 원주민의 수가 급감하자, 유럽인은 광산과 토지에 부족한 노동력을 메우기 위해 아프리카에서 주민들을 잡아 와 노예로 썼다. 16세기에서 19세기까지 수천만 명이 아프리카에서 아메리카로 끌려갔다. 유럽인은 아메리카의 광산뿐 아니라 노예무역으로 큰 부를 축적했다.

베이컨의 『노붐 오르가눔』의 표지는 돛을 활짝 펴고 지브롤터 해협을 상징하는 두 기둥을 통해 대서양으로 나아가는 범선을 보여준다. 베이컨은 근대를 진보의 시대라고 생각했지만, 그 진보는 유럽 백인 기독교도 남성 부르주아 이외의 다른 성과 인종에게 엄청난 희생을 요구하는 것이었다.

베이컨, 『노붐 오르가눔』 표지

8장

데카르트와
새로운 체계

17세기는 조르다노 브루노(1548~1600)의 화형과 함께 시작했다. 전반적으로 번영과 관용의 시대였던 16세기에 비해 17세기가 불안한 시대가 될 것을 암시하는 불길한 징조였다. 도미니크회 수도사였다가 파문당한 브루노는 우주는 무한하고 그 중심은 지구가 아닌 태양이며 하늘의 별들은 태양처럼 행성들이 딸린 다른 세계들을 이루고 있을 것이라는 혁신적인 주장을 펼쳤다. 교황청은 그를 붙잡아 7년 동안 심문과 고문을 가한 끝에 화형에 처했다.

　본래 가톨릭은 완고한 성서 원리주의를 주장한 프로테스탄티즘보다 다른 생각들에 관용적이고 유연한 편이었다. 지동설을 주장한 코페르니쿠스도 가톨릭 성직자였으며, 당대 교황 클레멘스 7세는 그의 주장에 감명을 받고 출판을 독려하기까지 했다. 반면 루터의 측근이었던 멜란히톤은 코페르니쿠스의 주장이 성서와 어긋난다며 맹렬히 비판했다. 하지만 16세기 중반부터 가톨릭이 프로테스탄트의 확산을 저지하기 위한 교회 개혁에 본격적으로 나서면서 가톨릭에도 원리주의세력이 득세하기 시작했다.

1539년 가톨릭 중심지인 스페인에서 교회 개혁세력인 예수회가 창설되었다. 1542년에는 로마에 악명 높은 종교재판소가 설치되었다. 1545년부터 1563년까지 종교분열을 극복하기 위해 트리엔트 공의회가 개최되었다. 그러나 이는 오히려 양 진영의 최종 분열과 반종교개혁 운동이라고 불리는 가톨릭의 반격이 본격화되는 계기가 되었다. 예수회는 프로테스탄트와 비슷한 원리주의를 내세우며 프로테스탄트세력과 투쟁의 전위부대로 악명을 떨쳤다. 이단자를 불태우고 마녀를 사냥하는 광풍이 수십 년 동안 계속되었다.

반종교개혁 운동으로 유럽 전역은 다시 내전과 전쟁의 소용돌이에 휩싸였다. 근대철학의 아버지로 불리는 르네 데카르트(1596~1650)는 이렇게 종교 갈등과 전쟁이 계속되는 혼란한 시기를 살았다.

귀족, 가톨릭, 군인, 스파이?

1568년 스페인 정부의 종교 탄압이 강화되자 네덜란드의 프로테스탄트 귀족들은 오라녜 공작 빌럼 1세(1533~1584)를 중심으로 뭉쳐 독립전쟁을 일으켰다. 1570년 교황청으로부터 파문당한 잉글랜드의 엘리자베스 여왕은 수십 년 만에 다시 가톨릭 탄압에 나섰다. 진정되던 프랑스 내전은 1572년 성 바르톨로메오 축일의 학살이라는 끔찍한 사건이 벌어지면서 세기말까지 계속되었다.

지독한 종교 분쟁이 수십 년간 이어지면서 많은 사람이 넌더리를 냈다. 1589년 프랑스 왕족이자 위그노(칼뱅주의)의 지도자였던 앙리 드 나바르(1553~1610)가 왕위를 계승하여 오랜 내전에 종지부를 찍었다. 앙리 4세는 종교 갈등을 해소하기 위해 국민 다수가 믿고 있던 가톨릭으로 개종하는 한편 1598년 위그노에게 부분적으로 신앙의 자유를 허용하는 낭트칙령을 발표했다. 엘리자베스 여왕을 이어 1603년에 즉위한 제임스 1세는 가톨릭에 관용정책을 펼쳤다. 네덜란드의 칼뱅주의 내부에서도 알미니안주의 같은 종교적 관용주의가 등장했다. 이런 분위기는 1609년 네덜란드와 스페인의 휴전으로 이어졌다.

낭트칙령이 발표된 것은 데카르트가 갓 걸음마를 하고 말을 배울 무렵이었다. 데카르트가 태어난 프랑스 중서부의 투렌 지방은 위그노가 많이 살았지만, 데카르트의 집안은 독실한 가톨릭이었다. 데카르트 가문은 군인이었던 고조부가 16세기 초에 프랑스 중동부 지방에 '카르트(Cartes)'라고 불리는 작은 영지를 얻으면서 시작됐다고 한다. 후손은 의사나 법률가로 일하면서 번창했고, 이름난 의사였던 할아버지 피에르 대에 투렌 근교에 정착하여 정식으로 데카르트라는 성을 썼다. 데카르트의 아버지 조아생 데카르트(1563~1640)는 푸와티에대학에서 법률을 공부하고 브르타뉴 주 파를망(Parlement)의 고위재판관이 되어 이른바 법복귀족으로 출세했다.

흔히 '고등법원'으로 번역되는 파를망은 영어에서 의회를 뜻하는 단어와 철자가 같지만 의회보다 재판소에 가까운 지방자치단체였다. 그것은 본래 지방에서 사법권을 행사하는 대영주들을 견제하기 위해 만든, 귀족으로 구성된 국왕의 재판소였지만, 앙리 4세 때부터 귀족 가문이 아니더라도 부유한 시민이 돈을 내고 직위를 사서 세습하는 것이 허용되었다. 이렇게 귀족이 된 사람들을 법복귀족(noblesse de robe)이라고 불렀다. 그러나 이들은 절대왕정 시대에 중앙정부의 권력이 강화되고 정부가 직접 지사를 파견하여 지방의 통제를 강화하자, 오히려 개혁에 저항하는 보수세력이 되었다.

지방 지주로 부유한 부르주아와 하급귀족의 경계에 있던 데카르트 가문은 조아생 대에 와서 고등법원 직위 덕분에 정식으로 세습 귀족 가문이 되었다. 둘째 아들인 데카르트는 부친의 지위를 물려받을 수 없었지만, 지방귀족인 외가에서 상속한 영지를 내세워 자신을 "세뇌르 뒤 페론(Seigneur du Perron, 페론의 영주)"이라고 칭했다. 데카르트는 신흥 지배층으로 자기 신분에 무척 자긍심을 가졌던 것으로 보인다.

데카르트는 유년기에 예수회 학교에 다녔다. 예수회는 가톨릭 부흥의 전위부대로서 다른 종파에 테러를 불사하는 극단적인 면모를 보인 반면, 한편으로는 교육에 힘쓰고 인문주의에 개방적인 이중적인 모습을 보였다. 앙리 4세는 즉위 초인 1594년 국왕시해 미수 사건에 연루됐다는 혐의로 예수회를 금지했지만, 1603년 금지령을 철회하고 예수회와 화해를 시도했다.

데카르트가 다닌 라 플레슈(La Flèche) 학교는 앙리 4세와 예수회가 화해로 세운 종교 관용의 상징이었다. 그러나 데카르트가 한창 이 학교에 다니고 있던 1610년, 앙리 4세는 가톨릭 광신자의 손에 암살당했다. 국왕의 심장은 바로 라 플레슈 학교에 안치되었는데, 당시 열네 살이었던 데카르트도 이 행사를 목격했거나 직접 참여했을 가능성이 크다.

앙리 4세가 암살된 이후, 잠깐 반짝했던 종교 관용의 분위기는 빠르게 사그라들었다. 뒤를 이어 프랑스를 통치한 것은 어린 태자를 대신해 섭정이 된 앙리 4세의 아내 마리 드 메디시스(1573~1642)였다. 그녀는 성 바르톨로메오 축일의 학살을 일으킨 카트린 드 메디시스와 마찬가지로 이탈리아 메디치 가문 출신이었다. 마리 드 메디시스는 고향 이탈리아 출신의 신하들을 중용하며 남편과 달리 친스페인 정책으로 선회했다.

불안해진 위그노는 곳곳에서 소요를 일으켰고, 가톨릭 원리주의자들은 위그노에 대한 전쟁을 재개할 것을 요구했다. 네덜란드에서도 칼뱅주의자가 종교 관용을 제기하는 알미니안주의자를 맹렬히 공격했다. 군 통수권자인 마우리츠(1567~1625) 공작은 이를 이용하여 반대파인 관용적인 공화주의자를 대거 숙청했다.

1616년 가톨릭 교황청은 출판된 지 50년이 넘은 코페르니쿠스의 책을 금서로 지정했다.

1614년 데카르트는 예수회 학교를 졸업하고, 아버지가 다녔던 푸와티에대학에서 2년간 법학과 의학을 공부했다. 그가 대학을 졸업하고 나서 몇 달 뒤인 1617년 4월, 루이 13세가 궁정 쿠데타를 일으켜 어머니 마리 드 메디시스의 측근을 처형하고 실권을 잡았다.

1618년 여름, 데카르트는 갑자기 프랑스를 떠나 네덜란드 군대에 입대했다. 데카르트는 알렉상드르 뒤마의 유명한 소설 『삼총사(1844)』의 주인공들과 신분이나 나이가 얼추 비슷했다. 당시 프랑스에서는 재산상속이 불확실하거나 쇠락한 가문의 귀족 자제가 소설에서처럼 군인으로 출세를 노리는 경우가 흔했다. 철학자 데카르트는 은둔자의 이미지가 강하지만, 사실 젊은 귀족 세뇌르 뒤 페론은 삼총사들처럼 검술과 승마, 도박에 능했다고 알려져 있다.

하지만 가톨릭 신자인 데카르트가 왜 군이 프로테스탄트 군대에 들어갔는지는 불명확하다. 데카르트는 이후 7년 동안 유럽 이곳저곳을 떠돌아다녔는데, 중년에 접어들어 쓴 『방법서설』에서 이런 젊은 시절의 방랑을 두고 "세계라는 커다란 책(le grande livre du monde)"을 탐구하려 했다고 멋있게 표현했다. 그러나 최근 데카르트의 몇몇 전기 작가는 이런 설명을 매우 미심쩍게 생각한다.

영국 철학자 A.C. 그레일링은 2005년에 쓴 데카르트 전기에서 그가 예수회의 스파이였다는 흥미로운 가설을 제기했다. 미국의 과학사가인 해롤드 J. 쿡은 『청년 데카르트(The Young Descartes, 2018)』에서 데카르트가 마리 드 메디시스 일파와 가까운 사이였기 때문에 루이 13세의 궁정 쿠데타로 위기감을 느끼고 서둘러 입대했다고 주장했다. 그는 데카르트를 나중에 프롱드의 난을 일으키게 되는 절대왕정에 불만을 품은 귀족 가운데 한 사람으로 해석했다.

네덜란드로 간 데카르트는 빌럼 1세의 아들로 네덜란드 통치자인 오라녜 공작 마우리츠의 휘하에 용병으로 입대했다. 당시 네덜란드는 스페인과 휴전 중이어서, 그는 네덜란드의 요새 도시 브레다에서 별일 없이 반년 정도 머물렀다. 이때 데카르트는 인생에서 매우 중요한 인물을 만나게 되는데, 바로 네덜란드 미델뷔르흐 출신의 수학자 아이작 베크만(1588~1637)이었다.

두 사람의 공통 관심사는 무엇보다 수학과 자연학이었다. 베크만이 1618년 11월에 쓴 일기에 따르면 데카르트는 그를 만났을 때 자신과 "같은 방식으로 수학과 자연학을 결합하는 연구를 추구하는" 사람을 처음 만났다고 말했다. 베크만 역시 데카르트를 "제외하면 그런 방식으로 연구하는 사람과 얘기를 나눠본 적이 없다"라고 썼다. 이는 데카르트가 네덜란드로 온 이유 가운데 하나를 설명한다.

당대 유럽 최고의 명장으로 꼽히던 마우리츠 공작은 유명한 수학자이자 공학자인 시몬 스테빈(1548~1620)을 초빙하여 군사공학을 중요한 분야로 만들었다. 베크만은 스테빈에게서 직접 수학을 배운 사람이었다. 아마도 브레다는 스콜라 학자가 장악한 프랑스의 교육기관보다 고등수학과 자연과학을 배우기에 더 좋은 장소였을 것이다.

처음에는 데카르트보다 여덟 살 많은 베크만이 스승에 가까운 역할을 했지만, 곧 데카르트의 수학 실력이 자신보다 뛰어나다는 것을 알아차리고 자유낙하, 유체 역학 등 몇 가지 주제에 대한 공동 작업을 진행했다. 데카르트는 이 시기에 「음악개론(Musicae Compendium)」이라는 논문을 완성해서 베크만에게 새해 선물로 주었다. 이 글은 현재 남아있는 데카르트 최초의 저술로, 그는 여기서 음률에 대한 수학적 분석을 시도했다.

이 무렵 보헤미아(오늘날의 체코) 지방에서는 왕위 계승을 두고 향후 30년전쟁으로 비화될 분쟁이 벌어지고 있었다. 1617년 독실한 가톨릭 신자인 페르디난트 2세가 신성로마제국 황제 마티아스의 지명으로 보헤미아와 헝가리의 왕이 되면서 보헤미아 지방의 프로테스탄트 귀족은 큰 불이익을 당했다. 결국 1618년 말 보헤미아의 귀족은 황제와 새 왕에게 반기를 들고 프로테스탄트 선제후인 팔츠의 프리드리히 5세를 보헤미아의 왕으로 추대했다. 1619년 3월 마티아스 황제가 죽고 페르디난트 2세가 신성로마제국 황제로 선출되자 가톨릭 진영과 보헤미아는 일촉즉발의 전쟁 위기를 맞게 되었다.

1619년 4월 말, 데카르트는 보헤미아에 모여든 가톨릭 군대에 들어가기 위해 네덜란드를 떠났다. 여행 도중, 데카르트는 독일 프랑크푸르트에 들러 9월 9일에 열린 페르디난트 2세의 신성로 마제국 대관식을 구경하고 다시 길을 가다가 독일의 어느 마을에 잠시 머물렀다. 1691년에 최초로 데카르트 전기를 쓴 가톨릭 성직자 아드리앙 바이예에 따르면 데카르트는 11월 10일 숙소의 따뜻한 방에서 비몽사몽 간에 세 개의 이상한 꿈을 연달아 꾸었다.

그는 이 꿈들을 새로운 학문을 탐구하는 데 인생을 바치라는 계시로 해석했다. 『방법서설』에도 이때의 일에 대해 특별히 언급한 것으로 볼 때, 그에게 매우 인상 깊은 사건이었던 것은 분명하다.

프랑스의 귀족에서
네덜란드의 철학자로

데카르트의 젊은 시절 기록은 『방법서설』에서 스스로 밝힌 것을 빼고는 상당히 불확실하다. 하지만 여러 정황으로 보았을 때, 학창 시절부터 갖고 있던 학문에 대한 관심이 브레다 시절 베크만과 교류를 통해 받은 자극에 영향받아 학문 연구에 삶을 바치겠다는 결심으로 이어진 것으로 보인다. 아마도 데카르트가 꾼 이상한 꿈들은 불안한 미래에 대해 스스로 마음을 다잡는 계기가 되었을 것이다.

아무튼 데카르트는 원래 계획대로 여행을 계속해서 가톨릭 연합군에 합류했다. 하지만 1620년 가톨릭 군대가 프로테스탄트 군대를 대파하고 프리드리히 5세를 쫓아낸 것으로 유명한 백산전쟁을 비롯해 실제 전쟁에 참여했는지는 확실치 않다. 바이예는 데카르트 전기에서 그가 백산전쟁의 현장에 있었다고 기록했지만 전쟁 참여 여부는 모호하게 남겨두었다. 전쟁이 끝난 뒤, 북유럽과 네덜란드 등지를 여행한 데카르트는 1622년 프랑스에 잠시 돌아와 상속받은 어머니의 영지를 팔고 이듬해 다시 2년간 이탈리아 여행을 떠났다.

당시 프랑스의 정세는 매우 불안했다. 1619년 2월, 아들 루이 13세에 의해 유폐당한 모후 마리 드 메디시스가 탈출하여 둘째 아들 오를레앙 공작 가스통을 내세워 반란을 일으켰다. 반란은 곧 진압되었지만 어머니와 아들의 정쟁은 몇 년 동안 계속되었다. 정세가 불안해지자 1620년 말부터 위그노의 반란이 잇따라 일어났다. 위그노의 봉기는 1622년 국왕이 몽펠리에 조약을 통해 낭트 칙령을 지키겠다고 약속한 뒤에야 진정되었다. 사회 불안이 계속되자 교회와 대학, 특히 고등법원의 사상 검열과 탄압이 극에 달했다.

1619년 툴루즈 고등법원은 이탈리아 출신의 자연철학자 루칠리오 바니니(1585~1619)를 무신론자라는 혐의로 체포해 화형에 처했다. 1623년 파리 고등법원은 바니니의 사상에 영향을 받았다고 알려진 시인 테오필 드 비오(1590~1626)를 미풍양속을 해쳤다는 혐의로 기소했다. 그는 운 좋게 달아나 목숨을 건졌지만, 대신 그의 초상화가 불태워졌다. 1624년 파리 고등법원은 몇몇 학자가 계획한 아리스토텔레스주의를 반박하는 대중강연을 금지하고, 강연자들을 추방했으며, 향후 누구도 공인된 고대 학자들의 이론에 반대하는 학설을 가르칠 수 없다고 선언했다.

데카르트가 프랑스에 다시 돌아오자마자 곧 다시 긴 여행을 떠난 것은 파리의 이런 흉흉한 분위기 때문이었을지 모른다. 실제로 1623년 유명한 신비주의 비밀결사 장미십자회를 자칭하는 벽보가 파리에 나붙어 큰 화제가 되었을 때, 막 독일에서 돌아온 데카르트도 그 회원으로 의심받아 곤욕을 치렀다. (그는 이 의혹을 직접 해명해야 했다.)

1625년 데카르트가 이탈리아 여행을 마치고 돌아왔을 무렵, 프랑스는 『삼총사』의 악역으로 유명한 리슐리외 추기경 (1585~1642)이 권력을 잡고 혼란을 가라앉히고 있었다. 본래 마리 드 메디시스의 측근이었던 리슐리외는 모후와 국왕의 사이를 중재하는 역할을 하다가 국왕의 눈에 들어 1624년 프랑스 최초의 전권 총리가 되었다. 그는 귀족의 전통적인 권리를 제한하고 중앙집권 관료조직을 강화했으며, 이제 기득권세력이 된 고등법원의 권한을 약화시키고 정부가 직접 관할하는 지사를 파견했다.

기존 기득권층은 당연히 불만을 품었고, 추기경은 밀정을 풀어 불만세력을 감시하고 탄압하는 것으로 응답했다. 당시 귀족이 리슐리외에게 품은 불만은 『삼총사』에 잘 나타나 있다. 이 소설의 주인공인 젊은 귀족처럼 데카르트도 리슐리외의 강압적인 정책에 적지 않은 불만을 가졌을 것이다.

　가톨릭세력을 분노하게 한 것은 무엇보다 리슐리외의 반스페인 정책이었다. 리슐리외는 가톨릭 성직자임에도 불구하고 교회가 아니라 세속국가의 이해에 따라 잉글랜드나 네덜란드 같은 프로테스탄트 국가와 손잡고 합스부르크 가문의 가톨릭 군주가 지배하는 스페인과 독일을 견제했다. 이미 상당히 세속화된 예수회는 이런 정책에 굴복했지만, 더 원리주의적인 가톨릭세력은 프랑스 오라토리오회를 창건한 베륄르 추기경(1575~1629) 같은 인물을 중심으로 결집하여 저항했다. 이들은 대개 내전 시기에 가톨릭동맹에 가담하여 위그노와 최선두에서 싸웠던 귀족과 상층 부르주아였다. 그들은 '경건파(Dévots)'로 불리며 루이 14세 치세 때까지 절대왕정의 반대파로 존재했다.

　이 시절에 데카르트는 파리에 머무르며 학문 연구에 전념하여 조금씩 이름을 알리고 있었다. 이 무렵 그는 라 플레슈 학교의 선배인 가톨릭 신부 마랭 메르센(1588~1648)과 친해졌다. 메르센 신부는 이후 베크만 이상으로 데카르트의 인생에 중요한 인물이 되었다. 메르센은 1620년대 초반, 혼란의 시기에 자유사상이나 이탈리아 자연철학 같은 새로운 조류에 맞서 가톨릭 교리를 옹호한 대표적인 논객이었다.

　메르센은 이단과 사상 투쟁에서 승리하려면 새로운 자연학에 정통해야 한다고 생각하여 수학과 자연학을 깊이 연구했다. 데카르트와 친해진 것도 이 때문으로 보이는데, 그의 수학 실력을 높이 산 메르센은 이 시기 데카르트에게 광학에 관련한 문제들에 대한 수학적 해법을 의뢰했다고 알려져 있다. 당시의 연구는 나중에 굴절광학에 관한 논문으로 정리되어 『방법서설』과 함께 출판되었다.

1627년 가을, 리슐리외와 루이 13세는 가톨릭 보수세력의 주장을 받아들여 위그노세력의 중심도시 라로셸에 대대적인 토벌을 시작했다. 리슐리외는 위그노세력이 프랑스를 강력한 통일국가로 만드는 데 걸림돌이라고 보았다. 추기경은 이 도시를 돕기 위해 해협을 건너온 영국 군대를 격퇴하고 이 항구도시 주위를 제방으로 막아 봉쇄했다. 1년 가까이 포위가 계속되는 동안 기아와 질병으로 27,000명에 달하던 시민은 5,000명으로 줄어들었다.

『삼총사』의 후반부는 라로셸 포위전에 참가한 주인공들의 활약을 다루고 있다. 퇴역 군인 데카르트가 삼총사 일당처럼 군인으로 그 전투에 참전했는지 확실한 증거는 없다. 데카르트를 종교와 무관한 근대철학의 창시자로 보고 싶어 하는 사람들은 그가 1618년 가톨릭 군대에 자발적으로 입대한 사실이나, 라로셸의 학살에 가담했을 가능성을 무시하는 경향이 있다. 예를 들어 미국의 권위 있는 데카르트 전문가 리차드 왓슨은 2002년에 쓴 전기에서 데카르트가 무익한 종교 분쟁에 엮이지 않기 위해 네덜란드로 떠났다고 주장한다.

왓슨은 데카르트를 라로셸 이후 네덜란드로 망명한 프로테스탄트들에게 깊이 공감한 인물로 묘사하고 있지만, 가톨릭 보수파와 친분이나 군사공학자로서 경력을 볼 때 데카르트가 라로셸 포위전에 참전했을 가능성이 오히려 더 커 보인다. 해롤드 J. 쿡은 리슐리외의 서류 속에서 데카르트(Descartes)와 비슷한 성(Descart)을 쓰는 인물의 참전 기록을 발견했다는 사실을 근거로 참전설을 지지한다.

데카르트는 라로셸이 함락된 직후인 1628년 11월 갑자기 네덜란드로 이주했다. 바이예의 전기에 따르면 데카르트는 1627년 가을경 교황 대사관저에서 개최한 샹두라는 연금술사의 강연회에 참석했다가 베륄르 추기경을 비롯한 참석자들의 요청으로 샹두의 견해를 비판하는 연설을 했다. 베륄르 추기경은 데카르트의 비판에 큰 인상을 받고, 따로 불러 그의 주장을 다시 듣고 싶어 했다. 그는 데카르트의 주장이 무신론의 대안이 될 수 있을 거라고 격려하면서 데카르트에게 학문에 전념할 것을 당부했다고 한다.

몇몇 데카르트 전기 작가는 갑작스러운 네덜란드 이주도 1618년의 입대처럼 부자연스러운 일이라고 생각한다. 리처드 왓슨은 샹두에 관련한 일화는 나중에 데카르트 추종자들이 만들어낸 얘기라고 주장하며, 데카르트가 종교전쟁에 참여할 것을 종용하는 베륄르 추기경을 피해 네덜란드로 떠났다는 가설을 제시했다. 예수회 스파이설을 주장한 A.C. 그레일링은 베륄르로부터 모종의 경고를 받고 떠났다고 주장했다. 데카르트를 리슐리외의 정치적 반대파로 해석한 해롤드 J. 쿡은 리슐리외의 후원을 받던 샹두를 비판했기 때문에 그의 박해가 두려워 나라를 떠났다는 가설을 제시했다.

　이런 가설들은 사실 모두 확실한 근거가 없다. 네덜란드 생활 초기에 데카르트가 거의 숨어 살다시피 하면서 자주 이사를 하는 등 수상쩍은 행동을 했기 때문에 나온 이야기들이다. 데카르트 스스로는 자신에게 주어진 과도한 명성에 걸맞은 인간이 되기 위해서 "나를 아는 모든 사람을 피해 이곳에 오기로 결심"했다고 썼다.

　한 세기 뒤의 계몽주의자 볼테르는 『철학편지』에서 "프랑스에서는 한심한 스콜라철학이 진리를 박해하고 있었기 때문"에 데카르트가 "진리를 찾으려고 프랑스를 떠났다"고 썼다. 이미 프랑스에서 어느 정도 주목받던 데카르트에게 내전과 종교전쟁, 음모와 정치투쟁으로 소란스러운 프랑스는 자신의 사상을 연구하고 펼치기에 좋은 환경이 아니었을 것은 분명하다.

　당시 네덜란드는 전쟁 중이긴 했으나 유럽에서 정치적으로든 종교적으로든 가장 자유로운 국가였다. 게다가 골수 칼뱅주의자와 손잡고 자유주의자를 숙청한 마우리츠 공작이 1625년에 죽고, 총독 자리를 이어받은 동생 프레데리크 헨드리크(1584~1647)가 스페인과 전쟁에서 승기를 잡고 다시 비교적 관용적인 통치를 펼치고 있었다.

자연 마술과
가톨릭 기계론

그렇다면 데카르트는 과연 어떠한 학문적 포부를 품고 네덜란드로 떠났을까? 원래 데카르트의 관심은 베이컨과 마찬가지로 아리스토텔레스주의 논리학을 대체할 학문의 새로운 방법론을 제시하는 것이었다.

아리스토텔레스주의 자연학이 오류투성이라는 것은 이 시기에 들어 많은 지식인에게 명확한 사실이었다. 기존 지식의 절대성이 무너지자 유럽 지식인 사회에서는 피론주의가 크게 유행했다. 앙리 4세 시대의 대표적인 지식인 미셸 드 몽테뉴는 유럽 전역에서 널리 읽힌 『수상록』을 통해 피론주의를 유행시키는 데 크게 일조했다.

"확실한 것은 아무것도 없다"는 회의주의는 관용과 열린 사고의 기초가 되기도 했지만, 동시에 허무주의적이고 세속지향적인 태도를 퍼트렸다. 절대적인 믿음에 기초해야 하는 교회 입장에서는 결코 좋게 볼 수 없는 현상이었다. 바로 이런 상황에서 독일의 요하네스 케플러와 이탈리아의 갈릴레오 갈릴레이는 경험의 축적을 통한 개연적 지식이 아니라 관찰과 실험으로 얻은 관측 자료를 수학 계산으로 법칙화하여 자연에 대한 확실한 지식을 주장하는 새로운 자연학, 즉 근대 과학을 탄생시키고 있었다.

케플러는 튀코 브라헤가 남긴 방대한 관측 자료를 바탕으로 십수 년 동안 끈질긴 계산을 통해 천체 운동의 세 가지 법칙을 발견했다. 갈릴레이는 1609년 자신이 만든 망원경으로 태양의 흑점과 목성의 위성, 토성의 띠를 발견하는 등 일대 센세이션을 일으키며 당대 학계의 슈퍼스타가 되었다. 하지만 그가 가장 크게 공헌한 분야는 역학이었다. 케플러가 행성의 운동법칙을 밝히는 데 성공했다면, 그는 모든 사물에 일반적으로 적용할 수 있는 물체의 운동법칙을 밝혀내려고 시도했다.

데카르트는 1619년 이래 틈나는 대로 새로운 방법론에 대한 글을 썼지만, 네덜란드로 건너간 뒤로는 이를 제쳐 놓고 자연학 연구에 매진했다. 그가 죽은 뒤 반세기가 지난 뒤에야 『정신지도의 규칙』이라는 제목으로 출간된 이 책을 보면 데카르트가 수학의 방법론을 학문 일반에 적용하려 했다는 사실을 알 수 있다. 하지만 이 책은 끝내 완성하지 못했다.

데카르트의 자연학 연구는 1629년에서 1632년 사이에 쓴 『세계론』과 『인간론』에 집대성되었다. 하지만 데카르트는 『세계론』을 마무리 지어 출판하려는 와중에 이탈리아에서 벌어진 갈릴레이에 대한 종교재판 소식을 들었다. 갈릴레이는 1632년 출간한 『두 우주 체계에 대한 대화』 때문에 종교재판을 받았는데, 당시 유럽 지식인 사회의 최고 거물이자 교황청의 지지를 받던 갈릴레이가 연금되고 책이 불태워졌다는 소식은 데카르트에게 큰 충격을 주었다.

그는 결국 『세계론』의 출판을 포기했다. 『세계론』의 2부로 구상되어 그것에 표명된 자연의 원리를 신체에 적용한『인간론』도 미완성 원고로 남았다. 이 원고들은『철학의 원리』를 비롯하여 이후 자연학과 생리학을 다룬 여러 저술의 바탕이 되었으며, 데카르트주의가 큰 세력이 된 1660년대에 나란히 출판되었다.

데카르트가 갈릴레이의 재판 소식을 듣고『세계론』의 출판을 포기한 것은 어쩌면 당연한 일이었다. 그의 자연학은 근본적으로 갈릴레이 같은 새로운 자연학자들의 발견과 방법에 기초했기 때문이다. 그가『세계론』에서 제시한 것은 자연에 대한 포괄적이고 철저한 기계론적인 설명이었다.

르네상스 시대 인문주의 지식인의 자연관을 이끈 것은 자연 마술이라는 경향이었다. 원래 마술을 뜻하는 라틴어 '마기아(magia)'는 '숙달'이나 '통달'에 가까운 뜻이었다. 이런 영향으로 당시 자연 마술(magia naturalis)은 지금 주는 느낌과 달리 자연을 깊이 이해하여 자연의 힘을 제어하고 조절하는 차원 높은 기술로 흔히 인식되었다. 또 이는 16세기에 크게 증대한 실용적 기예와 경험적 지식을 중시하는 경향과도 맞닿아 있었다. 베이컨이『학문의 진보』에서 마술을 자연철학의 한 분야로 자리매김한 것은 이 때문이었다.

자연 마술은 가톨릭 진영과 프로테스탄트 진영을 막론하고 지식인 사이에서 크게 유행했다. 그러나 트리엔트 공의회 이후 이단에 엄격해진 가톨릭교회는 신비 철학이나 자연 마술에 대한 서적들을 금서로 지정했다. 특히 16세기 후반, 마녀사냥의 광풍이 절정에 달하면서 마술에 대한 인식이 크게 나빠졌다. 자연 마술의 신봉자들은 점차 교회와 세속권력의 탄압을 피해 '장미십자회'처럼 비밀스러운 형태로 숨어들어 갔다.

16세기 말이 되자 수학과 기계의 발전을 등에 업고 자연을 기계로 보는 새로운 관점이 유력하게 떠올랐다. 정교한 기계 시계 같은 새로운 발명품들은 자연이 기계처럼 움직일지 모른다는 생각에 영감을 주었다. 케플러 같은 사람은 자신의 목적이 "우주의 기계가 신적이며 영적인 존재와 비슷한 것이 아니라 시계와 비슷한 것임을 밝히는 것이다"라고 말했다. (비슷하게 데카르트도 인간의 신체를 시계에 비교하면서 『인간론』을 시작했다.)

자연 속에 신의 계시가 깃들어 있으며 자연의 비밀을 탐구하는 것을 통해 신의 뜻을 알 수 있다고 생각한 자연 마술의 지지자들과 달리 기계론자들은 자연을 수동적인 것으로, 다시 말해 죽은 것으로 취급했다. 베이컨도 자연에 시련과 구속을 가해 그 법칙을 알아내고 지배해야 한다고 주장했지만, 기계론적 자연관이 우위를 잡기 시작한 것은 무엇보다 스테빈이나 갈릴레이에 의해 역학이 비약적으로 발전하면서부터였다.

청년 시절 데카르트의 스승 노릇을 했던 베크만도 선구적인 기계론자였다. 생전에 그의 저서들이 거의 발표되지 않았기 때문에 오랫동안 막연히 데카르트의 친구 정도로만 알려졌지만, 20세기 들어 베크만의 원고들이 출간되자 그가 독창적인 사상가였을 뿐 아니라, 데카르트의 자연학에 큰 영향을 끼쳤다는 사실이 드러났다.

베크만은 아리스토텔레스의 4원소에 대응하는 네 가지 원자(혹은 입자)를 모양에 따라 구분하고, 이 원자들의 운동으로 물질세계를 설명하려고 했다. 그리고 이러한 운동은 수학적으로 설명할 수 있는 것이라고 주장했다. 이런 생각이 데카르트가 이후에 펼치게 될 자연관과 기본적으로 유사성이 있는 것은 분명한 사실이다. 데카르트가 네덜란드에 돌아왔을 때 두 사람의 교류는 다시 시작되었는데, 이 무렵 데카르트에게 갈릴레이의 연구를 많이 소개해 준 것도 베크만이었다.

그러나 데카르트는 메르센으로부터 베크만이 자신을 제자처럼 이야기하더란 말을 전해 듣고 매우 불쾌해했다. 1630년 데카르트는 베크만에게 그에게서 배운 것이 아무것도 없다고 주장하는 매우 공격적인 편지를 썼는데, 몇몇 학자는 이 편지를 쓴 목적이 그의 저서 출간을 막으려는 데에 있다고 보았다. 당시 데카르트가 쓰던 『세계론』에 베크만의 영향이 너무 많이 드러나 있기 때문이라는 것이다.

네덜란드 칼뱅파 신자인 베크만은 데카르트뿐 아니라 가상디와 메르센 같은 프랑스의 가톨릭 기계론자들에게도 큰 영향을 끼쳤다. 1628년 네덜란드 여행 때 베크만을 만난 가톨릭 학승 피에르 가상디는 베크만이 자신이 만난 가장 위대한 철학자라고 극찬했다. 다음 해 베크만을 방문한 메르센은 그가 보여준 원고를 읽고 (데카르트의 중상모략에도 불구하고) 깊은 인상을 받았다.

데카르트가 일찍이 보헤미아의 전장으로 떠난 동기가 당시 그곳에서 융성했던 신비주의와 '장미십자회' 같은 단체에 대한 관심 때문이라는 말이 있을 정도로 그는 한때 신비주의에 큰 관심을 두었다. 프랑스로 돌아와서 파리에 머무르던 시기에도 자유사상가나 연금술사, 점성술사와 가깝게 교류했다. 하지만 적어도 네덜란드에서 자연에 대한 탐구에 몰두할 무렵의 그는 명확하게 기계론의 입장을 취했다.

데카르트의 기계론은 프랑스에서 가톨릭 기계론자의 등장과 밀접하게 관련되어 있다. 프랑스 가톨릭 내에서 등장한 선구적인 기계론자는 바로 메르센 신부였다. 1620년대에 마랭 메르센은 이탈리아에서 들어온 자연 마술에 대한 단호한 비판자 가운데 한 사람이었다. 그는 특히 기적을 어설프게 자연 현상으로 설명하는 시도에 격렬히 반발했는데, 이런 시도는 결국 신앙과 자연학의 경계를 해체하고 무신론에 빠질 것이라고 주장했다. 당시 메르센과 가까웠던 피에르 가상디도 그의 요청으로 자연 마술과 연금술에 대한 비판에 가담했다.

메르센과 가상디 같은 가톨릭 자연학자는 점차 기계론으로 기울어졌다. 본래 갈릴레이에게도 비판적이었던 메르센은 1630년대 들어 교황청의 금서 조치에도 불구하고 갈릴레이의 『두 우주 체계에 대한 대화』의 일부를 최초로 프랑스어로 번역해서 소개했다. 가상디는 1631년 케플러가 예측한 대로 수성이 태양을 통과하는 모습을 처음으로 관측했고, (아마도 베크만의 영향을 받아)

고대철학자 에피쿠로스의 원자론을 받아들여 이에 기초한 독자적인 기계론을 주창했다. 이들 가톨릭 자연학자는 아리스토텔레스주의를 대체할 새로운 세계관으로 기계론을 받아들였다. 당시 대다수 일반 신도가 믿은 신은 인간처럼 인격과 의지를 가진 신이었다. 성서에도 하나님은 자신의 형상에 따라 인간을 창조했다는 구절이 있었다. 종교분열 이후에 등장한 성서 원리주의자들은 신이 자연에 깃들어 있다는 자연 마술의 범신론적인 경향을 무신론이나 다름없다고 생각했다. 나아가 이교도인 아리스토텔레스가 자연에 지나치게 많은 능력을 부여하는 바람에 세상을 창조하고 유지하는 하나님의 전능함이 손상되었다고까지 생각하게 되었다.

반면 만물을 기계로 본다면 기계에 인간이라는 창조자가 있는 것과 마찬가지로 인격과 의지를 가진 하나님이라는 창조자가 만물을 만들어냈다는 생각이 자연스럽게 떠오를 수 있다. 더욱이 이런 기계론은 케플러나 갈릴레이 같은 새로운 자연학자의 발견들과도 잘 맞아떨어졌다. 17세기 중반이 되자 영국과 네덜란드의 프로테스탄트 자연학자들도 비슷한 이유로 기계론을 받아들이기 시작했다. 메르센은 수학에서 독자적인 업적을 남기기도 했고, 무엇보다 당대 유럽의 수많은 수학자와 자연학자와 서신을 주고받거나 중계하는 연락망 역할을 했다. 이런 활동은 이후 자연학이 근대적인 과학으로 발전하는 데 크게 기여했다. 데카르트는 네덜란드에서 은둔 생활을 하면서도 메르센과 서신 교환을 통해 많은 유럽 지식인과 교류할 수 있었다.

새로운 체계의 완성

데카르트의 공식적인 첫 번째 저작은 1637년 익명으로 출간한 『방법서설』이다. 근대철학의 중요한 고전으로 꼽히는 이 짧은 서설은 사실 『세계론』을 쓰면서 연구했던 광학, 기하학, 기상학에 대한 논문들을 묶어 출판하면서 서론으로 붙인 글이다. 그래서 원래 "이성을 올바르게 이끌고 학문의 진리를 탐구하기 위한 방법서설, 그리고 이 방법을 적용한 굴절광학, 기상학, 기하학 논문들"이라는 긴 제목이 붙어 있었다.

데카르트는 「굴절광학」 논문에서 빛의 굴절을 튀는 공의 운동과 비교하여 기계적·수학적으로 설명하면서, 빛이 통과하는 매질의 밀도에 따라 굴절 방식이 달라진다는 굴절의 법칙을 제시했다. 또 기상학에서는 스콜라철학이 사물의 고유한 형상에 의한 것으로 설명해 온 천체나 바람, 구름, 무지개, 폭풍 등 다양한 자연현상을 물체의 운동, 형태, 수, 배열 등 물리 운동에 대한 수량적 파악을 통해 설명할 수 있다고 주장했다. 특히 기하학 논문은 좌표를 통해 대수학과 기하학을 하나로 통합하는 해석기하학이라는 새로운 분야를 창조했다.

데카르트가 이 서설에 제시한 방법론은 『정신지도의 규칙』에 비해 매우 단순해졌다. 그는 먼저 의심할 여지가 없을 정도로 명석 판명하게 정신에 나타나는 것 외에는 어떤 것도 참된 것으로 받아들이지 말아야 한다고 말한다. 그리고 문제를 가능한 작은 부분으로 나누고, 가장 단순하고 알기 쉬운 것에서 가장 복잡한 것의 인식으로 올라가야 하며, 마지막으로 아무것도 빠뜨리지 않도록 완벽한 열거와 전반적인 검토를 수행해야 한다고 주장했다.

복잡한 문제를 단순하게 쪼개서 해결하는 방식은 갈릴레이도 많이 사용하는 방법이었고, 당시 기술자들이 흔히 사용하던 방식이었다. 완벽하게 열거하고 검토해야 한다는 것도 이미 베이컨 같은 사람들이 주장한 적이 있었다.

하지만 데카르트가 진리의 기준으로 "명석 판명함(clara et distincta)"을 제시한 것은 꽤 독특했다. 최근 『성찰』의 한 번역본은 이를 "맑고 또렷함"이라고 번역했는데, 쉽게 말해 다른 것들과 명확히 구분되어 더욱 선명하게 나타나는 심상이란 의미이다. 데카르트는 몇 년 뒤에 나온 『성찰』에서 이렇게 정신에 떠오르는 모든 심상을 "관념(idea)"이라고 불렀다.

그에 따르면 이런 심상은 오감을 통해 나타날 수도 있지만, 외부세계와 관계없이 순수하게 타고난 정신의 능력에 의해 떠오를 수도 있다. 데카르트는 수학, 특히 기하학에 관련된 관념이 그렇다고 보았다. 이렇게 마음에 떠오르는 관념이라는 심상을 외부세계와 구분하고, 이 관념을 지식의 대상으로 규정한 것은 이후 한 세기 이상 지식의 근거를 다루는 철학적 논의에 바탕이 되었다.

'관념'을 가리키는 불어와 영어 단어 'idea'는 그리스어 'ἰδέα(이데아)'에서 나온 말이다. 이 단어의 원형은 '보다'라는 뜻의 'ἰδεῖν(이데인)'으로, '외양, 형상, 유형' 등의 뜻을 가지고 있었다. 플라톤의 '이데아(idea)'와 데카르트의 '관념(idea)'은 둘 다 정신에 떠오르는 심상 혹은 개념을 가리키지만, 플라톤이 그것을 객관적으로 실존하는 진짜 세계라고 본 반면, 데카르트는 인간 정신에 나타나는 주관적인 심상으로 보았다.

그렇지만 데카르트는 진리의 기준이 관념과 외부세계의 일치라고 제시하지 않는다. 외부세계가 실제로 존재하는지 않는지, 관념이 진리인지 아닌지는 모두 의심할 수 있다고 보았기 때문이다. 그는 인간의 보편적인 지적 능력이 관념의 맑고 또렷한 정도를 구분할 수 있다고 보았지만, 아무리 맑고 또렷한 관념일지라도 확실하다고 보장할 수는 없다고 생각했다.

데카르트는 이 서설에서 더 이상 의심할 수 없는 확실한 것으로 "나는 생각한다, 고로 존재한다"라는 유명한 명제를 제시했다. 그는 이 확실한 명제를 기초로 외부세계와 여타 관념들의 실재성을 증명해야 한다고 주장하면서, 외부세계의 존재와 그것에 대한 확실한 지식의 문제를 신의 존재 여부와 결부시켰다. 이런 방식을 통해서 그는 당대 유행하던 회의주의에 맞서 새롭게 등장한 자연에 대한 법칙들의 체계, 즉 근대적인 자연과학이 믿을 만한 지식이라는 신뢰성을 부여하려 했다.

그러나 『방법서설』은 큰 반응을 얻지는 못했다. 『방법서설』보다는 기하학과 자연에 관한 논문들이 주목을 받았다. 베이컨의 『노붐 오르가눔』과 달리 데카르트의 굴절광학, 기상학, 기하학에 대한 논문들은 동시대 몇몇 지식인의 눈에 새로운 방법론을 적용하여 자연에 대한 새로운 발견을 제시한 훌륭한 예로 보였다. 덕분에 데카르트는 네덜란드의 의사 헨드리크 데 로이(1598~1679) 같은 소수지만 열렬한 지지자를 얻게 되었다.

이후 7년 동안 데카르트는『제1 철학에 대한 성찰(1641)』,『철학의 원리(1644)』,『정념론(1649)』등을 잇달아 내놓았다. 이중『방법서설』에서 간략하게 다룬 인식의 확실성과 신의 존재 문제를 집중 조명한『성찰』은 메르센을 통해 파리의 유명 지식인들에게 미리 원고를 돌려 반론을 받고 자신의 재반론을 함께 실어 출판하는 독특한 방식을 취했다.

1644년에 출판된『철학의 원리』는 아리스토텔레스주의를 대체하려는 데카르트의 야심이 돋보이는 대작이다. 예수회 학교에서 교과서로 쓰이기를 원하며 집필한 이 책은 새로운 학문체계의 대략적인 윤곽밖에 제시하지 못했던 베이컨과 달리 완성된 체계를 제시하는 데 성공했다.

데카르트는 이 책의 서문에서 철학을 "지혜에 대한 탐구"로 규정하며, 철학을 한 그루의 나무에 비유했다. 그에 따르면 철학의 뿌리는 형이상학이고, 줄기는 자연학인데, 여기서 의학, 기계학, 윤리학 같은 개별 학문이 가지처럼 뻗어 나온다.『철학의 원리』는 그 뿌리와 줄기에 해당하는 형이상학과 자연학을 수미일관하고 포괄적인 체계로 보여주었다.

이 책은 모두 네 부분으로 구성되었다. "인간 인식의 원리들에 관하여"라는 제목을 붙인 1부는『방법서설』과『성찰』에서 다론 형이상학을 소개했다. 여기서 데카르트는 어떻게 신의 존재를 통해 외부세계에 대한 확실한 지식을 믿을 수 있게 되는지 증명한다. 자연학을 다룬 2부~4부에서는 10년 전에 출판하지 못했던 자연학 원고들에 기초하여 자연에 대한 풍부한 설명을 제시했다.

2부 "물질적인 것들의 원리에 관하여"는 물질과 운동의 일반적인 성격과 법칙에 대해서 다루며, 관성의 법칙에 기초한 운동 일반의 법칙을 제시했다. 3부 "가시 세계에 관하여"에서는 천체의 운동을 설명했고, 4부 "지구에 관하여"에서는 지구상에서 일어나는 다양한 자연 현상을 포괄적으로 설명했다. 여기에서는 인간 신체의 작용도 간략하게 다루고 있다.

당시 새로운 자연학은, 무엇보다 중력에 대한 관념이 없었기 때문에, 발견한 과학적 사실들을 일반인에게 쉽게 설명하기 어려웠다. 예를 들어 왜 행성은 타원 궤도로 태양 주위를 도는지, 물체는 왜 아래로 떨어지며 속도가 빨라지는지 명확하게 설명할 수 없었다. 갈릴레이는 지구가 회전하는데도 물체가 바로 아래로 떨어지는 이유를 떨어지는 물체도 사실은 지구와 같이 원운동을 하고 있기 때문이라고 얼버무렸다. 또 낙하 운동이 가속 운동임을 밝혀냈으면서도 그 원인까지 설명하지는 못했다.

사실 갈릴레이의 작업은 자연 현상의 원인을 밝히기보다는 그것을 수학적으로 기술하는 데 집중했다. 데카르트가 메르센에게 보낸 편지에서 갈릴레이가 "자연의 제1 원인들을 규명하지도 않고 단지 몇 가지 특수한 결과들에 대해 설명만 하려고" 한다고 비판한 것은 이를 지적한 것이었다. 그는 세상의 모든 만물이 접촉으로 움직인다는 기계론의 원리를 통해 새로운 자연학의 난점들을 어느 정도 '상식'적으로 설명하는 데 성공했다.

예컨대 데카르트는 우주 공간은 텅 비어 있는 것이 아니라 눈에 보이지 않는 물질 입자로 꽉 채워져 있다고 주장했다. 이 입자들은 태양을 중심으로 빙글빙글 소용돌이치며 돌고 있는데, 행성들은 이 하늘 물질에 감싸인 채 함께 회전하고 있다. 그 덕분에 지구가 움직이는데도 지구상에 있는 사람들은 그것을 느끼지 못하는 것이다.

태양뿐 아니라 지구 같은 행성들의 주위에도 작은 소용돌이가 돌고 있는데, 달 같은 위성들의 운동은 이런 작은 소용돌이 운동으로 설명된다. 그는 이런 소용돌이 운동이 불러일으키는 원심력을 통해 중력도 설명해냈다. 원심력으로 가벼운 물질들은 바깥쪽으로 달아나고 그 때문에 무거운 물질들이 아래로 밀려 내려오는 것이 중력이라는 것이다.

옛날부터 신비로운 힘으로 인식되어온 자석의 성질 역시 비슷하게 설명되었다. 자석과 지구 내부에는 양쪽 끝이 통해 있는 길들이 나 있고, 이 길을 통해 나선형 모양의 입자가 한쪽 구멍에서 다른 쪽 구멍으로 빠져나오며 주위를 소용돌이 모양으로 운동한다. 이 소용돌이가 철에 작용해서 자석에 붙거나 떨어지는 작용을 일으킨다. 이런 식으로 데카르트는 당시 자연학으로 설명하기 힘들었던 중력이나 자기 같은 원거리에서 작용하는 힘을 모두 입자들의 접촉을 통한 운동으로 설명해 냈다.

데카르트는 4부의 마지막 부분에, 동식물을 다룰 5부와 인간의 신체에 관한 6부는 아직 연구가 충분하지 못해서 쓸 수 없었지만, 앞에서 서술한 자연에 대한 기계론적 설명을 뒷받침하기 위해 감각에 대한 일반적인 설명을 짧게 덧붙인다. 그는 이미 「굴절광학」 논문에서 인간의 시각을 빛이라는 외부 작용이 망막을 자극하여 이미지를 만들어내고 그것이 시신경을 통해 두뇌로 전달되는 기계적인 과정으로 설명한 바 있다.

이 책에서 데카르트는 동물 정기(spiritus animalis)라는, 기체와 비슷한 상태의 물질이 신경을 통해 온몸을 순환하면서 감각과 감정을 일으킨다고 설명한다. 이 동물 정기는 고대 그리스 의학자 갈레노스에게서 빌려온 개념인데, 그에 따르면 심장을 통해 들어온 혈액에서 가장 밀도가 희박한 입자들이 뇌 속에서 분리되어 만들어진다. 요컨대 인간의 신체 활동과 감정도 기계적인 작용의 결과라는 것이다.

데카르트의 설명은 사실 지금 돌이켜보면 대부분 조잡하기 짝이 없으며, 새로운 과학 발견의 의미를 퇴행적으로 해석한 면도 많았다. 그러나 오늘날의 눈에 우습게 보일지라도, 그는 동시대 자연학자들이 발견한 새로운 사실들이 자아낸 의문들을 당시의 상식 수준에서 가장 그럴듯하고 폭넓게 해명하는 데 성공했다.

그래서 데카르트는 이 책에서 자신이 설명하지 못한 자연 현상은 아무것도 없다고 자신만만하게 선언했다. 이런 작업이야말로 분명 당대 지식인들에게 굉장한 업적으로 보였던 터이다.

자연 마술과 헤르메스주의, 장미십자회

플라톤 저작들을 라틴어로 번역하여 르네상스 시기에 플라톤주의를 부흥시킨 이탈리아의 인문주의자 마르실리오 피치노는 1460년 『코르푸스 헤르메티쿰』 또는 『헤르메티카』로 알려진 고대 그리스어 문헌을 라틴어로 번역해서 출판했다.

이 책은 모세와 비슷한 시기에 헤르메스 트리스메기스투스라는 고대 이집트의 현자가 저술했다는 글들을 묶은 것이다. 『코르푸스 헤르메티쿰(Corpus Hermeticum)』이라는 제목 자체가 헤르메스 전집이라는 뜻이다. 헤르메스 트리스메기투스(Hermes Trismegistus)는 '세 배 위대한 헤르메스'라는 뜻으로 그리스 신 헤르메스와 이집트 신 토트와 동일시되는 신화적인 존재라고 전한다. 세 배 위대하다는 의미는 그가 가장 위대한 철학자이자 사제이며 왕이었기 때문이라는 설도 있고, 연금술·점성술·마술 세 가지 우주의 지혜에 능통했기 때문이라는 설도 있다.

이 문헌은 예수의 탄생을 예언했다고 해석되었기에 그리스도교도에게 큰 거부감 없이 수용되었다. 헤르메스주의 문헌은 연금술·점성술·마술로 신과 자연의 비밀을 파악하고 신과 일체가 될 수 있다고 주장했다. 이런 생각은 종교분열 시대를 사는 지식인에게 매력적으로 다가왔다. 그들이 보기에는 아리스토텔레스도 어차피 이교도였을 뿐이었다. 만약 그보다 더 오랜 고대의 지혜를 통해 자연의 비밀을 밝혀낼 수 있다면, 스콜라적인 무익한 교리 논쟁을 끝낼 수 있겠다고 여겨졌다. 영국의 역사학자 폴 존슨은 이런 인문주의 지식인을 가톨릭에도,

프로테스탄트에도 속하지 않았다는 의미에서 '세 번째 세력'이라고 불렀다.

헤르메스주의는 플라톤주의와 함께 르네상스 지식인 사이에 자연 마술을 부흥시키는 데 큰 역할을 했다. 세계가 영혼을 가지고 있다는 플라톤의 언급은 자연이 살아있는 것이라는 관점의 바탕이 되었다. 또 우주에 수의 신비가 깃들어 있다는 피타고라스와 플라톤의 주장은 숫자의 신비를 푸는 수비학(數祕學)을 유행시켰다. 이탈리아 인문주의자 조반니 바티스타 델라 포르타(1535~1615)는 1589년 『자연 마술』이라는 책을 써서 큰 성공을 거두었는데, 이 책은 살아있는 자연의 비밀을 밝히고 그것을 인간을 위해 이용하는 실용적인 기예나 기술로서 마술의 개념을 제시했다. 존 디(1527~1608), 로버트 플러드(1574~1637) 같은 유명한 마술사는 당대의 고급 지식인으로 대접받으며 세속권력자들의 후원을 받았다.

자연 마술은 16세기 지식인 사이에 널리 퍼졌던 실용적인 지식을 중시하는 흐름의 일환이었다. 의학에 연금술을 도입하여 근대 약학의 선구자가 된 독일의 의사 파라켈수스(1493~1541)는 실험을 중시했을 뿐 아니라, "대학교에서 모든 것을 가르치지 않으므로 의사는 할머니, 집시, 마법사, 방랑 부족, 늙은 도둑이나 법의 보호를 받지 못하는 사람을 찾아 그들에게서 배워야 한다"며 민간의 전승지식을 폭넓게 받아들였다.

중세에서 근대로 넘어오던 무렵만 해도, 마술이나 마녀에 대한 인식은 그렇게 나쁘지 않았다. 그리스도교가 들어오기 전부터 존재하던 정령 숭배는 여전히 민간에 널리 뿌리내리고 있었다. 사람에게 해를 끼치는 이른바 나쁜 마술(black magic)과 달리 마을에서 점쟁이, 치료사, 산파 등의 역할을 하는 사람들이 사용하는 유익한 마술이 있다고 믿었다. 이들은 주로 나이 든 여성으로, 사실 대대로 전승되어 내려오는 지식과 기술의 계승자들이었다. 이런 전통은 교회나 세속권력도 함부로 무시할 수 없었다. 그러나 16세기 중반, 마술에 대한 결정적인 인식의 전환이 일어나기 시작한다.

교회의 분열은 근본적으로 교황청과 세속권력자의 싸움이었다. 뒤숭숭한 분위기 속에서 농민사회에는 불온한 움직임이 만연했다. 종교분열의 진원지 독일에서는 대대적인 농민봉기가 벌어졌고, 농민반란은 민간에 면면히 내려오는 신비주의 신앙과 연결되어 있었다.

종교분열 이후에 벌어진 대대적인 마녀사냥은 마술과 신비주의 같은 불온한 경향을 척결하고, 여성과 약자에 대한 혐오를 조장하여 불만을 내부로 돌리는 한편, 공동체에서 주요한 역할을 하던 나이 든 여성들을 제거하여 농민사회를 분열시켜 통제하려는 교회와 세속권력의 단결된 시도였을 가능성이 크다. 마술과 마녀에 대한 공격은 16세기 후반 아메리카 대륙으로 전파되어 원주민을 악마화하고 학살하는 구실로 기능했다.

종교분열을 해결하기 위해 1545년, 1551년, 1562년 세 차례 열린 트리엔트 공의회는 마술과 신비주의에 관련된 많은 저술을 금서로 지정했다. 17세기가 되자 지식인조차 마술에 대해 드러내놓고 말하기 어려운 상황이 되었다. 1600년에 처형된 조르다노 브루노는 헤르메스주의자였고, 그의 죄목에는 마술과 점성술 연구가 포함되었다. 브루노의 처형은 교회가 헤르메스주의를 용납하지 않겠다는 명백한 선언이었다.

이후 지식인의 자연 마술도 쇠락하기 시작했다. 17세기 초에『헤르메티카』가 먼 고대의 저술이 아니라 훨씬 후대에 작성된 위서임이 밝혀졌는데, 이 또한 자연 마술이 쇠퇴하는 계기가 되었다.

1614~16년에 익명으로 출판된 몇 개의 소책자를 통해 장미십자회라는 비밀결사가 유럽에 널리 알려졌다. 헤르메스주의 원리에 따라 지

식을 개혁하고 인류의 도덕적 혁신을 도모한다는 이 단체의 목표와 이상은 큰 반향을 얻었지만 끝내 실체를 드러내지는 않았다. 이는 이미 이런 경향의 단체가 공공연하게 활동하기 어려운 현실을 반영했다. 실제로 1623년 장미십자회를 자칭하는 벽보가 파리에 나붙었을 때, 회원들을 색출하려는 움직임이 나타났다. 당시 독일에서 갓 귀국한 데카르트도 의심을 받았다. 데카르트는 공개적으로 장미십자회와 무관함을 밝혔고, 곧 이탈리아로 긴 순례 여행을 떠났다.

1620년대 혼란한 프랑스에서 자연 마술은 정치적 탄압뿐 아니라 메르센과 가상디 같은 가톨릭 기계론자에게 강력한 비판을 받았다. 17세기 후반, 데카르트의 기계론 세계관이 유럽 지성계를 지배하면서 마술은 비합리적이고 비학문적인 것으로 격하되고, 기계론이 진정한 과학의 위치를 차지했다. 그렇지만 수비학, 연금술, 점성술 같은 자연 마술은 수학, 화학, 천문학 등 근대 과학이 정립되는 데 큰 영향을 끼쳤다.

기계론의 기초가 된 원자론이나 입자론처럼 세상이 눈에 보이지 않는 작은 알갱이로 이루어졌다는 주장은 금속을 약물로 용해시켜 여과지를 통과한 다음 다시 조성해 내는 연금술 실험이 없었다면 설득력을 얻기 어려웠을 것이다.

자연 마술은 중세의 아리스토텔레스주의와 근대 기계론적 자연관 사이에서 과도기적인 역할을 했다. 그것은 자연을 수동적이거나 대상화시키지 않은 다른 방식의 자연 탐구로 발전할 수도 있었겠지만, 16~17세기의 사회변화 속에서 결국 시대에 뒤처져 도태되었다.

과학혁명과
데카르트의 수학적 기계론

베이컨과 데카르트는 흔히 경험론과 합리론이라는 상반된 사조의 시조로 이야기되지만 여러모로 공통점이 많다. 두 사람 모두 전통적인 봉건귀족이 아니라 세속국가의 성장과 함께 국가 관료로 입신양명한 가문 출신이었다. 또 모두 전통적인 아리스토텔레스의 언어 논리적인 방법론을 거부하는 동시에 당대에 유행하던 회의주의와 자연주의에 맞서 인간의 보편적인 지적 능력에 기초한 새로운 학문체계를 정립하려 했다.

베이컨은 그러한 인간의 지적 능력을 오성(understanding) 또는 이성(reason)이라고 불렀고, 데카르트는 양식(bon sens) 또는 이성(raison)이라고 표현했다. 이론보다 관찰과 실험을 중시해야 한다는 점에서도 별 이견이 없었다.

이성이란 말, 즉 프랑스어의 '레종(raison)'과 영어의 '리즌(reason)'은 로마 시대부터 그리스어 '로고스(λόγος)'를 라틴어로 번역할 때 사용된 '라티오(ratio)'에서 나온 말이다. 기본적으로 '말'이라는 뜻을 가진 그리스어 '로고스'는 '셈, 계산', '이유'라는 뜻도 있었고, '이유나 사물의 본질을 따지는 능력'이라는 뜻으로 확대되었다. '라티오'는 철학적 의미로 쓰인 로고스라는 용어를 대체했는데, 말과 관련된 의미가 빠지는 대신 '계산'이라는 뜻은 그대로 이어받았다.

이런 흔적은 오늘날 영어에서 'ratio'라는 단어가 수적 비율을 가리키고, 합리화를 뜻하는 'rationalization' 같은 단어에 '유리화' 같은 수학적 의미나 수량적 효율성의 의미가 담긴 것으로 남아있다. 한편 로고스는 'logic(영어)', 'logique(프랑스어)', 'logik(독일어)' 등 현대 유럽에서 '논리'를 뜻하는 단어의 어원이 되었다.

베이컨과 데카르트의 차이는 이성이라는 능력의 어떤 면을 중요하게 보는가에 있었다. 베이컨의 이성은 사물의 인과관계를 추론하는 상식적인 것이었다. 데카르트도 비슷하게 이성을 "잘 판단하고, 참된 것을 거짓된 것에서 구별하는 능력"이라고 규정했다. 그러나 데카르트의 이성 개념은 이런 상식적인 의미라기보다는 만물을 수량으로 환원하는 이성, 즉 수리적 효율성을 우위에 두고 있었다. 이런 차이는 베이컨이 장인이나 연금술사의 경험적이고 실용적인 지식을 이론화하려 한 반면, 데카르트는 케플러와 갈릴레이 같은 최초의 근대 과학자가 사용하던 수학적 방법을 이론화하려고 했기 때문에 발생한다.

아리스토텔레스는 기본적으로 세상만물을 그 주요 구성요소의 본성으로 설명했다. 그에 따르면 지상세계는 흙, 불, 공기, 물이라는 네 가지 원소로 이루어지는 변화하고 운동하는 세계이다. 반면 천상세계는 에테르라는 순수하고 근본적인 다섯 번째 원소로만 이루어진 변하지 않는 세계이다. 흙과 물 같은 무거운 원소는 우주의 중심인 지구로 떨어지고, 공기와 불처럼 가벼운 원소는 위로 올라간다. 반면 천상세계를 구성하는 무게가 없는 제5의 원소는 지구 주위를 영원히 원 모양으로 회전한다.

케플러와 갈릴레이는 아리스토텔레스주의자처럼 사물의 내적 본성으로 자연 현상을 설명하지 않고, 수적인 양으로 환원하여 계산을 통해 자연의 일정한 법칙을 발견하려 했다. 이런 새로운 학문과 방법에 대한 데카르트의 이해 수준은 일개 고위 공무원에 불과한 베이컨과 차원이 달랐다. 윌리엄 하비 같은 진짜 학자에게 아마추어라고 비웃음당한 베이컨과 달리 데카르트는 당대 일류 물리학자이자 의학자, 무엇보다 최고의 수학자로 널리 인정받았다. 특히 그가 창시한 해석기하학은 공간에 대한 수량적 계산을 완성하여, 다음 세기에 뉴턴과 라이프니츠가 운동과 변화를 수량화할 수 있는 미적분을 만드는 토대가 되었다.

갈릴레이는 "자연은 수학적 언어로 쓰였다"는 유명한 말을 남겼다. 하지만 코페르니쿠스, 케플러, 갈릴레이 모두에게 영향을 끼친 피타고라스와 신비주의적인 플라톤주의를 제외하면, 누구도 자연이라는 책이 왜 수학이라는 언어로 쓰였는지 명쾌히 해명하지 못했다. 하지만 데카르트는 물질의 본질을 "연장"이라는 추상적인 수학적 실체로 완전히 환원시켜 이 문제를 해결했다.

연장이란 공간을 차지한다는 의미로, 데카르트는 사물에서 다른 모든 성질을 부차적인 것으로 배제하고 공간을 차지할 수 있는 것만이 사물의 근본적인 본성이라고 주장했다. 데카르트 자신이 창조한 해석기하학은 모든 공간을 완벽하게 수치로 환원하여 계산할 수 있게 만들었다.

데카르트는 베크만처럼 물질세계가 눈에 보이지 않는 작은 입자들로 이루어져 있다고 생각했지만, 이 입자가 더 이상 나뉠 수 없는 것, 즉 원자(atom)라는 주장에는 반대했다. 그에게 연장을 가진 실체는 수처럼 무한히 나뉠 수 있어야 했기 때문이다. 또 데카르트는 베크만과 달리 자연에 진공이 없다고 주장했다. 따라서 데카르트의 세계는 빈틈(진공)없이 단지 모양과 크기만 다른 물질 입자로 꽉 찬 세계였다.

덕분에 우주는 이러한 작은 입자들이 톱니바퀴와 기어처럼 촘촘하게 얽혀 접촉을 통해 돌아가는 거대한 기계라는 사실이 무리 없이 이해될 수 있었다. 운동하는 물체는 외부의 충격이 없는 한 운동을 계속한다는 '관성'의 법칙은 이러한 기계적 자연관에 원동력을 제공했다.

아리스토텔레스는 천체들의 원운동과 지상에서 가벼운 원소가 위로 올라가고 무거운 원소가 아래로 내려가는 운동만이 사물의 본성에 의한 자연스러운 운동이라고 보았다. 그 밖에 다른 모든 운동은 외부의 원인이 있어야 한다. 그는 물체의 상태는 기본적으로 정지된 것이라고 설명했다.

하지만 갈릴레이는 경사면을 내려가는 공은 속도가 점점 빨라진다는 실험을 통해 평면을 구르는 공은 마찰 등 외부 방해가 전혀 없다면 일정한 속력으로 영원히 굴러갈 것이라고 추론했다. 이런 발상의 바탕에는 물체의 기본 상태는 정지가 아니라 운동이라는 생각이 깔려있으며, 오늘날 '관성(inertia)'이라고 부르는 개념으로 나아가는 첫걸음이 된다. 그러나 갈릴레이는 둥근 지표면을 굴러가는 공의 운동도 원운동에 속하므로, 천체든 지상의 물체든 모든 사물의 운동은 기본적으로 원 모양을 취한다는 생각에서 벗어나지 못했다.

반면 데카르트는 원운동을 하는 물체는 원의 중심에서 멀어지려는 성질, 즉 원심력을 가진다는 것에 착안하여 모든 운동은 기본적으로 직선으로 나아가려는 성질을 지닌다고 주장했다. 그는 이런 생각을 기초로 『철학의 원리』에서 자연의 세 가지 법칙을 제시했다.

첫째, 모든 물체는 외부의 작용이 없는 한 동일한 상태를 유지하려 한다. 따라서 일단 움직여진 것은 항상 운동을 유지하려 한다. 둘째, 모든 운동은 그 자체로서는 직선 운동이다. 원심력이 일어나는 것은 그 때문이다. 셋째, 물체가 더 강한 물체와 충돌하면 운동량을 잃지 않지만, 더 약한 물체와 충돌하면 그것에 운동량을 전달한다. 여기에 덧붙여 데카르트는 이러한 운동량은 자연의 제1 원인인 신이 태초에 부여했으며, 신의 힘에 의해 보존된다고 주장했다.

사실 데카르트도 원운동이 자연스러운 운동이라는 생각에서 완전히 벗어나지 못했다. 또 물체가 낙하하는 이유를 설명하긴 했지만, 낙하 운동에 가속도가 붙는 이유까지는 설명하지는 못했다. 이는 그가 접촉하지 않고 물체를 끌어당기는 힘, 즉 중력의 존재를 상정하지 않았기 때문이다. 그러나 중요한 것은 이렇게 설명된 자연은 언어의 논리, 즉 로고스가 아니라 수학적 논리로 파악될 수 있다는 점이다. 따라서 자연의 인과관계는 정확히 측정될 때 정확히 예측할 수 있으며, 데카르트의 이론은 근대 과학의 확실한 진리성을 강력하게 주장했다.

데카르트가 자연학의 중요한 기본적인 발상들을 베크만에게서 가져온 것은 사실일 터이다. 그러나 데카르트가 베크만보다 훨씬 뛰어난 수학자였다는 것도 부정할 수 없다. 데카르트가 아니었다면 이들이 제시하려고 한 수학적이고 기계적인 세계관이 이론적 설득력으로는 완성되기 어려웠을 것이다.

로고스를 넘어서

근대 이전의 여러 문명에서 지식인은 합리적으로 납득할 수 있는 세상의 궁극적인 이치를 파악하려고 애썼다. 유럽에서는 이런 이치를 '로고스'라고 불렀고, 중국에서는 '도(道)'나 '이(理)'라고 불렀다.

그런데 '로고스'나 '도'가 원래 '말하다'는 뜻이 있다는 사실이 암시하듯이 이런 이치들은 언어의 논리에 기초한다. 이는 사람의 사고가 무엇보다 언어의 논리에 의해 일차적으로 규정받기 때문일 것이다. 머릿속에 떠오른 언어적인 개념이 실제 세계에도 존재해야 한다는 개념 실재론은 서양 사상의 역사에서 최근까지 유구하게 내려온 전통이었다.

이런 세계관 속에서 사람들은 자연과 사회와 인간의 몸과 마음이 모두 궁극적인 세상의 이치를 따라야 한다고 생각했다. 그런 이치에서 벗어날 때, 사회는 재난에 빠지고 인간은 병에 걸린다. 예컨대 데카르트 이전까지 유럽 의학을 지배했던 4체액설은 세상을 구성하는 네 가지 원소(흙, 공기, 불, 물)에 인간의 몸을 흐르는 네 가지 액체(흑담즙, 혈액, 황담즙, 점액)가 대응하며, 이 액체들의 조화와 균형이 건강을 좌우한다고 주장했다. 이와 비슷하게 동아시아의 한의학도 인간의 몸과 마음은 천지음양의 조화에 따라야 한다고 보았다.

베이컨은 아리스토텔레스주의를 비판하면서도, 세상은 인간과 자연과 신이 겹쳐진 글자처럼 포개져 있다는 다소 애매한 입장을 취했다. 그도 철학을 인간을 다루는 분야와 자연을 다루는 분야로 나누었지만, 자연철학에 형이상학과 물리학, 기계학, 마술을 포함하고, 인간철학에 논리학, 윤리학, 의학, 화장술, 체육 등을 포함하여, 오늘날의 관점에서는 함께 묶이기 힘든 것들을 같은 범주로 분류했다.

반면 데카르트는 인간을 아예 정신(이성)과 동일한 존재로 놓고, 몸을 포함한 나머지 모든 것을 기계적인 원리로 돌아가는 물질로 취급했다. 그리고 물질의 원리는 언어의 논리가 아니라 수학적인 논리로 파악해야 한다고 주장했다. 따라서 의학도 인간의 몸을 기계처럼 다루어야 하므로, 자연학의 하부에 놓이게 된다. 이런 점에서 그는 베이컨보다 훨씬 더 근대 과학의 관점에 가까웠다.

이러한 데카르트의 생각은 당대 새롭게 등장한 자연학의 발전뿐 아니라 새로운 사회변화에도 잘 어울렸다. 사실 데카르트의 사상은 그가 중시한 수학 및 수학적 자연학과 마찬가지로 화폐경제의 급속한 발달로 인한 사회의 전반적인 수량화의 반영이었다. 또 이런 세계관은 앞으로 자본주의가 발전하면서 본격적으로 나타날 자연과 인간에 대한 착취와 쉽게 어울릴 수 있었다.

만일 자연이 어떤 신성도 가지지 못한 죽은 것이라면, 인간을 위해 그것을 이용하는 어떤 행위도 정당화될 수 있을 것이다. 또 데카르트의 주장에 따르면 인간이 동물, 기계와 다른 정신적 존재이기 위해서는 신의 관념을 가지고 있어야 하므로, 그리스도교의 신을 믿지 않는 이교도나 마녀를 동물처럼 간주하는 태도로 이어질 수 있었다. (그리고 이러한 태도가 역사에서 실제로 나타났음은 주지의 사실이다.)

데카르트주의가 17세기 유럽 사상계의 승리자가 될 수 있었던 것은, 그것이 올바른 사상이라서라기보다는 가톨릭 같은 전통적 지배이념의 입맛에 맞으면서도, 현재의 새로운 발견들에 부합할 뿐 아니라 미래를 지배할 새로운 사회의 구미에도 잘 맞았기 때문이었다.

아리스토텔레스주의와 17세기의 새로운 운동 개념

17세기 들어 케플러와 갈릴레이, 그리고 새로운 기술로 얻은 관측결과들은 기존의 아리스토텔레스주의 우주관을 하나씩 무너뜨렸다. 케플러는 행성들이 원이 아니라 타원 모양으로 운동한다는 것을 밝혀냈다. 갈릴레이가 망원경을 통해 발견한 태양의 흑점 등 여러 관측은 누구나 확인할 수 있어서, 천상세계에는 변화가 없다는 아리스토텔레스주의자의 주장은 큰 타격을 입었다. 또 갈릴레이는 물체가 무겁다는 본성 때문에 아래로 떨어진다는 아리스토텔레스의 주장을 부정하고, 무거운 물체든 가벼운 물체든 똑같은 속도로 떨어질 것이라고 주장했다.

널리 알려진 전설과 달리 갈릴레이는 높은 곳에서 무거운 물체와 가벼운 물체를 떨어뜨리는 실험을 한 적이 없다. 그런 실험은 1583년 네덜란드에서 시몬 스테빈이 수행했다. 갈릴레이는 자유낙하 운동의 원리를 연구하기 위해 공을 떨어뜨린 게 아니라 경사면에 공을 굴리는 실험을 했다. 떨어지는 물체는 너무 빨랐기 때문에 대신 다양한 각도의 경사면에 공을 굴리고 그 속도를 관측하여 낙하 운동의 성질을 알아내려 한 것이다.

이 실험을 통해 갈릴레이는 경사면을 내려가는 공은 일정하게 점점 속도가 빨라지고 경사면을 올라가는 공은 일정하게 점점 속도가 느려진다는 사실을 발견했다. 그는 이로부터 낙하 운동이 (물체의 무게와 상관없이) 일정하게 속도가 빨라지는 등가속운동이라는 결론뿐 아니라, 한번 운동을 시작한 물체는 다른 작용이 없는 한 계속 운동할 것이라는 결론을 얻었다. 즉, 평면을 구르는 공은 방해가 없는 한 일정 속도로 영원히 굴러갈 것이다. 이런 발상은 당시 널리 받아들여지던 '임페투스(impetus)' 같은 허구적인 가설 없이 운동을 설명할 수 있는 길을 열었다.

가벼운 본성에 의한 상승 운동과 무거운 본성에 의한 하강 운동, 그리고 천상계를 구성하는 5원소의 원운동을 제외하고 모든 운동을 부자연스럽다고 본 아리스토텔레스는, 운동은 오직 외부의 작용에 의해서만 일어난다고 주장했다. 하지만 곧 그렇다면 공중에 던진 공은 이미 사람의 힘이 작용하지 않는데 왜 계속 날아가는가 하는 의문이 제기되었다. 이를 설명하기 위해 중세에 등장한 것이 바로 '임페투스'라는 개념이었다.

'임페투스'란 '공격', '충격', '격정' 같은 뜻을 가진 라틴어로, 여기에서는 최초의 운동 원인이 물체에 남긴 운동량을 의미했다. 임페투스 이론에 따르면 공중에 공을 던졌을 때, 공에 손이 전달한 '임페투스'가 남아서 계속 날아간다.

갈릴레이는 이런 기존의 운동 개념에서 벗어나 관성의 기본 개념을 발견하긴 했지만, 여전히 천체가 원운동을 하는 이유를 밝힐 수 없었기 때문에, 원운동이 물체의 기본적인 운동 형태라는 관념에서 벗어날 수 없었다.

아리스토텔레스는 천상계를 구성하는 다섯 번째 원소만이 원운동을 한다고 했지만, 갈릴레이는 천상이나 지상이나 모두 원운동이 기본적인 운동이며 지표를 영원히 굴러가는 공 역시 지구가 둥글기에 결국은 원운동을 하는 것이라고 보았다. 갈릴레이가 행성이 태양을 공전하는 궤도가 원 모양이 아니라 타원 모양이라는 케플러의 법칙을 거부한 이유도 이 때문이었다.

이런 관념에서 최초로 벗어난 사람은 한때 데카르트의 멘토였던 아이작 베크만이었다. 그는 1614년 진공에서는 모든 물체는 원운동을 하든 직선 운동을 하든 외부 방해가 없는 한 계속 같은 운동을 할 것이라고 썼다. 베크만은 이 원고를 출판하지 않았지만, 그로부터 20년쯤 뒤 데카르트는 『세계론』을 쓰면서 모든 운동은 기본적으로 직선으로 움직이는 경향이 있다고 주장하여 원운동이라는 고정관념에서 완전히 벗어났다.

하지만 데카르트도 자연 상태에서는 물체가 기본적으로 원운동을 한다고 생각했다. 그의 설명에 따르면, 빈틈(진공)없이 물질 입자로 꽉 찬 세계에서 물체가 인접한 다른 물체들과 부딪치다 보면 결국은 그것이 밀어낸 만큼 밀려나게 되어 꼬리에 꼬리를 무는 순환적인 원운동을 할 수밖에 없다.

이런 식의 어설픈 설명은 결국 중력 개념 없이는 천체의 원운동을 올바르게 설명하기가 불가능했기 때문이다. 하지만 데카르트가 완성한 직선 운동에 기초한 관성의 법칙은 뉴턴도 자신의 운동법칙의 첫 번째 법칙으로 그대로 받아들였다.

관성의 개념이 발전하면서 임페투스 이론은 점차 사장되었지만, 태초에 신이 만물에 일정한 운동량을 부여했다는 데카르트의 주장에는 여전히 임페투스 이론의 흔적이 남아있다.

데카르트는 외부에서 부여되는 운동량인 '임페투스'에 대응하여 물체가 현 상태를 유지하려는 경향을 '노력', '본능적 충동', '자연적 경향'이라는 의미의 라틴어 '코나투스(conatus)'라고 불렀는데, 이 개념은 홉스나 스피노자처럼 데카르트보다 더 유물론적인 경향의 17세기 철학자에게 물체 자체에 내재하는 운동(혹은 자기 보존)의 경향을 가리키는 개념으로 받아들여졌다.

9장

데카르트의
적과 친구들

기계 제작에도 능통했던 데카르트는 생전에 여자아이를 꼭 닮은 자동인형을 하나 만들었다. 그는 이 인형을 너무나 애지중지한 나머지 프랑신이라는 이름을 붙이고, 여행할 때는 장식함에 넣어 다녔다. 말년에 스웨덴 여왕의 초청을 받았을 때도 그는 인형이 든 장식함을 들고 배에 올랐다. 궁금증을 느낀 선원들이 그가 자리를 비운 틈에 장식함을 열어 보았는데 사람과 똑같이 생긴 인형이 있는 것을 보고 깜짝 놀라 바다에 던져 버리고 말았다.

이 유명한 이야기는 데카르트가 죽고 반세기가 지난 18세기 초부터 돌기 시작했다고 알려져 있다. 특히 1741년 프랑스의 유물론 철학자 라 메트리(1709~1751)가 『인간 기계론』을 발표한 무렵 유럽 전역으로 퍼졌다고 한다. 이 일화는 그동안 흔히 데카르트의 기계론에 대한 부정적인 여론의 산물로 받아들여졌지만, 최근 한국계 미국 역사학자 강민수에 따르면 이는 오히려 데카르트의 숭배자들이 만들어낸 이야기다.

데카르트는 1635년 네덜란드에서 하녀 일을 하던 헬레나 얀스(?~1683)라는 여인과 사이에서 딸을 얻었다. 이 딸의 이름이 바로 프랑신이었는데, 다섯 살 때 성홍열에 걸려 죽고 말았다. 데카르트는 딸을 매우 사랑하여 몹시 슬퍼했다고 한다. 하지만 열렬한 데카르트주의자들은 그가 신분이 낮은 여인에게서 사생아나 다름없는 딸을 낳았다는 사실을 수치스럽게 생각했다. 그래서 이런 이야기를 만들어내서 실제 사실을 덮으려 했다는 것이다. 오늘날 이 이야기는 데카르트가 딸의 죽음을 슬퍼한 나머지 딸과 꼭 닮은 인형을 만들어 딸의 이름을 붙인 것으로 변형되어 전해지고 있다.

이 이야기가 만들어져 유포된 상황은 17~18세기에 사람들이 데카르트에 대해 품은 경외감을 잘 보여준다. 실제로 생전에도 지식인 가운데 그를 세계의 신비를 푼 사람으로 숭배하는 사람이 적지 않았다. 심지어 데카르트가 언젠가 생명의 비밀까지 풀어 불로장생을 실현하리라고 기대하는 사람들도 있었다. 동시대 사람에게 데카르트가 불러일으킨 인상은 이처럼 자연의 비밀을 파악한 신비한 마술사 같은 이미지였다.

진보적인 철학자라는 신화

이런 데카르트의 이미지는 무엇보다 그의 자연학에서 기인했다. 1680년 파리에서 열린 데카르트 자연학에 대한 강의는 선풍적인 인기를 끌어 루이 14세 정부를 놀라게 했다. 하지만 처음부터 끝까지 접촉에 기초한 데카르트의 자연학은 1687년 아이작 뉴턴이 『프린키피아』를 통해 중력이론을 발표하면서 금이 가기 시작했다.

데카르트주의자와 뉴턴 지지자의 투쟁은 수십 년간 계속되었지만, 18세기 중엽이 되자 뉴턴의 승리가 확실해졌다. 자연에 대한 데카르트의 설명은 뉴턴 체계에 기초한 새로운 과학적 발견이 속속 이어지면서 점차 잊혔다. 오늘날 자연에 관련한 데카르트의 저술들은 전문 학자를 제외하면 거의 읽히지 않는다. 하지만 『방법서설』이나 『성찰』은 여전히 주요한 철학 고전으로 읽힌다. 바로 이 저작들을 통해 데카르트가 근대철학의 시조라는 명예를 얻었기 때문이다.

데카르트에 대한 오랜 신화는 그가 이 혹독한 종교분쟁의 시대에 종교적 무지와 광신에 거리를 두고 초연하게 이성에 빛을 밝힌 진보적인 철학자라는 것이다. 예컨대, 영국의 역사학자 폴 존슨은 16세기 종교분열 시기에 가톨릭에도 프로테스탄트에도 속하지 않고 자연의 비밀을 밝혀내 종교분쟁을 해결하려 했던 일파, 즉 세 번째 세력이 존재했다고 주장한다. 에라스무스 같은 르네상스 인문주의자에서 기원한 이 세력은 종교전쟁과 마녀사냥에 반대하고 종교적 관용을 주장했으나, 트리엔트 공의회 이후 험악해진 분위기 때문에 지하로 숨어들어 장미십자회나 프리메이슨 같은 비밀결사로 명맥을 유지했다고 한다.

30년전쟁이 시작되기 얼마 전, 유럽에는 장미십자회의 성명서를 비롯하여 폴 존슨이 제3 세력이라고 부른 경향의 문서가 상당히 유행했다. 이런 글들은 곧 프로테스탄트도 가톨릭도 아닌 새로운 종교개혁 운동이 일어날 것이며, 이를 통해 연금술과 신비주의와 결합한 자연 탐구를 통해 자연 속에서 활동하시는 하나님의 영원한 진리를 깨달은 인간들이 형제애와 박애 같은 기독교 복음의 정신이 지배하는 더 나은 사회를 건설할 것이라고 주장했다. 폴 존슨은 데카르트도 이러한 제3 세력의 이념에 동조하는 인물이었다고 주장한다.

데카르트가 젊은 시절 신비주의에 관심을 두었고, 장미십자회 회원이라는 의심을 받았으며, 자유사상가나 연금술사 등과 교류한 것은 사실이다. 하지만 과연 데카르트가 세 번째 세력의 이념에 공감했는지는 의심스럽다. 폴 존슨이 말한 세 번째 세력은 양 진영 모두에게 냉대를 당한 조르다노 브루노나 루칠리오 바니니 같은 사람에게 어울리는 말이다. 데카르트는 오히려 이런 경향에 적대적인 입장을 가졌다고 보는 게 사실에 더 가깝다.

데카르트는 가톨릭 원리주의의 시초라 할 수 있는 예수회에서 교육받았을 뿐 아니라, 오라토리오회나 얀센주의자 같은 가톨릭 원리주의자와 늘 가까운 관계를 유지했다. 트리엔트 공의회 이후 예수회를 필두로 본격적으로 등장한 가톨릭 원리주의자는 전통적인 교리와 관례를 엄격하게 수행하는 한편, 프로테스탄티즘처럼 성서의 문구와 내적인 종교적 체험을 중시하는 경향을 보였다. 프랑스의 가톨릭 원리주의자는 보수적인 경건파의 핵심세력으로서 이미 상당히 현실 타협적으로 된 예수회를 제치고 이단과 투쟁에 적극적으로 나섰다.

데카르트에게 학문의 길을 독려한 피에르 베륄르는 가톨릭 개혁을 주장하는 프랑스 오라토리오회의 창건자였다. 그는 프랑스뿐 아니라 유럽 전체의 프로테스탄트를 말살해야 한다고 주장하며 리슐리외와 대립했다. 데카르트를 선량한 진보주의자로 해석하는 리처드 왓슨 같은 학자가 베륄르를 피에 굶주린 광신자라고 묘사하면서 데카르트와 관계를 부정하는 것은 당연한 일이다. 1629년 베륄르가 갑자기 죽었을 때, 당대의 많은 사람은 리슐리외에게 독살당했다고 생각했다. 데카르트의 청년 시절을 다룬 전기를 쓴 해롤드 J. 쿡은 데카르트가 네덜란드 생활 초기에 거의 숨어 살다시피 했던 것은 이런 일들에 대해 위협을 느꼈기 때문이라고 풀이한다.

베륄르가 죽은 뒤 경건파의 지도자가 된 것은 생 시랑(1581~1643)이나 앙투안 아르노(1612~1694) 같은 얀센주의자였다. 베륄르는 몰라도 데카르트주의의 강력한 지지자였던 아르노와 데카르트의 관계를 부인하기는 어렵다. 하지만 데카르트와 가장 가까웠던 가톨릭 원리주의자는 다름 아닌 마랭 메르센 신부였다.

영국학자 J. S. 스핑크가 쓴 『가상디에서 볼테르까지 프랑스 자유사상(French free thought from Gassendi to Voltaire)』이란 책은 루칠리오 바니니가 화형당한 1619년에서 테오필 드 비오가 처형당할 뻔했던 1625년 사이를 프랑스 지식인에게 위기의 시기였다고 규정한다. 이 시기는 1619년 마리 드 메디시스의 반란에서 1624년 리슐리외가 권력을 장악할 때까지 정치 불안의 시기와 겹친다.

스핑크는 프랑스 자유사상의 두 가지 근원이 몽테뉴를 출발점으로 하는 자유사상가와 이탈리아 출신의 자연주의자라고 설명한다. 앙리 4세의 측근이었던 몽테뉴나, 리슐리외의 후원을 받은 라 모트 르 바예(1588~1672), 리슐리외의 후계자 마자랭의 사서로 일한 가브리엘 노데(1600~1653)처럼 회의주의적인 자유사상가는 주로 세속국가에 협력한 엘리트 지식인이었다. 리슐리외와 마자랭 같은 절대주의 정치가는 이들을 후원했다. 국가와 교회 모두에게 적이 된 것은 무엇보다 이탈리아에서 건너온 자연주의 사상이었다.

이탈리아 자연주의는 르네상스 시대에 유행한 헤르메스주의, 즉 자연 마술을 계승했다. 르네상스 시대 인문주의 지식인 사이에서 널리 유행한 이 경향은 16세기 말이 되자 급진화하는데, 조르다노 브루노가 그 대표적인 인물이었다.

원래 도미니크회에 소속된 가톨릭 수도사였던 브루노는 1576년 가톨릭 교리의 근본인 삼위일체에 대한 이단적인 생각을 품었다는 이유로 고발될 위험에 처하자 외국으로 달아났다. 이후

15년 동안 제네바, 영국, 프랑스, 독일 등을 떠돌아다녔다. 이 시기 그는 여러 저서를 통해 당시로는 매우 혁신적인 주장들을 펼쳤다.

그는 당시 가톨릭교회에서 효율적인 가설로 받아들였던 코페르니쿠스의 지동설이 아리스토텔레스주의 체계와 양립할 수 없다는 사실을 공공연하게 지적한 거의 최초의 인물이었다. 헤르메스주의자를 자처한 브루노는 아리스토텔레스의 대안으로 신플라톤주의와 자연 마술이 혼합된 '새로운 철학'을 제안했다.

그는 아리스토텔레스의 우주론을 부정하고, 천구가 도는 게 아니라 지구가 자전하기 때문에 별들이 도는 것처럼 보일 뿐이며, 우리에게 별로 보이는 것은 머나먼 곳에 있는 각기 지구와 같은 행성들을 거느린 또 다른 태양들이라고 주장했다. 따라서 우주는 무한하고 중심이 없으며, 우주 어딘가의 다른 행성에 지구처럼 생명체가 있을지 모른다.

브루노는 신은 이러한 우주의 질료에 영혼처럼 깃들어 있으며 신이 깃든 자연은 스스로 생성하고 운동한다고 생각했다. 그는 이런 신이 일개 행성에 자기 아들을 보냈을 리가 없으며 모세나 예수는 고대의 위대한 마술사 가운데 한 사람이었을 뿐이라고 주장하더니, 급기야 헛된 종교분쟁을 넘어 고대 이집트인의 참된 종교로 돌아가야 한다는 데까지 나아갔다. 브루노는 영국과 프랑스에서 지지자를 찾았지만, 가톨릭 국가에서는 물론이고 프로테스탄트 국가에서도 별로 환영받지 못했다. 외국에서 안정된 거처를 찾지 못한 그는 1591년 결국 이탈리아로 돌아왔다가, 다음 해 체포되어 로마로 압송되었다.

교황청의 예수회 조사관은 삼위일체, 예수의 신성, 성체와 미사 등 가톨릭의 핵심 교리를 부정한 혐의로 7년 동안 그를 고문하고 심문했다. 마술을 사용했다는 것도 주요한 죄목 가운데 하나였다. 브루노는 결국 1600년 2월 17일 입에 재갈이 물리고 혀가 쇠꼬챙이에 뚫린 채 화형을 당했다. 가톨릭교회가 뒤늦게 코페르니쿠스의 책을 금서로 지정한 것도 상당 부분 브루노의 영향이었다.

한 세대 뒤에 태어나, 브루노처럼 이탈리아 출신에 신학을 공부한 수도사였던 루칠리오 바니니도 매우 유사한 길을 걸었다. 그는 베네치아 공화국과 교황청의 갈등이 격화되었을 때, 베네치아 공화국을 지지했다가, 자신이 속한 수도회의 처벌이 두려워 영국으로 망명했다. 영국에서 국교회로 개종했지만, 낯선 나라에서 편안함을 찾지 못한 바니니는 비밀리에 가톨릭으로 다시 개종했다. 1614년 그는 영국을 탈출하여 프랑스에 도착했다.

17세기 초까지만 해도 이탈리아는 자연학 분야에서 유럽에서 가장 앞선 나라였다. 코페르니쿠스는 이탈리아 볼로냐대학에서 천문학을 공부했다. 베살리우스가 해부학 혁명을 일으킨 것도 파도바대학 교수로 있을 때였고, 윌리엄 하비도 파도바대학에서 의학을 공부했다. 무엇보다 당대 최고의 자연학자인 갈릴레오 갈릴레이가 1592년부터 18년 동안 파도바대학의 수학 교수로 있었다. (이 자리는 원래 브루노가 노렸다가 뜻을 이루지 못한 자리였다.)

바니니는 이탈리아의 앞선 자연학을 프랑스에 소개하여 당시 프랑스 엘리트 지식인의 관심을 끌었다. 1616년 파리에서 출판한 『자연의 경이로움에 대하여(De Admirandis Naturae Reginae Deaeque Mortalium Arcanis)』는 큰 성공을 거두었는데, 그는 이 책에서 기본적으로 르네상스 시기 이탈리아 인문주의자의 자연주의에 기초하여 여러 자연 현상과 초자연적 현상들을 설명했다.

바니니는 아무것도 무에서 창조될 수 없고, 시작도 끝도 없이 영원한 자연에 깃든 신이 그 추진력이자 활력으로 작용한다고 생각했다. 따라서 영혼의 불멸성을 부정하고, 인간과 원숭이가 공통의 조상을 가졌다는 진화론과 비슷한 혁신적인 주장을 펼치기도 했다.

그의 책은 소르본대학 신학자들의 승인을 받았지만, 곧 가톨릭 보수파들의 공격을 받고 금서가 되었다. 게다가 바니니를 보호해주었던 프랑스 궁정의 이탈리아인들이 루이 13세의 궁정 쿠데타로 몰락하자, 그는 이름을 숨기고 프랑스를 떠도는 신세가 되었다. 바니니는 결국 툴루즈에서 고등법원에 체포되어 무신론자라는 죄목으로 혀가 뽑히고 목이 졸린 다음 불에 태워지는 잔혹한 형벌을 당했다.

이단 사상에 대한 물리적 탄압에 앞장선 것이 고등법원이었다면, 예수회 저술가 가라세와 함께 문필 투쟁을 주도한 대표적인 가톨릭 이론가가 메르센이었다. 오늘날 바니니는 흔히 '무신론'을 공공연하게 천명한 최초의 인물로 간주되지만, 실제로 그렇게까지 급진적이진 않았다. 오히려 그가 1615년에 출판한 『영원한 섭리의 원형경기장(Amphitheatrum Aeternae Providentiae)』이라는 책은 무신론을 논박하는 내용을 담고 있었다. (이는 물론 가톨릭으로 다시 개종한 뒤, 교회에 잘 보이기 위해 쓴 책이었다.) 하지만 진정한 종교는 신을 자연 속의 영적인 힘으로 생각하는 '자연 종교'라는 주장은 당대 보수적인 가톨릭 신도에게 무신론이나 진배없이 보였을 것이다. 메르센은 가라세와 함께 바니니에게 무신론자라는 낙인을 찍는 데 결정적인 공헌을 한 인물이었다.

메르센이 속한 미님 수도회는 프랑스에서 가장 금욕적이고 엄격한 가톨릭 수도회였으며, 트리엔트 공의회 이후 반종교개혁 운동에 적극적으로 동참했다. 메르센이 1623년 파리에만 무신론자가 5만 명이나 있다고 규탄하며 출판한『창세기의 유명한 문제들(Questiones celeberrimae in Genesim)』의 주된 공격대상은 브루노와 바니니를 비롯한 이탈리아 자연주의자, 연금술사, 자연 마술 신봉자들이었다. 그는『이신론자들의 불경함(L'Impiété des Déistes, 1624)』,『학문의 진실(La Vérité des sciences, 1625)』같은 책을 연이어 출판하며 이들을 공격했다.

데카르트가 철학자로 처음 두각을 드러낸 것이 베륄르와 메르센 앞에서 연금술사로 알려진 샹두를 비판한 일이었다는 사실은 의미심장하다. 메르센은 1628년 데카르트가 네덜란드로 떠난 뒤로 그의 연락처를 알고 있는 유일한 인물이었다. 심지어 데카르트의 가족조차 메르센을 통해서 연락했다. 오늘날 데카르트가 메르센에게 보낸 편지 146통과 메르센이 데카르트에게 보낸 편지 4

통이 남아있는데, 두 사람이 주고받은 편지는 당연히 더 많았을 것이다.

1641년에 파리에서 라틴어로 초판이 출판된 『성찰』은 사실상 메르센과 데카르트의 공동 프로젝트라고 해도 과언이 아니다. 1630년대 들어 메르센은 유럽 지식인의 폭넓은 네트워크를 조직하고 있었는데, 데카르트는 메르센에게 『성찰』의 원고를 보내 파리의 지식인에게 읽게 하고 토론을 조직해 달라고 요청했다. 메르센의 역할은 단순한 중개자에 머무르지 않았다. 두 사람은 이 책의 집필 과정과 반론의 조직, 그에 대한 대응에 이르기까지 긴밀하게 의견을 주고받았다.

제1 철학에 대한 성찰

『방법서설』4부의 내용을 확대한 『성찰』의 첫 번째 판은 1641년 『제1 철학에 대한 성찰, 여기서 신의 현존 및 인간 영혼의 불멸성이 증명됨』이라는 제목으로 파리에서 출판되었다.

『방법서설』출간 이후 메르센 등이 4부의 내용이 빈약하다고 지적하긴 했지만, 더 중요한 계기는 1640년부터 예수회 신부 피에르 부르댕(1595~1653)과 사이에서 벌어진 논쟁으로 보인다. 파리의 예수회 대학에서 수학을 가르치던 부르댕은 데카르트의 「굴절광학」논문에 대해 비판을 제기했다. 데카르트는 여기에 상당히 예민하게 반응했는데, 아마도 예수회 전체가 자신에 대한 공격에 나설 조짐이 아닐까 두려워했기 때문이었을 것이다.

그는 당시 『철학의 원리』로 출간하게 될 책을 통해 『세계론』 출간을 포기하며 미뤄두었던 자신의 포괄적인 자연학 체계를 세상에 내놓으려고 계획하고 있었다. 따라서 자신에게 들어올지 모르는 교회의 비판에 대비하기 위해, 권위 있는 신학자들로부터 그 체계의 기초가 정통 가톨릭 교리에 어긋나지 않는다는 보증이 필요했을 것이다.

이러한 목적은 책의 서두에 붙인 소르본대학의 신학자들에게 바치는 헌사에 명확히 드러난다. 데카르트는 이 글에서 그리스도교의 핵심 교리인 신의 현존과 영혼의 불멸성을 새롭게 증명하겠다는 포부를 밝힌다. 이 문제들에 대한 논증은 중세 후기에 아리스토텔레스주의를 기초로 신학 체계를 집대성한 토마스 아퀴나스가 정리한 바가 있었지만, 아리스토텔레스주의의 권위가 떨어지면서 그 정당성이 의심받고 있던 차였다.

예컨대 이미 바니니처럼 공공연하게 영혼의 불멸성을 부정하는 학자들이 등장하고 있었던 것이다. 데카르트의 제안은 이러한 문제들을 이미 낡아버린 아리스토텔레스주의가 아니라, 더욱 많은 사람이 받아들일 수 있는 새로운 방식으로 증명해 보이겠다는 것이었다. 그는 소르본대학 신학부에 원고를 보내 자신의 책에 대한 공식적인 지지를 요청했지만, 끝내 답변을 얻지는 못했다.

파리에서 출간된 『성찰』의 초판에는 본문 외에 모두 여섯 편의 개인 또는 집단이 작성한 반론문과 데카르트의 재반론이 포함되었다. 데카르트가 직접 반론을 요청한 네덜란드의 가톨릭 신학자 카테루스(1590~1655)를 제외하면 나머지 반론가는 모두 메르센이 선정했다. 데카르트는 메르센을 이 책의 '대부'라고 부르며 교정과 편집의 전권을 위임했다.

단순히 "신학자들과 철학자들"이 필자라고 소개된 두 번째 반론문은 대부분 메르센이 직접 작성한 것으로 보인다. 그는 그 외에 당시 프랑스에 도피 중이던 영국 망명객 토마스 홉스, 소르본대학에서 박사학위를 받은 젊은 신학자로 훗날 얀센주의의 지도자가 되는 앙투안 아르노, 그리고 당대에 매우 영향력 있는 가톨릭 학자였던 피에르 가상디에게 반론을 요청했다. 마지막 여섯 번째 반론문은 "다양한 신학자와 철학자"가 필자로 소개되었고, 두 번째 반론문처럼 메르센이 취합하여 편집한 것이다.

이 가운데 가톨릭 성직자가 아닌 사람은 잉글랜드 국교회 신자인 토마스 홉스뿐이었다. 데카르트는 반론을 작성해 줄 칼뱅파 신학자를 소개해 주겠다는 네덜란드 친구의 요청을 정중하게 거절했다.

1642년 암스테르담에서 출판된 『성찰』의 재판은 『제1 철학에 대한 성찰, 여기서 신의 현존 및 인간 영혼과 신체의 상이성이 증명됨』으로 표제가 바뀌었다. 초판의 제목은 아마도 편집과 출판을 위임받은 메르센이 붙였을 것으로 보이는데, (데카르트가 원래 제안한 표제는 "제1 철학에 대한 데카르트의 성찰"이었다) 데카르트 자신은 이 책이 영혼의 불멸성이라기보다는 정신이 신체와 완전히 별개의 것임을 증명하는 것이라고 생각했고, 또 아르노가 반론에서 이 점을 지적했기 때문에 표제를 변경한 것으로 보인다.

이 두 번째 판에는 피에르 부르댕이 보낸 일곱 번째 반론 및 그에 대한 답변이 추가되고, 프랑스 예수회의 수장이자 라 플레슈 학교 시절 스승이었던 자크 디네 신부에게 자기 철학의 정당성을 호소하는 편지가 부록으로 들어갔다.

『성찰』은 모두 여섯 개의 성찰로 이루어져 있다. 첫 번째 성찰에서 데카르트는 감각기관의 불확실함을 근거로 모든 것을 의심한다. 여기서 유명한 데카르트의 악령, 즉 "온 힘을 다해 나를 속이려"는 "유능하고 교활한 악령"이 등장하는데, "모든 외적인 것"은 내 마음을 농락하기 위해 "악마가 사용하는 환상"일 뿐이라고 가정된다. 하지만, 두 번째 성찰에서 데카르트는 생각하고 있는 내가 존재한다는 사실은 이 모든 의심도 불구하고 절대로 부정할 수 없는 확실한 것이라고 주장한다.

사실 이미 수백 년 전에 아우구스티누스가 "현혹된다면, 존재한다(Si fallor, sum)"라는 비슷한 명제를 이야기한 적이 있었다. 이 명제 역시 주로 회의주의를 논박하기 위해 제기한 것으로, 만물이 자신을 현혹한다는 의심이 든다 해도, 현혹당하는 자신의 존재는 의심할 수 없다는 뜻이었다. 그러나 아우구스티누스의 명제가 일종의 반례였던 데 비해, 데카르트는 이 명제를 자신의 체계 전체에서 확실성의 토대로서 제시했다.

데카르트는 인간의 정신은 즉각적이고 1차적으로 자신에게 인식되지만, 외부세계는 감각을 거쳐서만 인식할 수 있으며, 이 감각은 상당히 믿을 수 없는 것이라는 점을 중요하게 부각한 최초의 인물이다. 그 결과 이로부터 외부세계에 대한 지식을 어떻게 보증할 것인가라는 문제가 따라 나오게 되었다. 흔히 인식론이라고 불리는 이 문제는 17~19세기 근대철학이 독자적인 제도 학문으로 형성되는 과정에서 매우 중요한 문제가 되었다.

문제는 이 명제가 '유아론'이라는 난점에서 벗어나기 쉽지 않다는 것이다. 예를 들어, "나는 생각한다"는 명제만이 유일하게 확실한 것이라면, 불교에서 말하는 "세상에 오직 나만이 존재"(天上天下唯我獨尊)하고 "세상 모든 것은 마음에 달려있다"(一切唯心造) 같은 유아론과 유심론에서 과연 어떻게 벗어날 것인가? 다시 말해, 19세기 러시아 소설가 도스토옙스키의 소설 『카라마조프의 형제들』에서 등장인물의 백일몽 속에 등장한 악마가 말하는 대로.

> "나는 생각한다, 고로 존재한다. 이건 나도 잘 아는 내용이지만, 그 밖에 나를 에워싸고 있는 모든 것, 이 모든 세상, 신, 심지어 나 자신인 사탄에 이르기까지 ─ 이 모든 것이 나에겐 증명되지 않았어. 그러니까 이것이 독자적으로 존재하는 것인지, 아니면 그저 나의 유출에 지나지 않는 것이어서 태곳적부터 하나의 인격체로 존재해 온 나의 자아의 발전에 불과한 것인지 ….."

독실한 러시아 정교 신자이자 보수주의자인 도스토옙스키는 이 소설에서 데카르트의 명제에 기초한 서유럽 합리주의가 결국 무신론과 윤리적 허무주의에 빠질 수밖에 없다고 은근히 비판한다. 오직 나만이 존재하는 서유럽의 합리주의에는 신이 들어설 자리가 없고, 신을 부정하면서 "모든 것이 허용된다"라는 위험천만한 사상에 물든 나머지, 존속 살해 같은 무서운 범죄를 저지르게 된다는 것이다. 하지만 데카르트가 이러한 유아론의 위험에 빠질 수밖에 없는 명제를 들고 들어온 것은 오히려 이로부터 신의 존재를 증명할 수 있다고 믿었기 때문이다.

데카르트의 체계는 스콜라철학의 언어 논리를 부정하고 수학적 방법이 새로운 학문의 보편적인 방법이 되어야 한다고 주장했다. 그래서인지, 흔히 "나는 생각한다, 고로 존재한다"라는 명제를 도출하는 과정에 수학적인 방법인 귀류법이 사용되었다고 이야기되곤 한다. 하지만 데카르트는 『성찰』에서 이 명제로부터 객관세계의 존재와 지식을 도출하는 데 전혀 수학적인 방식을 사용하지 않는다. 대신 그는 세계에 대한 지식을 보증받으려면 신의 존재가 필요하다는 주장으로 슬쩍 넘어간다.

세 번째 성찰에서 데카르트는 생각하는 인간은 신이라는 완전하고 무한한 존재에 대한 개념을 갖고 있는데, 불완전하고 유한한 인간 정신이 완전하고 무한한 존재에 대한 개념을 가진 것은 모순이므로, 인간 정신의 외부에 그러한 존재는 실재할 수밖에 없다는 기묘한 논리를 내세운다.

하지만 이런 식의 신에 대한 존재증명은 그것이 자아의 확실성이라는 전제에서 출발한다는 점을 제외하면 안셀무스 같은 중세 스콜라 학자의 논리와 별다를 바가 없다. (6장 '사회변화와 새로운 요구' 참조) 즉, 언어상의 개념이 실제로도 존재한다고 전제하는 스콜라주의 논법으로 되돌아간 것이다. 물론 데카르트는 일반적으로 개념 실재론에 반대했다. 예컨대 그는 관념의 모순이 외부 사물 속에도 존재한다는 사실을 명확히 부정했다. 모순은 언어 속에서 일어나는 현상일 뿐이기 때문이다. 하지만 완전성의 개념, 신이라는 개념은 인간이 상상해 내기에는 너무나 광대하기 때문에 예외라고 주장한다. (이 역시 안셀무스의 변명과 유사했다.)

네 번째 성찰에서 데카르트는 이렇게 증명된 신의 존재는 완전하기 때문에 성실하므로 인간에게 외부세계에 대한 지식을 확증해 준다고 주장한다. 그의 자연학 체계는 외부세계(물질)의 본질은 수량화할 수 있는 공간적 연장이기 때문에 인간은 수학 논리를 통해 외부세계의 운동을 올바르게 추론할 수 있다고 설명한다.

하지만 그의 형이상학, 즉 제1 철학에서는 이런 지식이 아무리 맑고 또렷해도 그 자체로는 확실하다고 보장할 수 없다. 오직 신의 존재만이 외부세계에 대한 지식의 최종적 정당성을 확증해 준다. 세계에 대한 지식의 확실성을 의심하는 것은 곧 신의 존재를 의심하는 것과 같다는 주장은 무신론자라는 죄목으로 화형을 당하는 세상에서 회의주의에 대한 가장 효과적인 반론이 되었을 수도 있다.

마지막 성찰에서 데카르트는 정신과 물체가 근본적으로 다른 존재라고 주장한다. 이 장에서 비로소 데카르트가 인간의 본질이 "생각하는 것"이라고 주장한 이유가 드러난다.

그에 따르면 인간은 생각 속에서 자기 스스로를 정신으로서 가장 맑고 또렷하게 파악하기 때문에, 공간 차지를 본질로 하는 물체와는 완전히 구분되는 독립적인 존재다. 물질의 본질은 공간을 차지하는 것이고, 공간을 차지하지 않는 정신의 본질은 생각하는 것이며, 인간은 생각하기 때문에 본질적으로 정신적인 존재다. 반면 인간의 신체는 정신과 완전히 다른 실체인 물질의 세계에 속하는 기계에 불과하다.

바니니 같은 사람들은 영혼이 깃든 인간의 육체는 썩어져 없어지기 때문에 영혼도 불멸할 수 없다고 보았다. 하지만 정신과 신체를 서로 완전히 별개의 것으로 분리해 낼 수 있다면, 신체가 사멸한다고 해도 정신이 존재할 수 있는 길이 열린다. 그는 이런 분리를 통해서 영혼의 불멸성이 직접 증명되지는 않지만, 그 중요한 토대를 만드는 데 성공했다고 생각했다.

여기서 데카르트는 고대 그리스 철학, 특히 아리스토텔레스 철학의 중심 개념인 '실체(substance)'를 재정의하는데, 그에 따르면 실체는 다른 실체의 도움 없이 존재할 수 있는 것이다. 따라서 신이 무엇보다 가장 우선적인 실체이고, 정신과 물체도 서로 독립적으로 존재한다는 의미에서 실체라고 할 수 있다. 이렇게 다시 정의된 실체 역시 17~18세기 철학 논의에서 매우 중요한 개념이 되었다.

이러한 정신과 물질의 분리는 신앙과 학문의 영역에 자율성을 보장해 주는 효과가 있다. 예컨대 신이 곧 자연이라고 주장한 자연 마술의 신봉자는 신도 자연법칙을 따르는 존재라는 생각으로 나아가면서 신앙을 위협했다. 정신과 자연의 분리는 자연법칙에 지배되지 않는 전지전능한 인격신이 존재할 가능성을 확보했을 뿐 아니라, 갈릴레이 사태에서 나타났듯이 자유로운 자연 탐구가 종교로부터 억압당하는 상황을 방지할 수 있다.

하지만 정신과 물질이라는 전혀 다른 두 개의 '실체'가 나란히 존재한다는 생각은 불가피하게 그 관계에 대한 문제를 제기할 수밖에 없다. 데카르트는 인간 자체는 정신과 물체의 '합성체'라고 주장했지만, 전혀 다른 실체인 정신과 물질이 어떻게 서로에게 영향을 미칠 수 있는가는 많은 사람에게 의문으로 남았다.

데카르트에 따르면 인간의 정신이나 신 같은 정신적 존재는 자유의지를 갖는다. 반면, 신체를 비롯한 기계론적 세계는 인과 법칙에 따라 결정되었을 것이다. 그렇다면 자유의지를 가진 인간 정신은 과연 결정된 물질세계에 속하는 육체에 작용할 수 있는가?

자유의지의 문제는 가톨릭과 프로테스탄티즘, 특히 칼뱅파의 첨예한 논쟁지점이었다. 칼뱅은 모든 것이 오로지 전적으로 신에게 달려있다는 예정론을 제시했다. 인간의 구원은 그의 의지나 노력과 무관하게 신에 의해 예정된 것이다. 이러한 주장은 중대한 사회적 함의를 지녔는데, 개인의 구원이 애초부터 예정되어 있다면 신앙은 오직 신과 개인 간의 문제일 뿐, 교회조직은 필요 없다. 반면 개인의 의지와 노력에 따라 구원의 문제가 달라진다면, 교회의 규율과 성직자의 중요성은 높아진다. 즉, 인간을 교화하여 구원으로 이끄는 사회조직으로서 교회의 역할이 강조되는 것이다. 때문에 가톨릭교회는 대개 자유의지를 지지했고, 루터파와 영국국교회는 어정쩡한 입장을 취했지만, 알미니안주의자를 제외한 골수 칼뱅주의자는 강력하게 예정설을 주장했다.

마우리츠 공작 휘하에서 복무하며 네덜란드에 체류할 당시, 칼뱅파교회 내부에서 벌어진 예정론 논쟁을 지켜본 데카르트는 당시에는 예정론 쪽이 더 올바른 입장이라고 이야기했다. 결정론자의 입장에서 예정론이 더 친화적으로 느껴진 것은 어쩌면 당연할지도 모른다. 그러나 『성찰』을 쓸 당시의 데카르트는 가톨릭 교리에 보다 충실하게 결정론적인 물질세계와 정신을 분리하여 정신에 의지를 부여했다. 하지만 이런 분리는 그의 자연에 대한 결정론적인 기계론과 계속 문제를 일으켰다.

무신론자 홉스의 비판

『성찰』에 반론을 쓴 사람 가운데 오늘날까지 철학사에 이름을 남긴 것은 토마스 홉스(1588~1679)와 피에르 가상디(1592~1655), 앙투안 아르노 정도다.

홉스와 가상디는 모두 메르센의 지식인 네트워크에 속해 있었다. 이들은 데카르트와 비슷하게 기계론적인 세계관을 제시했지만, 데카르트가 『성찰』에서 제기한 형이상학에 대해서는 강한 거부감을 보였다.

데카르트보다 여덟 살 많은 홉스는 『성찰』에 대한 반론을 쓸 무렵 이미 50대에 접어들었고, 잉글랜드의 불안한 정세 때문에 프랑스에 도피 중인 망명객이었다. 그는 젊은 시절에 프랜시스 베이컨의 조수로 일하기도 했지만, 베이컨의 귀납적 방법보다는 귀족가문의 가정교사로 유럽 여행을 다니면서 공부한 기하학과 갈릴레이의 역학에 큰 영향을 받았다. 데카르트는 1623~25년 2년간이나 이탈리아를 여행하면서도 갈릴레이를 방문하지 않았던 반면 (아마도 당시에는 갈릴레이에게 별 관심이 없었을 것이다) 홉스는 1636년 가택연금 중이던 갈릴레이를 만나 큰 영감을 받았다.

홉스가 잉글랜드를 떠나 프랑스에서 장기 체류를 선택한 것은 왕당파와 의회파의 극심한 갈등 때문이었다. 홉스 자신은 별 볼일 없는 마을 사제의 아들이었지만, 젊었을 때부터 잉글랜드 대귀족인 캐빈디시 가문(당시 데본셔 백작)의 가정교사로 일하면서 왕당파 귀족과 가까운 사이가 되었다.

왕당파와 의회파의 갈등이 고조되면서 홉스는 국왕의 통치권을 옹호하는 소책자를 집필하는 등 나름 왕당파의 이론가로 활약했다. 그러나 1640년 국왕 찰스 1세가 의회의 반대를 물리치고 강행한 스코틀랜드 원정이 실패하면서, 의회파의 위세가 커지고 영국은 내전 분위기에 휩싸이게 되었다. 홉스는 신변의 위협을 느끼고 프랑스로 도피했다. 프랑스에서 홉스는 메르센이 조직한 지식인 네트워크와 활발히 교류했으며, 특히 가상디와 친하게 지냈다. 가톨릭도 프랑스인도 아니었던 홉스가 『성찰』의 반론가로 참여한 것은 사실 그 무렵 광학 문제로 데카르트와 논쟁하고 있었기 때문이다.

홉스와 데카르트는 빛과 감각에 대해서 관점은 비슷했으나 몇 가지 중대한 차이를 보였다. 특히 감각을 느끼는 주체가 무엇이냐의 문제에서 데카르트는 정신이라고 주장했지만, 홉스는 인간의 정신 활동도 물체 운동의 결과일 뿐이라고 주장했다.

홉스도 세계가 기계처럼 움직인다고 생각한 기계론자였지만, 데카르트가 물질의 본성을 연장이라는 수학적으로 환원할 수 있는 실체로 본 반면 홉스는 물질의 본성을 운동으로 보았다. 홉스는 이를 설명하기 위해 '코나투스(conatus)'라는 개념을 가져왔다. (8장 221쪽 정보 참조) 홉스가 상당히 모호하게 이 개념을 사용하고 있긴 하지만, 대체로 갈릴레이의 운동 개념에 따라 물체가 운동을 지속하려는 경향을 가리키는 것으로 보인다. 데카르트가 물체가 스스로 움직일 수 없는 수동적인 실체라는 점을 강조하고 운동량과 그 보존을 신의 능력으로 돌렸던 것에 반해, 홉스는 신과 같은 외부 존재 없이 물체 스스로 운동하는 세계를 강조했다.

홉스의 자연관은 진공을 부정하고 세계를 물질로 꽉 찬 것으로 보았다는 점, 감각 경험을 외부세계와 신체의 물리적 작용으로 설명했다는 점에서 전반적으로 데카르트의 자연학 체계와 유사했다. 하지만 실체를 정신과 물체로 나눈 데카르트와 달리, 홉스는 실제로 존재하는 것은 오직 물리적인 세계밖에 없다는 일관된 유물론을 제시했다.

또 감각을 물리적 운동과 감각기관의 반응으로 본 것은 동일했지만, 객관적으로 존재하는 것은 운동하는 물체일 뿐이며 공간 또한 주관적인 감각에 속한다고 보았다. (이 점에서 그는 칸트의 공간 개념을 선구했다고 볼 수 있다.) 그에 따르면 공간을 포함한 인간의 감각은 외부 물체의 운동과 마찬가지로 운동하는 물체로 이루어진 인간의 신체가 반응하여 나타나는 일종의 환상일 뿐이다. 이 역시 공간의 수량화를 핵심으로 하는 데카르트의 자연학과 크게 다른 점이다.

결국 홉스의 체계는 데카르트와 메르센의 기계론과 달리 운동을 물질에 내재하는 성질로 보는 관점에 가까웠다. 때문에 자연주의자들에게 쓰인 무신론이라는 혐의에서 자유로울 수 없었다. 무신론이 죽을죄가 되는 세상에서 그 역시 당연히 신의 존재를 부정하지 않았지만 17세기 내내 홉스라는 이름은 위험한 무신론자라는 악명과 결부되어 있었다. 영국에서조차 홉스는 보수파와 자유주의자 모두에게 따돌림을 당했다.

데카르트는 1643년에 출판된 홉스의 『시민론(De Cive)』을 읽고 홉스가 자연학보다는 도덕철학에 뛰어나지만 군주제에 우호적인 반면 종교와 가톨릭교회에 적대적이기 때문에 매우 위험하며 검열을 피할 수 없다고 평가했다. 한 번도 대면한 적이 없다고 알려져 있지만, 서신 논쟁을 통해 서로의 주장을 잘 알고 있던 두 사람은 서로에게 결코 호의적이지 않았다. 데카르트는 홉스의 자연학이 반종교적이라 위험하며 자신의 체계보다 조잡하다고 생각해서 혐오했던 듯하고, 홉스는 데카르트를 어느 정도는 질시했던 듯하다. 데카르트보다 훨씬 오래 산 홉스는 데카르트주의가 유럽을 휩쓰는 것을 보면서도 죽을 때까지 데카르트를 거의 언급하지 않았다.

그의 자연학 체계는 데카르트보다 일관된 유물론 경향을 보였지만, 당대의 수학적 물리학을 정당화하는 데에는 미흡했고, 데카르트만큼 물리 세계에 대한 포괄적이고 정교한 논리를 제시하지 못했다. 게다가 당시 자유주의 성향의 수학자, 과학자와 자주 논쟁을 벌였는데 부족한 수학 실력을 드러내 조롱의 대상이 되기도 했다. 홉스의 자연학은 어느 정도는 데카르트 체계의 열등한 모사품으로 받아들여졌고 상대적으로 묻혔다.

그러나 1651년 영어로 출간한 『리바이어던』은 후세에 큰 영향을 끼쳤다. 이 책이 출판되었을 때 데카르트는 이미 죽었고, 홉스는 60대였다. 그는 여기서 기계론 원리에 기초하여 데카르트 체계에 존재하지 않는 정치철학을 세웠다. 데카르트가 기계적 세계관으로 세상만물의 원리를 설명해 냈다면, 홉스는 이를 사회원리로 확대하여 새로운 국가이론을 만들어낸 것이다.

홉스는 1640년대부터 자신의 철학체계를 3부작으로 서술할 계획을 세웠는데, 첫째 기계론에 기초하여 물질 운동의 원리를 밝히고, 둘째 그런 물질 운동의 원리에 기초하여 인간의 성향과 특성을 밝힌 다음, 셋째 그것에 기초하여 사회가 돌아가는 원리를 제시하고자 했다. 이렇게 해서 그는 아리스토텔레스주의를 대체하는 나름의 대안적 세계관을 제시하려는 야심을 품었다.

홉스는 이 과제를 위해 1643년 인간 사회의 원리를 다룬 라틴어 저작 『시민론』을 먼저 출간했다. 이 책을 바탕으로 인간의 본성에 대한 생각을 간명하게 요약해서 보충하여 대중적으로 풀어쓴 저작이 바로 『리바이어던 — 교회국가 및 시민국가의 재료와 형태 및 권력』이다. 이후 그는 자연의 원리를 다룬 『물체론(De Corpore, 1655)』과 인간의 본질을 탐구한 『인간론(De Homine, 1658)』을 출간하여 자신의 철학체계를 완성했다.

홉스에 따르면 물체의 운동은 신체를 자극하여 감각을 일으키고, 감각은 인간의 내부에 욕구와 욕망을 불러일으키며, 욕구와 욕망은 인간의 감정과 정서의 원인이 된다. 모든 운동하는 것은 외부의 개입 없이 멈추지 않으므로 자연 상태의 인간은 권력과 욕망에 대한 추구를 스스로 멈추지 않는 끝에 모두가 모두에 대해 투쟁하는 폭력과 유혈의 상태에 빠지게 된다. 이런 "끊임없는 공포와 생사의 갈림길에서 인간의 삶은 고독하고, 가난하고, 험악하고, 잔인하고, 그리고 짧다.(『리바이어던』)"

이를 견딜 수 없었기 때문에 인간은 국가를 만들고 그것에 최고 권력을 부여하여 각자의 권리를 양도하기로 합의하기에 이른다. 리바이어던이란 구약성서에 등장하는 강력한 바다 괴물 레비아탄을 가리키는데, 최고 권력이란 바로 그런 강력한 괴물과 같은 것이라고 암시한다.

이 책은 단순히 절대왕정에 대한 아부가 아니었고, 오히려 왕권신수설에서 벗어나 근대적인 자유주의 국가론과 정치학에 토대가 되었다. 당대의 영국 왕당파는 이 책을 읽고 홉스가 영국에 공화국을 세운 올리버 크롬웰 진영으로 변절했다고 생각했다. (실제로 홉스는 1652년 영국으로 돌아가 왕정복고 때까지 비교적 조용히 살았다.)

홉스가 쓴 『성찰』에 대한 '세 번째 반박'은 생각하는 실체가 독자적으로 존재할 수 있다는 데카르트의 주장을 부정한다. 그에 따르면 "나는 생각한다, 고로 존재한다"라는 데카르트의 명제는 인간을 생각 자체와 동일시하는 오류를 저지르고 있는데, 인간은 생각 자체, 즉 정신이 아니라 생각하는 행위의 주체일 뿐이기 때문이다. 이 행위 주체(신체)는 물질로 구성되어 있으며, 정신은 신체에서 벌어지는 운동의 결과일 뿐이다. 존재하는 것은 운동하는 물체뿐이며, 데카르트가 말하는 "관념" 같은 것은 실제 존재와 무관한 말에 불과한데, 데카르트는 자신이 비판하는 스콜라 학자들처럼 개념과 실재를 구분하지 못하고 있다.

이러한 홉스의 비판은 날카롭고 타당한 면이 많았지만, 데카르트는 이에 대해 시종일관 짧고 퉁명스럽게 답변했다. 자신에게 적대적인 신학자에게 정성껏 응대한 것에 비하면 딴판의 태도였다. 데카르트는 메르센에게 보낸 편지에서 홉스가 자신의 철학을 전혀 이해하지 못한다고 불평하며 더는 상종하면 안 된다고 쓰기까지 했다. 데카르트는 아마도 홉스가 '진짜' 무신론자라고 생각했을 것이다.

토마스 홉스와 영국 내전

프랑스보다 앞서 왕권이 강화된 잉글랜드에서는 스튜어트 왕조에 들어 절대왕권을 추구하는 국왕과 의회의 갈등이 자주 표출되었다. 잉글랜드 국왕으로 즉위하기 전 스코틀랜드 국왕이었던 제임스 1세는 의회에 맞서 제약받지 않는 왕권을 강력하게 주장했다. 사실 이전까지 유럽에서 왕이란 한편으로는 교회에 복종해야 했고, 한편으로는 봉건귀족과 계약에 얽매인 허약한 존재에 불과했다. 하지만 16세기 종교분열과 상공업의 발달 등 사회변화의 영향으로 교회와 봉건귀족이 약화되자, 국가의 최고 권력(sovereignty)이 군주에게 있다는 생각이 등장하기 시작했다.

제임스 1세는 한술 더 떠 왕이 신에게서 무제한의 권력을 부여받았다고 주장한 최초의 국왕이었다. 당시는 전통적인 봉건귀족이 몰락하고 젠트리(gentry)라고 불리는 중소지주층이 새로운 세력으로 성장하고 있을 때였다. 이들 하급귀족은 처음에는 교회와 봉건귀족에 맞서 국왕의 지지세력이 되었다. 헨리 8세가 영국 국교회를 세우고 수도원을 몰수할 때 국왕을 지지한 것이 바로 이들이었다.

젠트리의 상당수는 16세기 후반 유럽을 휩쓴 칼뱅주의에 점차 기울어졌다. 프랑스의 칼뱅주의자가 위그노라고 불렸다면, 잉글랜드의 칼뱅주의자는 엄격한 교리와 금욕주의 덕분에 청교도(puritan)라고 불렸다. 청교도가 장악한 의회는 국왕이 봉건적인 특권과 관습을 되살리려는 것에 반대했고, 특히 제임스 1세 시대에 들어서 사사건건 국왕과 충돌했다. 이런 국왕의 행동대장 노릇을 하다가 토사구팽 당한 인물이 바로 프랜시스 베이컨이었다.

그래도 제임스 1세는 똑똑한 인물이었고 능란한 정치력으로 의회와 갈등을 봉합했지만, 그의 아들 찰스 1세는 그렇지 못했다. 찰스 1세는 프로테스탄트인 장로회가 지배하는 스코틀랜드와 청교도의 세력이 커지던 잉글랜드에서 교회 통합을 시도하는 무리수를 두었다. 예정설을 믿는 청교도는 교회조직이 강화되는 것을 반대했다. 반면 찰스 1세의 측근인 국교회 성직자 윌리엄 로드는 알미니안주의자로서 청교도의 엄격한 예정설을 반대하고 주교 감독제로 대표되는 기존의 교회조직과 의례를 유지해야 한다고 주장했다.

1633년 윌리엄 로드가 국교회 수장인 캔터베리 대주교가 되자 노골적인 반칼뱅주의 정책이 취해지며 교회조직이 크게 강화되었다. 그는 주교 감독제를 전국적으로 실시하여 궁극적으로 교회조직을 하나로 통합하려는 정책을 강행했다. 루이 13세와 리슐리외처럼 찰스 1세와 윌리엄 로드도 종교가 통일되어야 국가가 통합되고 왕권이 강화된다고 믿었기 때문이다. 그러나 영국의 프로테스탄트는 위그노보다 만만치 않았다. 윌리엄 로드가 새로운 기도서를 강요하자 스코틀랜드의 장로회 신도는 반란을 일으켰다.

찰스 1세는 의회와 갈등 끝에 1629년 이후로 의회를 소집하지 않으며 사실상 전제 정치를 펼쳤는데, 스코틀랜드 반란 진압을 위한 전비를 비준받으려고 1640년 4월 13일, 11년 만에 의회를 소집했다. 그러나 막상 의회가 소집되자 전비 논의는 제쳐두고 찰스 1세의 국정 운영 전반에 대한 비판이 쏟아져 나왔다. 결국 찰스 1세는 의회가 소집된 지 한 달도 안 된 5월 5일 의회를 해산시켰다. 이를 단기 의회라고 부르는데, 홉스는 단기 의회가 열리는 동안 국왕의 통치권을 옹호하는 『법의 기초』라는 팸플릿을 써서 왕당파 사이에 회람하였다.

그러나 무리하게 강행한 스코틀랜드 원정, 이른바 '주교 전쟁'에서 패배하는 바람에 거액의 배상금까지 물게 되자, 국왕은 그해 11월 다시 의회를 소집할 수밖에 없었다. 이 의회는 이후 내전과 크롬웰의 통치를 거쳐 왕정복고까지 무려 20년간이나 지속되어 장기 의회라고 불린다.

장기 의회는 소집되자마자 실정의 책임을 물어 국왕의 측근인 스트래퍼드 백작을 처형하고, 로드 대주교를 투옥했다. (윌리엄 로드는 1645년 결국 처형되었다.) 홉스가 달아난 것은 이렇게 의회파의 기세가 등등해졌기 때문이다.

홉스가 프랑스에 도피해 있는 동안 의회와 국왕의 갈등은 전국적인 내전으로 비화되었다. 1642년 1월, 궁지에 몰린 찰스 1세가 의회의 반대파 5명을 체포하려는 무리한 시도를 벌인 것이 도화선이 되어 7년 동안 내전이 계속되었다.

첫 번째 내전은 1646년 찰스 1세가 항복하면서 끝났지만, 국왕의 신병을 놓고 의회파 내부에서 분열이 일어나 올리버 크롬웰이 이끄는 급진파 군대가 의회의 온건파를 제압하고 결국 1649년 1월 30일 찰스 1세를 처형했다. 이후 영국은 1660년까지 올리버 크롬웰이 다스리는 공화국이 되었다.

원자론자 가상디의 비판

가장 긴 '다섯 번째 반박'을 작성한 피에르 가상디는 1620년대 메르센의 요청으로 당대의 유명한 마술사 로버트 플러드에 대한 비판을 쓰기도 한 만큼 메르센과 가까운 사이였다. 메르센처럼 가상디도 점차 새로운 자연학과 기계론 철학으로 이끌려갔다.

그는 케플러와 갈릴레이의 발견들을 입증하는 실험과 관측으로 유명했는데, 1631년 케플러가 예측한 수성이 태양을 통과하는 모습을 처음으로 관측했고, 1640년에는 갈릴레이가 지동설 반대자를 반박하기 위해 제안한, 돛대에서 공을 떨어뜨리는 실험을 직접 수행하여 갈릴레이의 주장처럼 배가 움직여도 공이 떨어지는 위치가 변하지 않는다는 사실을 입증하기도 했다. (지동설 반대자는 돛대에서 공을 떨어뜨리면 배가 움직이는 만큼 공의 떨어지는 위치가 변한다고 하면서, 지구가 움직인다면 동일한 현상이 벌어져야 한다고 주장했다. 갈릴레이는 이에 대해 실제로 실험해 보면 그렇지 않을 것이라고 주장했다.)

가상디도 회의주의와 아리스토텔레스주의를 비판하고 자연에 대한 기계론적인 설명을 받아들이며 기독교와 과학의 조화를 추구한다는 점에서 데카르트와 비슷한 목표를 추구했지만, 그는 고대 그리스의 원자론을 대안으로 제시했다.

17세기에 들어 아리스토텔레스주의의 대안을 찾던 지식인 사이에 세계가 네 가지 원소가 아니라 모종의 동질적인 물질 알갱이로 구성되어 있다는 생각이 널리 받아들여졌다. 여기에는 르네상스 시대에 이루어진 고대사상의 재발견이 큰 역할을 했다.

1417년, 기원전 50년경의 로마인 루크레티우스가 데모크리토스와 에피쿠로스의 원자론 사상을 기초로 쓴 철학 장시 「사물의 본성에 관하여」의 필사본이 발견되었다. 이는 당시 플라톤과 아리스토텔레스의 비판으로만 알려져 있던 고대 원자론의 전모를 최초로 유럽사회에 소개했다. 1575년에는 헬레니즘 시대의 자연학자 헤론(10?~70?)의 『기체학(Pneumatica)』이 라틴어로 처음 완역되었다. 헤론은 이 책에서 기체의 팽창과 압축을 동질적인 입자들과 그 사이에 있는 다양한 크기의 미세한 진공으로 설명했다.

베이컨, 갈릴레오, 베크만 같은 초기 기계론자는 원자론과 입자론에 큰 영향을 받았다. (베이컨의 『노붐 오르가눔』에서 열에 대한 설명을 보라.) 하지만 이들은 대개 원자와 입자를 명확히 구분하지 않고, 세계가 물질 알갱이로 구성되어 있다는 생각을 느슨하게 공유했다.

데카르트는 물질 입자가 세계를 구성한다고 주장하면서도 더 이상 나누어지지 않는 최소의 물질 입자가 존재한다는 주장은 명확히 부정했다. 반면 가상디는 고대 원자론을 계승했다고 명확하게 밝힌 최초의 인물이었다. 그는 여러 저술에서 원자론을 표명했고, 1649년에 발표한 『에피쿠로스 철학 대계』에서 이를 집대성했다.

당대인에게 원자론이 가진 큰 문제점은 무신론적 경향과 진공의 존재였다. 고대 원자론은 기본적으로 매우 작은 물질 입자가 진공 속을 운동하며 서로의 충돌을 통해 세상의 변화와 운동을 일으킨다고 보았다. 고대 그리스에서도 원자론은 자신들이 신들의 후손이라고 주장하는 토지귀족에 대항하는 성격이 있었다. 그 어떤 신들의 개입 없이 스스로 운동하는 세계를 그렸기 때문이다.

가상디는 원자론에서 무신론의 흔적을 지우기 위해 운동이 물질 속에 내재한 것이 아니라 데카르트처럼 신이 태초에 원자들에게 운동을 부여했다고 주장했다. 그러나 진공이라는 개념도 문제였다. 중세에는 더 이상 쪼개지지 않는 알갱이나 진공 따위는 존재하지 않는다고 주장한 아리스토텔레스주의가 오랫동안 득세했고, 신학자는 적어도 4원소로 구성된 지상계에는 진공이 존재할 수 없다는 데 대체로 동의했다. 베이컨, 데카르트, 홉스 등 아리스토텔레스주의에 반대한 지식인도 진공의 존재에 대해서는 부정적인 태도를 보였다.

그러나 갈릴레이는 헤론처럼 물질을 구성하는 작은 입자 혹은 원자 사이에 미세한 진공이 있다고 가정했고, 그의 제자인 토리첼리는 1643년 수은을 넣은 유리관으로 진공을 만드는 실험을 선보이기도 했다. 하지만 진공 속을 운동하는 원자라는 개념은 여전히 운동은 접촉을 통해 전달되어야 한다고 생각하는 당대의 상식을 깨기는 역부족이었다. 진공의 존재는 수십 년 동안 논쟁의 대상이 되었고 뉴턴의 시대에 와서야 완전히 인정되었다.

가상디는 『성찰』에 대한 반론에서, 데카르트의 정신과 신체의 분리, 관념과 감각의 분리를 부자연스러운 억지 주장이라고 비판한다. 그래서 데카르트를 "정신이시여"라고 부르며 조롱했다. 가상디가 특히 집중적으로 비판한 것은 인간에게 선천적으로 부여된 관념(소위 '본유관념')이 있다는 주장이었다.

데카르트는 관념에는 감각을 통해 형성된 외래관념, 여러 관념이 결합된 합성관념, 인간이 선천적으로 가진 본유관념이라는 세 종류가 있다고 주장했다. 그리고 이런 종류와 무관하게 관념의 진리성은 그것의 '맑고 또렷함'에 달려있다고 썼다. 하지만 관념이 아무리 맑고 또렷하다 해도 확실성을 주장하려면 신의 보장이 필요하다.

반면 가상디가 보기에는 데카르트가 본유관념이라고 주장한 것도 감각에서 배운 것들을 추상화한 것에 불과하다. 예를 들어 데카르트가 본유관념이라고 주장하는 삼각형의 기하학적 관념은 현실 속의 다양한 삼각 형태로부터 추상된 것일 뿐이다. 즉, 인간이 가진 모든 관념은 궁극적으로는 모두 외래관념이라는 것이다. 또 가상디는 관념의 진리성은 그 자체의 맑고 또렷한 정도가 아니라 어디까지나 실제 세계와 일치하느냐 마느냐의 문제로 판단되어야 한다고 보았다. 따라서 가상디에게 부단히 운동하는 세계에 대한 지식의 확실성이란 어느 정도 잠정적일 수밖에 없었다.

가상디의 조롱에 기분이 상한 데카르트는 가상디를 "육체덩어리"라고 부르며 반격했다. 가상디에 대한 데카르트의 답변은 홉스에 대한 답변처럼 무성의하진 않았지만, 전반적으로 거칠고 무례했다. 『성찰』이 출간될 무렵, 프랑스 지식인 사회에서 가상디는 데카르트보다 훨씬 유명한 인물이었다. (그리고 홉스보다는 데카르트가 좀 더 알려진 인물이었던 듯하다.) 데카르트와 메르센은 가상디가 마음을 바꿀까 두려워서 데카르트의 답변을 가상디에게 보여주지도 않고 서둘러 출판했다.

데카르트는 메르센에게 보낸 편지에서 가상디의 유명세를 이용하려는 의도를 숨기지 않았고, 실제로 이런 유명한 사람조차 자신의 철학을 제대로 반박하지 못했다는 식으로 자랑했다.

데카르트의 자랑은 명백히 과장된 것이었다. 데카르트는 가상디가 논증이 아니라 웅변을 하고 있다고 비난했지만, 그 점에서는 데카르트가 더하면 더했지 결코 못하지 않았다. 그러나 확실한 진리에 대한 가상디의 보류에는 신의 존재와 이성으로 파악한 진리의 확실성을 주장하며 그를 회의주의자라고 몰아붙이는 데카르트의 비판이 먹힐 여지가 있었다.

가상디의 유물론적이고 회의주의적 성향은 당대의 가톨릭 신앙과 어울리기 힘들었다. 원자론적 기계론 또한 홉스의 기계론과 마찬가지로 당시 수리적인 자연학 모델에 적합하지 않았다. 고대 원자론에 의존한 그의 철학체계는 난해하게 느껴졌고, 데카르트주의에 필적할 만한 영향력을 얻지 못했다.

그러나 세상이 원자의 자유로운 운동으로 작동한다는 발상에는 확실히 당대의 인습에 반대하는 자유주의적인 요소가 있었다. 이러한 경향은 가상디가 가톨릭 성직자였음에도 불구하고

라 모트 르 바예, 가브리엘 노데 등과 함께 '자유사상가(libertins erudits)'라고 불리는 지식인의 이론적인 지도자로 꼽히게 했다.

이들은 몽테뉴의 유물론적이고 회의주의적인 경향을 계승했다. 가톨릭 원리주의자로부터 비판받았음에도 불구하고 자유사상가들은 리슐리외와 마자랭 같은 절대왕정기의 권력자에게 후원받았다. 그러나 17세기 중반 이후, 루이 14세의 독재적인 절대왕정이 강화되면서 이들 비판적인 지식인은 재야로 밀려나게 되었다. 가상디의 생각은 다음 세대 존 로크 같은 인물에게 큰 영향을 끼쳤고, 18세기의 계몽주의자에게로 이어졌다.

아르노와 얀센주의

홉스와 가상디의 비판이 데카르트를 화나게 한 반면, 포르루아얄 수도원의 젊은 신학자 앙투안 아르노의 '네 번째 반론'은 그를 매우 흡족하게 했다.

앙투안 아르노는 『성찰』에 대한 반론을 쓰고 얼마 뒤 프랑스 가톨릭의 주요 분파인 얀센주의의 지도자로 떠올랐다. 얀센주의라는 이름은 루뱅대학의 가톨릭 신학자 코르넬리우스 얀센(1585~1638)에서 비롯했다. 루뱅은 스페인의 통치를 받던 저지대 17개 주 가운데 네덜란드로 독립(북부 7개주)해 나가지 않은 남부 10주에 속한 곳이었다. 이 남부 10개 주는 북부와 달리 대부분 가톨릭 신앙을 유지했고 오늘날 벨기에의 전신이 되었다.

1635년 프랑스는 마침내 공공연하게 프로테스탄트 동맹의 편에 서서 30년전쟁에 본격적으로 참전했다. 프랑스 군대가 스페인이 지배하는 네덜란드 남부로 진격하여 루뱅을 봉쇄하자, 얀센은 『갈리아의 군신』이라는 책을 써서 루이 13세와 리슐리외의 친프로테스탄트 정책을 비판했다. 그는 여기서 군주는 신의 대리자에 불과하며 교회에 복속되어야 한다고 주장했다. 격노한 리슐리외는 이 책을 금지하고 얀센의 친구인 생 시랑을 감금했다. 얀센은 1638년에 죽었지만, 1640년 그의 유작 『아우구스티누스』가 출판되면서 논란은 더욱 심해졌다.

당시 프로테스탄트 진영에서는 가톨릭교회를 펠라기우스주의라고 비판하는 경우가 많았다. 중세 초기 가톨릭 교리가 정리되는 과정에서 자유의지와 은총의 문제를 둘러싼 아우구스티누스와 펠라기우스의 논쟁은 대표적인 논쟁 가운데 하나였다. 원죄를 근거로 신의 은총 없이는 인간 스스로 구원할 수 없다고 주장한 아우구스티누스에 반대하여 펠라기우스는 인간은 자기의 노력으로 구원을 얻을 수 있다고 주장했다.

신의 은총을 받기 위해 교회의 의례에 반드시 참가해야 한다고 주장한 아우구스티누스에 비해 펠라기우스의 주장은 사실상 인간이 교회 없이 자신의 선행만으로 구원을 받을 수 있다는 논리였다. 결국 펠라기우스 지지자는 교회에 의해 이단으로 정죄되었다. (5장 '교회의 신성화' 참조) 그러나 실제로 교회를 운영하는 과정에서 가톨릭은 점차 자유의지를 인정하는 절충적인 입장을 취하게 되었다. 반면 16세기 들어 교회가 면죄부 같은 것을 발행하며 인간의 죄를 사할 권한을 자임하는 것을 목격한 종교개혁가는 더욱 엄격한 예정설을 들고 나와 가톨릭교회를 개혁하고자 했다.

종교개혁가에 반발하여 가톨릭 내부에서 등장한 교회개혁의 선봉인 예수회는 엄격한 규율과 수련을 강조했지만, 가톨릭의 대중적 확대를 위해 교리와 의례에 대해서는 상당히 느슨하고 개방적인 입장을 보였다. 더 엄격하고 강한 개혁을 주장하는 가톨릭 세력은 이에 대해 불만을 가졌다. 얀센은 가톨릭교회는 아리스토텔레스주의가 교리에 침투하기 이전의 아우구스티누스의 단순하고 선명한 교리로 돌아가야 한다고 주장했다. 아우구스티누스가 주장한 대로 인간의 구원은 전적으로 신의 의지에 달려있으며, 신의 은총을 받으려면 교회의 의례에 적극적으로 참석해야 한다는 것이다.

예컨대 얀센의 동지이자 베륄르에 이어 프랑스 경건파를 이끈 생 시랑은 "진정한 기독교인이라면 적어도 3일에 한 번씩 미사에 참여하고 고해성사를 지켜야 한다"고 설교하여 큰 반향을 불러일으켰다.

얀센주의의 논리는 칼뱅의 예정설과 흡사했다. 물론 얀센주의자의 의도는 프로테스탄트가 파괴한 교회 의례에 적극적인 의미를 부여하고, 예수회를 필두로 느슨해진 기존 가톨릭의 관행에 경종을 울리는 것이었지만, 가톨릭교회와 예수회는 얀센주의를 칼뱅주의와 다름없는 이단이라고 비판했다. 얀센의 『아우구스티누스』는 1642년 교황청에 의해 금서로 지정되었다. 얀센주의라는 말은 이때 교황의 칙서에서 처음으로 공식 사용되었다. 이 말에는 얀센이 제2의 칼뱅이라는 비난이 들어 있었다.

반성과 회개, 엄격한 종교생활을 주장하는 얀센주의는 일반 신도가 따르기 어려웠다. 하지만 절대왕정에 의해 권력에서 밀려나 불만분자가 된 귀족과 부유한 상층 부르주아는 얀센주의에 큰 감화를 받았다. 게다가 프랑스 얀센주의는 교황에 대한 복종을 강조한 얀센과 달리 교황청과 예수회의 개입을 거부하여 고등법원 법관과 주임사제에게도 지지를 받았다.

프랑스에서 얀센주의의 성장에 크게 이바지한 것은 아르노 가문이었다. 원래 한미한 지방귀족이었으나, 앙투안 아르노의 아버지가 파리 고등법원의 법관으로 명성을 떨치면서 중앙 명문가로 도약했다. 아르노가 사람들은 1637년 이후 정치 일선에서 물러나 파리 교외의 포르루아얄 수도원에 은거하기 시작했다. 이들은 얀센의 교의를 적극 받아들여 포르루아얄 수도원을 얀센주의의 중심지로 만들었다. 이 가문에서 가장 유명해진 인물이 앙투안 아르노였다. 『성찰』에 대한 반론을 쓸 때만 해도 20대의 젊은 신학자에 지나지 않았던 그는 훗날 대(大)아르노라고 불리는 유럽 지성계의 거물로 군림하게 된다.

아르노는 『성찰』에서 데카르트와 아우구스티누스의 유사성을 지적했다. 확실히 데카르트주의는 이원론적 세계관과 수학에 중요성을 부여한다는 점에서 플라톤-아우구스티누스의 철학과 공통점이 있었다. (얀센주의자인 아르노와 파스칼은 둘 다 당시 최고의 수학자로 꼽혔다.) 정신과 물질을 명확히 가르고 명석 판명한 지식의 확실성을 추구하는 데카르트의 주장은 혼잡한 아리스토텔레스주의에서 아우구스티누스의 단순 명쾌함으로 돌아가려는 얀센주의자에게 호소하는 바가 분명 있었을 것이다. 그래서 아르노는 애초부터 데카르트 형이상학의 기본전제를 받아들이지 않은 홉스나 가상디와 달리 데카르트의 주장에 호의적인 태도를 취하며 주로 세부적인 문제점들을 제기했다.

예컨대 정신과 물체의 구분에 동의하지만 증명이 불충분해 보인다거나, 신의 존재증명에 전반적으로 동의하지만 신이 자기 자신으로부터 존재한다는 문구에는 (절대적이고 규정할 수 없는 신을 규정한다고 느껴지기 때문에) 동의할 수 없다는 식이었다. 이런 지적은 권위 있는 신학자로부터 주장을 검증 및 인정받고자 하는 데카르트의 소망을 충족시켜 주는 것이었다.

아르노의 비판 가운데 오늘날 가장 널리 알려진 것은 데카르트의 체계가 순환논변으로 보인다는 주장이다. (3장 65쪽 정보 참조) 아르노에 따르면 데카르트의 주장은 맑고 또렷한 관념을 믿을 수 있는 근거로 신의 존재를 전제하는데, 그의 신의 존재증명은 맑고 뚜렷한 관념에 대한 믿음을 전제로 하고 있기 때문이다.

이에 대해 데카르트는 시간의 차이와 기억력으로 이 문제 제기를 피해가려고 했다. 그에 따르면 맑고 또렷한 관념에 대한 믿음과 신의 존재에 대한 증명은 서로를 보증하는 것이 아니라 전후의 차이가 있는 것이다. 따라서 한 번 신의 현존을 확신한다면 그 이후에는 그것을 단지 기억하는 것만으로 맑고 또렷한 관념의 확실성을 믿을 수 있기 때문에 순환논변이 아니라고 한다. 그러나 사실 데카르트의 체계 자체가 나의 관념으로 신을 증명한 다음, 신의 존재로 나의 관념을 증명하는 순환적인 구조라고 봐야 할 것이다.

그러나 데카르트의 골치를 가장 아프게 한 것은 무엇보다 성변화 문제에 관련한 지적이었다. 물체와 감각에 대한 데카르트의 설명이 당대 가장 첨예한 종교적 쟁점이자 가톨릭의 정체성이나 다름없는 성변화설과 모순된다는 아르노의 제기는 핵심을 찌르는 것이었다. (278쪽 정보 참조)

두 사람의 논쟁은 대개 호의적으로 이루어졌고, 아르노는 『성찰』에 대한 반론 이후에도 데카르트와 서신을 주고받으며 자신의 문제 제기에 대한 데카르트의 해명을 받아들였다. 이후 아르노는 프랑스에서 가장 유력한 데카르트주의자가 되었다.

17세기 초에 태어나 당시로는 드물게 80세 넘게 장수한 아르노는 신학, 철학, 언어학, 수학, 자연학에 모두 능통하여 17세기 후반 유럽 최대의 석학으로 꼽혔다. 그가 1660년대에 동료와 저술한 『일반 이성 문법(포르루아얄 문법)』과 데카르트주의에 입각한 새로운 논리학 교과서 『논리 혹은 사고의 기술(포르루아얄 논리학)』은 18세기까지 유럽 지식인에게 큰 영향을 끼쳤다. 그는 데카르트주의를 수정하려는 말브랑슈, 스피노자, 라이프니츠 등 다음 세대 철학자에 맞서 정신과 물체의 분리, 자연과학과 신학의 엄격한 분리를 강력하게 옹호했다.

아르노뿐 아니라 많은 얀센주의자가 데카르트주의를 지지했고, 데카르트 자신도 얀센주의에 호의를 표했다. 하지만 아르노와 함께 가장 유명한 얀센주의자라 할 수 있는 블레즈 파스칼(1623~1662)은 데카르트가 사실상 무신론자라고 생각하며 거부감을 보였다.

1643년 생 시랑이 죽고, 『빈번한 영성체에 관하여』를 출간한 아르노는 일약 프랑스 얀센주의의 새로운 지도자로 떠올랐다. 엄격한 신앙생활을 강조하며 예수회를 비판한 이 책은 프랑스에서 얀센주의가 대중화되는 데 큰 역할을 했다. 리슐리외와 루이 13세가 잇따라 죽고 1643년 어린 루이 14세가 즉위하자, 오랫동안 절대왕정에 억눌려 있었던 귀족과 상층 부르주아는 큰 기대를 걸었지만, 권력을 잡은 마자랭 추기경은 리슐리외의 정책을 그대로 유지했다. 불만세력은 1648년 프롱드의 난을 일으켰다. 이후 5년 동안 프랑스는 앞서 영국과 마찬가지로 내전에 시달렸다.

얀센주의자는 대개 국왕과 마자랭의 반대편에 섰다. 영국 내전과 프롱드의 난은 절대왕정에 반대하는 투쟁이라는 점에서 비슷했지만, 주도세력에서 중요한 차이가 있었다. 영국에서는 이미 상업화된 농업 자본주의로부터 경제력을 강화하던 청교도 젠트리가 내전을 이끈 반면, 여전히 농업국가에서 벗어나지 못한 프랑스에서는 특권계급, 부르주아, 민중이 모두 절대왕정에 맞서 일어서긴 했으나 뚜렷한 구심점이 없었다.

결국 이 세력들은 모두 마자랭에 의해 각개격파당하고 절대왕정은 더욱 강화되었다. 얀센주의의 기반이던 불만 귀족과 고등법원의 법관, 상층 부르주아는 영국의 젠트리에 비하면 쇠락하는 반동적인 세력에 지나지 않았던 것이다.

1653년 프롱드의 난을 진압한 마자랭은 얀센주의에 대한 탄압에 나섰다. 1656년 아르노의 저술들은 이단 판정을 받고 그 자신은 소르본대학에서 제명되었다. 마자랭이 죽고 루이 14세의 친정이 시작된 이후에도 얀센주의에 대한 탄압은 계속되었고, 아르노는 포르루아얄 수도원에 은둔한 채 저항운동을 이끌었다. 1669년부터 정부와 잠시 화해했지만, 몇 년 뒤 다시 탄압이 시작되어 아르노는 1679년 노구를 이끌고 네덜란드로 망명을 떠날 수밖에 없었다. 그는 15년 동안이나 해외를 떠돌다가 1694년 브뤼셀에서 사망했다. 1710년에는 유서 깊은 포르루아얄 수도원이 폐쇄되어 파괴되었다. 한때 번성했던 얀센주의는 점차 쇠락해 갔다.

데카르트는 사실 로마제국이 쇠락하던 시기에 등장한 스토아철학자처럼 개인의 수양과 양생을 중요하게 생각했다. 그가 의학을 중요시한 것은 인간 수명의 연장에 집착했기 때문이었다. 데카르트는 불안하고 혼란스러운 시대에 자신을 보호하는 것을 우선시했고, 기존 사회질서에 대해서는 방어적이고 순응적인 윤리적 태도를 취했다.

이런 측면에서 데카르트주의와 얀센주의는 둘 다 절대주의에 밀려 쇠락하던 당대 프랑스 지배층의 내면화 경향에 부합하는 면이 있었다. 하지만 17세기 말부터 대중의 생활에서 종교의 영향력이 약화되면서 얀센주의는 서서히 사라져간 반면, 데카르트의 철학은 이후에도 근대의 진보를 상징하는 것으로 인식되었다. 그가 주장한 과학적 진리의 확실성은 원래 종교적인 믿음에서 온 것이었지만, 후세인에게는 지식의 진보에 대한 확신으로 여겨졌다.

영혼과 육체덩어리

데카르트의 목적은 아리스토텔레스주의의 독단을 깨는 것뿐 아니라, 피론주의의 절대적 회의주의를 피해 지식의 확실성을 논증하는 것이었다. 하지만 그에게 이 확실성이란 결국 신에게서 오는 것이었다. 때문에 당대의 지식인은 본인의 장담과 달리 데카르트가 과연 '순환논변' 같은 문제 제기를 극복했는지 의심스러워했다.

특히 『성찰』의 핵심주제인 정신과 육체의 분리에 대해서 대부분 납득하기 어렵다는 반응을 보였다. 가상디는 자신의 반론에서 데카르트의 말처럼 정신이 신체와 완전히 다른 성질의 실체이고 모든 운동이 오직 접촉을 통해서만 전해진다면, 대체 정신은 어떻게 신체를 움직일 수 있느냐는 매우 설득력 있는 비판을 제기했다. 그러나 데카르트는 가상디에 대한 답변에서 이 문제를 사실상 회피했다.

가상디와 비슷한 문제 제기는 데카르트의 추종자에게서도 나왔다. 데카르트 최초의 사도라고 할 만한 네덜란드 의사 헨드리크 데 로이가 데카르트와 척을 지게 된 것도 이 문제 때문이었다.

헨드리쿠스 레기우스라는 라틴어 이름으로 더 많이 알려진 그는 『방법서설』과 함께 출판된 데카르트의 자연학 논문들을 읽고 큰 감명을 받았다. 레기우스는 위트레흐트대학에서 의학교수로 일하며 학생들에게 데카르트 이론을 적극적으로 설파했는데, 기존 학계 및 종교계와 정면으로 충돌하는 것을 늘 조심스러워하던 데카르트와 달리 그는 별로 신중한 인물이 아니었다. 그래서 데카르트는 레기우스가 발표한 명제 대부분을 미리 협의하는 조심성을 보였지만, 1641년 레기우스가 학생들 토론 수업 과정에서 정신과 육체의 관계에 대해 나눈 논의가 결국 대학 당국과 큰 싸움의 발단이 되었다.

이 토론에서 인간을 정신과 물체라는 두 구분되는 실체가 결합하여 만들어진 우연한 존재라고 설명하는 명제가 도출되었는데, 뒤늦게 이를 알게 된 데카르트는 이 명제가 신학자를 자극할 수 있다고 우려를 표했다. 아니나 다를까 당시 위트레흐트대학의 총장이던 헤이스베르트 푸트(Gijsbert Voet) ─ 흔히 보에티우스(Voetius)라는 라틴어 이름으로 불리던 완고한 칼뱅주의 신학자 ─ 는 이를 빌미로 레기우스와 데카르트를 무신론자라고 비난했다.

이 논쟁은 수년 동안 계속되었으며 그 결과 네덜란드대학에서 데카르트주의에 탄압이 시작되고, 소송이라는 스캔들로 이어졌다. 1643년 보에티우스 일파가 데카르트를 바니니와 똑같은 무신론자라고 비난하는 소책자를 발간하자, 데카르트는 보에티우스를 직접 겨냥하여 그야말로 중상모략을 일삼는 선동가이자 무신론자라고 비난하는 장문의 반박문을 썼다. 파문이 커지자 보에티우스 일파는 데카르트를 명예훼손으로 고소했으며, 위트레흐트대학은 데카르트 사상을 가르치는 것을 금지했다.

논쟁 초기에 데카르트는 레기우스의 도발적인 태도에 불편함을 느끼면서도 그를 지지했지만, 점차 그와 거리를 두게 되었다. 한편 레기우스는 데카르트의 기계론적이고 유물론적인 측면은 지지했지만 『성찰』에서 제시한 형이상학 논리들은 지지하지 않았다. 때문에 레기우스는 『성찰』을 읽고, 이후 많은 사람이 한 생각을 최초로 하게 되었다. 데카르트가 자신의 진짜 생각을 숨기고 교회의 비위를 맞추기 위해 『성찰』을 썼다고 생각했던 것이다. 다행히도 그는 데카르트와 동시대의, 그것도 상당한 친분을 가진 사람이었기 때문에 본인에게 직접 물어볼 수 있는 행운을 가졌다. 데카르트는 단호하게 부정했고, 심지어 몹시 분개했다.

데카르트는 이런 생각이 보에티우스 일파와 마찬가지로 자신을 무신론자로 간주하는 것으로 여겼기 때문에 매우 싫어했다. 이후 두 사람의 관계는 1646년 레기우스가 『자연학의 토대(Fundamenta physices)』라는 책을 출간하면서 완전히 틀어졌다. 여기서 레기우스는 『성찰』에서 제기된 주장들을 정면으로 거부했다. 다음 해, 데카르트는 『철학의 원리』의 프랑스어판 서문에서 레기우스의 주장은 자기와 아무 관련이 없다고 선언했다.

레기우스는 1647년 「인간 정신 혹은 이성적 영혼이 무엇이고 또 무엇일 수 있는지에 대한 설명」이라는 21개의 테제로 이루어진 짧은 글을 발표했는데, 여기서 홉스나 가상디와 비슷한 논리로 정신과 신체의 엄격한 분리나 본유관념 같은 『성찰』의 주요 주장들을 비판했다. 데카르트는 「프로그램에 대한 주석」이라는 글로 이를 반박하며, 한때의 추종자를 자신의 형이상학뿐 아니라 자연학도 제대로 이해하지 못한 사람으로 비난했다. 레기우스는 보에티우스 일파와 벌인 소란에도 불구하고 훗날 두 차례 위트레흐트 대학의 총장을 역임했으며, 네덜란드의 데카르트주의에도 상당한 영향을 끼쳤다.

데카르트의 후원자로 수년 동안 서신을 주고받은 팔츠의 엘리자베스 공주(1618~1680) 역시 데카르트가 설명한 정신과 물체의 관계에 대해 문제를 제기했다. 엘리자베스 공주는 데카르트가 가톨릭 군대로 참전했던 백산전쟁 때문에 보헤미아 왕에서 쫓겨난 프로테스탄트 선제후 프리드리히 5세의 딸이었다. 그녀의 어머니는 영국 국왕 제임스 1세의 딸인 엘리자베스 스튜어트였고, 당시 영국 국왕인 찰스 1세의 조카였다. 엘리자베스 공주는 1642년 데카르트의 『성찰』을 읽고 데카르트에게 관심을 가지기 시작했다.

엘리자베스 공주와 데카르트는 1643년 5월부터 7월 사이에 처음으로 서신을 주고받았는데, 이때는 주로 정신과 신체의 관계에 관해 논쟁을 벌였다.

　　매우 총명한 인물이었던 엘리자베스 공주는 전혀 성질이 다른 두 실체인 인간의 영혼과 신체가 어떻게 상호작용할 수 있냐는 가상디가 한 것과 똑같은 의문을 데카르트에게 던졌다. 가상디에게처럼 공주에게 감히 무례할 수 없었던 데카르트는 신체와 영혼 간의 상호작용은 물체들의 관계처럼 생각하면 안 되고, 물체와 무거움의 관계처럼 생각해야 한다는 새로운 답변을 내놓았다. 즉, 정신이 육체에 작용하는 방식은 무거움이 물체와 접촉하지 않고도 그것을 아래로 떨어뜨리는 것처럼 이루어진다는 말이다.

　　그러나 이 설명은 데카르트 자신의 기계론적 자연 설명과도 모순되는 것이었고, 당연히 엘리자베스 공주를 만족시키지 못했다. 그녀는 그 설명보다는 영혼에 물질적인 성격이 있다고 하는 것이 차라리 더 이해하기 쉽겠다고 지적했다. 엘리자베스는 데카르트의 주장처럼 우리의 감각이 정신과 육체의 상호작용하는 증거라는 데는 동의하지만, 그것이 어떻게 일어나는지 제대로 설명하지 못한다고 말했다. 이에 대해 데카르트는 형이상학에 대해 너무 깊이 생각하는 것은 해로우며, 중요한 것은 정신과 육체가 상호작용한다는 생각이므로 나머지는 좋을 대로 생각하시는 게 낫겠다고 답변했다.

　　이후 두 사람의 서신 왕래는 한동안 중단되었다. 이 사이 보에티우스와 다툼 때문에 네덜란드 프로테스탄트 유력자의 후광이 절실히 필요했던 데카르트는 1644년에 출판된 『철학의 원리』

를 낯간지러운 찬미와 함께 엘리자베스 공주에게 헌정했다. 이후 엘리자베스 공주는 자신이 앓고 있던 우울증 증상을 데카르트에게 상담하는 편지를 보내면서 서신 왕래가 재개되었고, 데카르트가 죽을 때까지 계속되었다.

데카르트는 엘리자베스 공주의 요청으로 정신과 육체의 관계를 다룬 마지막 저작 『정념론(1649)』을 집필했다. 이는 암묵적으로 레기우스와의 논쟁에 대한 데카르트의 마지막 대답이기도 했다. '정념'이란 'passion'의 번역어로 인간의 감정적이고 정서적인 영역을 가리킨다. 데카르트는 이것이 감각 및 쾌락이라는 육체의 기계적인 운동과 정신의 사유 활동이 상호작용하여 일어나는 것으로 보았다. 『정념론』에서 그는 육체에 대한 기계적인 설명을 기초로 인간의 기본적인 감정이 왜 일어나는지 설명하면서, 정신(영혼)이 일방적으로 육체를 지배한다는 생각을 부정하고, 정신이 육체가 분리될 수 있다는 생각에도 반대한다.

이는 영혼(정신)이 '태권 V'나 '마징가 Z'를 타듯이 신체라는 기계에 들어가 조종하는 게 결코 아니라는 말이다. 데카르트는 한 인간에게서 정신과 육체는 서로 분리될 수 없는 관계를 맺고 있으며, 한 인간의 행위는 정신과 육체, 이성과 감정의 상호작용의 산물이라고 보았다. 그는 이렇게 정신과 육체를 묶어주는 것이 두 뇌 속 거의 정중앙에 위치한 '송과선'이라는 솔방울 모양의 작은 기관이라고 주장했는데, 신체기관들은 대부분 좌우 한 쌍을 이루지만 송과선은 단 하나뿐이라는 이유를 들었다. 당연히 별로 근거

있어 보이는 주장은 아니기 때문에, 정신과 신체의 관계 문제는 이후에도 데카르트주의자 사이에 계속 논쟁거리가 되었다.

보에티우스 일파의 공세 때문에 마침내 1646년 네덜란드대학에서 데카르트 사상을 가르치는 것이 금지되었다. 네덜란드 생활에 환멸을 느낀 데카르트는 20년 만에 프랑스로 귀국을 도모했다. 리슐리외 추기경과 루이 13세는 이미 1642년과 1643년에 잇따라 세상을 떠났고, 새로 즉위한 어린 루이 14세를 대신하여 모후인 안 도트리슈(『삼총사』에 나오는 그 왕비)가 섭정의 자리에 올라 마자랭 추기경에게 실권을 주고 있었다. 프랑스 정부는 데카르트에게 연금을 약속했다.

그러나 1648년 프롱드의 난이 일어나는 바람에 프랑스에 와서 집까지 알아봤던 데카르트는 깜짝 놀라서 귀국 계획을 접었다. 대신 스웨덴의 프랑스 대사 설득으로 당시 가장 강력한 프로테스탄트 국가였던 스웨덴의 크리스티나 여왕의 초청에 응하기로 했다. (그는 곧 출간될 『정념론』을 크리스티나 여왕에게 헌정했다.) 1649년 10월, 데카르트는 스웨덴에 가서 여왕의 개인 교사가 되었지만, 곧 철학에 대한 여왕의 관심이 기대한 것보다 진지하지 않음을 알게 되었다.

낯선 풍토와 기대와 다른 상황에 실망한 데카르트는 스웨덴을 떠나려고 했다. 그러나 1650년 2월 감기가 폐렴으로 악화되었고 그는 낡은 의학의 치료를 거부했지만, 병세가 악화되자 전통 처방인 사혈 치료를 받는 굴욕 끝에 숨을 거두었다. 쉰넷이라는 비교적 이른 나이였다.

신과 자연 사이에서
철학을 창조하다

고대 그리스의 필로소피아는 가톨릭이 지배하는 중세 시대에 신앙을 논리화하는 수단으로 이용되었다. 중세 말에 이르기까지 높은 수준의 철학적인 논변을 구사할 수 있는 사람은 거의 고등교육을 받은 성직자뿐이었다. 하지만 16세기 들어 의학이나 수학, 자연학 등에서 두각을 나타내는 세속 지식인이 나타났고, 이와 함께 새로운 학문적 성과와 맞지 않는 기존의 아리스토텔레스주의를 비판하는 세속 철학자가 본격적으로 등장하기 시작했다.

유럽 일부 지역에서 관료조직이 정비되고, 우수한 국가 관료를 양성하기 위한 세속 교육기관의 수준이 높아진 것도 세속 철학자가 나타나게 된 배경이었을 것이다. 베이컨, 데카르트, 홉스 같은 사람은 그런 교육의 수혜자들이었다. 하지만 그들은 기성 교육기관에서 주로 성직자가 가르쳐온 주류 아리스토텔레스주의에 큰 불만을 품었다. 수학, 천문학, 자연학 등에서 새로운 발견에 고무된 그들은 새로운 지식을 정당화하기 위해 철학을 신학에서 떼어내서 혁신해야 한다고 생각했다.

이들은 필로소피아를 신학과 대비되는 세계에 대한 지적 탐

데카르트 『방법서설』 표지

구 전반을 가리키는 말로 받아들였다. 데카르트는 철저한 기계론에 입각하여 가장 광범위하고 포괄적인 자연에 대한 설명을 제시했을 뿐 아니라, 이를 여전히 사회적으로 강력한 힘을 발휘하고 있는 종교와 조화시키려 시도한 인물이었다. 이는 아직 충분히 그자체로 자연을 설명하지 못하는 새로운 자연학, 즉 초기의 근대과학과 기존의 종교 사이에 양자를 모두 정당화할 수 있는 독립된영역을 만드는 결과를 낳았다.

이런 시도는 혁신적이라기보다는 신학에서 가져온 개념을 여전히 많이 사용하고 있었다. 흔히 근대적 개인주의의 출발점으로 알려진 "나는 생각한다, 고로 존재한다"는 명제만 해도 실제로는 신의 존재를 정당화하기 위해 신학 논리에서 빌려온 것에 가

데카르트 『성찰』 표지

까웠다. 하지만 데카르트의 시도는 널리 지지를 받았던 그의 자연 설명과 달리 당대에도 논란을 빚었다.

　데카르트의 자연학이 뉴턴의 등장과 함께 차츰 잊힌 반면, 19 세기에 와서 철학이 학문제도 속에서 독자적인 영역을 구축하면 서, 데카르트는 근대철학의 시조라는 영예를 얻게 되었다. 근대 철학사는 합리론과 경험론의 대립으로 재구성되었고, 이 속에서 『방법서설』과 『성찰』은 매우 중요한 저작으로 떠올랐다.

　데카르트를 근대철학의 시조로 보는 철학 역사가는 중세신 학과 근본적인 단절을 강조하며 대개 데카르트의 가톨릭 신앙을 시대를 살아가기 위한 타협으로 보거나 사소한 문제로 보는 경향 이 있다. 그래서 데카르트가 자발적으로 종교전쟁에 참전했다는 사실을 애써 무시하거나 라로셸에서 벌어진 위그노 학살에 참여했을 가능성을 부정한다.

그러나 데카르트가 평생 가장 가까이 지냈던 사람들은 가톨릭 개혁주의자 내지는 가톨릭 원리주의자라고 할 만한 사람들이었다. 실제로 프랑스에서 데카르트주의를 가장 적극적으로 받아들인 사람도 이들이었다. 그들은 기계적인 물질세계와 신의 영역을 명확히 분리함으로써 시대의 변화에 맞서 전통적인 신앙을 방어하고자 했다. 이 점은 프로테스탄트 진영도 마찬가지였다. 데카르트의 형이상학은 종교와 기계론 철학의 동맹을 가장 정교하게 제시했기 때문에 가톨릭과 프로테스탄트를 막론하고 많은 지지자를 얻을 수 있었다.

데카르트와 성변화설

가톨릭 미사의 중요한 예식인 성체성사에 사용되는 빵과 포도주가 예식이 진행되는 동안 실제로 예수의 피와 살로 변한다는 '화체설' 또는 '성변화설'은 기독교 분열 당시 가톨릭과 프로테스탄티즘의 가장 첨예한 논란거리 가운데 하나였다.

성체성사는 예수가 최후의 만찬에서 빵과 포도주를 제자들에게 나누어 주며 이것은 내 살과 피라고 말한 것에서 유래한다. 예수는 제자들에게 "너희는 이것을 행하여 나를 기억하여라(「누가복음」)"라고 말했다. 가톨릭교회에서는 미사에서 사제가 이를 재현하며 "이것은 나의 몸이요 …"라고 축성할 때, 실제로 빵과 포도주가 예수의 살과 피로 변화한다고 주장했다. 이런 교리는 이미 12세기에 등장하여 1215년 4차 라테란 공의회에서 "성변화(transubstantiation)"라는 용어가 공식적으로 수용되었다.

토마스 아퀴나스를 필두로 한 스콜라철학자는 아리스토텔레스의 '우유성(accident)'이라는 개념으로 이를 정당화시켰다. 아리스토텔레스에 의하면 하나의 사물, 즉 개별적인 실체는 형상과 질료의 결합으로 만들어진다. 질료는 4원소로 이루어진 물질적 부분이고, 형상이란 그 물체를 그 물체로 만들어주는 본질적 형태이다. 아리스토텔레스는 실체 자체는 본질적이고 필연적인 것이지만 그것이 드러내는 속성은 부차적이고 우연적인 것이라고 보았다. 예를 들어 "소크라테스는 창백하다"라고 말할 때 소크라테스는 실체이고 창백한 것은 우연적인 속성, 즉 우유성이라는 것이다. 우유성은 실체의 본질은 아니지만, 그래도 사물의 실재하는 성질이다.

스콜라 학자들에 따르면 빵과 포도주 모양, 맛, 냄새 같은 것은 우유성이다. 미사에서 기적을 통해 빵과 포도주의 실체는 예수의 살과 피로 바뀌지만, 빵과 포도주 모양, 색깔, 맛, 냄새 같은 우유성은 변화하지 않는다는 것이다. 덕분에 우리는 평소와 똑같이 빵과 포도주의 맛을 느끼지만 본질적으로 예수의 살과 피를 나누는 것과 같은 체험을 한다.

이런 논리는 아무리 좋게 보아도 궤변에 불과하지만 성변화 교리는 교회제도와 성직자의 권위와 직결된 중요한 문제였다. 미사는 교회의 서품을 받은 사제만이 진행할 수 있으며, 사제만이 성체성사에서 "이것은 나의 몸"이라고 말할 수 있다. 이 교리를 통해 교회조직이 신을 대신하여 기적을 일으키는 권능을 가지고 있음이 증명되는 것이다.

교회의 권위에 도전한 프로테스탄트 신자는 성체성사는 단지 상징일 뿐이며 성변화설은 미신에 불과하다고 비판했다. 그러나 가톨릭 교회는 교회제도의 근간을 이루는 성변화의 기적을 결코 포기할 수 없었다. 스콜라 학자는 성변화설을 더욱 정교하게 다듬었고, 수많은 비판에도 불구하고 트리엔트 공의회는 성변화설을 공식 교리로 재확인했다.

그러나 성변화설의 기초가 되는 아리스토텔레스주의의 실체 개념은 17세기 들어 새로운 자연학 발견들에 의해 위협받게 된다. 예컨대 자타공인 당대 최고의 자연학자인 갈릴레이는 물체가 기본적으로 (동질적인) 작은 입자로 구성되어 있다고 주장하며, 물체의 성질을 1차 성질과 2차 성질로 나누었다. 그에 따르면 크기, 모양, 수, 배열 같은 기하학적 성질은 물체가 가진 본질적인 성격인 반면 색깔, 맛, 냄새, 소리 같은 감각 성질은 물체와 분리할 수 있는 부차적인 성질이다.

이런 설명은 사물을 실체와 우유성으로 설명하는 아리스토텔레스의 주장과 충돌했다. 갈릴레이가 가톨릭교회의 탄압을 받게 된 것은 지동설보다 성변화설을 부정했기 때문이라는 주장도 있다.

물질의 본질은 연장이며 감각 성질은 물질 입자의 운동이 신체기관을 자극하여 발생한다는 데카르트의 주장 역시 마찬가지로 성변화설과 모순되었고, 아르노는 바로 이 점을 지적했다. 데카르트는 아르노의 지적에 대해 트리엔트 공의회에서 성변화설을 공식 인정하면서 '우유성'이라는 단어 대신 '형태'나 '모양'이라는 뜻을 가진 '스페키에스(species)'라는 라틴어 단어를 사용한 것을 이용했다.

그는 이 단어에 '외형', '겉모양'이라는 뜻도 있는 것에 착안하여, 이를 사물의 '표면'으로 해석하는 기발한 논리를 개발했다. 신체기관을 자극해서 감각을 일으키는 빵과 포도주의 표면은 변화하지 않고, 속 내용만 예수의 살과 피로 변하는 것이기 때문에 자신의 물체 이론과 성변화설은 충돌하지 않는다는 것이다. 그는 나아가 기존의 우유성 이론은 틀렸으며, 성변화에 대한 설명도 자신의 이론에 기초해야 한다고 썼는데, 논란이 될 것을 두려워한 메르센은 자신이 편집한 『성찰』의 초판에서 이 부분을 삭제했다. (하지만 데카르트는 두 번째 판에서 그 부분을 다시 되살렸다.)

1645년 데카르트는 개인적으로 보낸 편지에서 성변화는 빵과 포도주라는 물질에 예수의 영혼이 결합하여 일어나는 것이라는 좀 더 대담한 주장을 펼쳤다. 하지만 이런 견해는 데카르트도 그의 추종자도 감히 공개적으로 이야기하지 못했다. 이런 데카르트주의자의 노력에도 불구하고 가톨릭교회는 성변화설을 빌미로 1663년 데카르트의 저서들을 금서로 지정했다.

필로소피아 혹은 철학의 흥망

니시 아마네는 서양 학문 필로소피아가 동양의 전통적인 이론체계와 다르다고 생각했기 때문에 이학(理學)이라는 말을 버리고 철학(哲學)이라는 새로운 말을 발명했다. 하지만 서양의 필로소피아와 동양의 이학이 정말 그렇게 많이 달랐을까?

이른바 축의 시대에 고대 그리스뿐 아니라 여러 지역에서 신화라는 상상의 세계에서 벗어나 세계의 원리에 대해 이치를 따져 사유하려는 시도가 나타났다. 이 속에서 유물론, 상대주의, 회의주의 같은 급진적인 사상이 등장했다. 덕분에 기존 질서의 유지를 원하는 보수주의자도 합리적 논변이라는 전장에서 싸울 수밖에 없게 되었다.

니시 아마네는 성리학 같은 동양의 이론이 사물의 이치와 정신의 이치를 구분하지 못했기 때문에 망상에 빠졌다고 비판했지만, 근대 이전에는 서양의 필로소피아나 동양의 여러 이론이나 하나의 궁극적인 원리를 찾으려 했다는 면에서 비슷한 모습을 보였다. 예컨대 플라톤주의와 힌두교 이론은 우주에 어떤 궁극적인 원리(로고스 또는 브라만)가 존재하고 이는 특별히 훈련된 계층(철학자 또는 성직자)만 알 수 있다고 주장한다는 면에서 유사한 점이 있었다.

카르마나 윤회 같은 브라만교의 세계관을 받아들인 불교 논변은 위진남북조 시대에 중국으로 전파되어 귀족의 지적욕구를 채워주는 동시에 일반 백성이 위계적인 사회질서를 당연한 것으로 받아들이게 하는 역할을 했다.

귀족과 군벌의 시대를 종식시키고 사회 주도세력으로 등장한 중국의 사대부는 불교의 개념을 가져와서 세계의 근본원리에 대한 보다 복잡한 논변체계를 창조했다. 이들은 질료와 형상의 운동으로 세계를 설명한 아리스토텔레스와 비슷하게 물질적으로 우주를 구성하는 일종의 에너지인 기(氣)와 궁극적인 법칙 또는 원리인 이(理)의 운동으로 세계를 설명했다.

아바스 왕조가 수입한 아리스토텔레스주의는 중동에서 세속세계와 이슬람 신학의 조화를 위해 이용되었으며, 12세기에 유럽으로 역수입되어 토마스 아퀴나스 같은 스콜라철학자들을 통해 비슷한 역할을 했다.

유럽사회가 다른 문명과 결정적으로 다른 길로 가기 시작한 것은 16세기부터였다. 유럽사회는 1492년 아메리카 발견 이후 대량의 금과 은이 쏟아 들어오면서 무역과 상업의 발달이 더욱 가속화되었다. 무역과 상업에 종사하는 계층이 점차 큰 사회적 힘을 가지기 시작했으며, 이들은 전통적인 사회질서를 정당화하는 가톨릭교회를 거부하고 종교분열로 탄생한 새로운 종교를 적극적으로 받아들였다. 세속권력자는 교회의 통제를 벗어나기 시작했고, 유럽 전체가 종교전쟁에 휘말렸다.

화폐경제의 급속한 발전은 사회 전반의 수량화를 불러왔다. 수학이 가파르게 진보했고, 당시의 기술발전과 결합하여 서로를 더욱 발전시켰다. 17세기 들어 독일의 요하네스 케플러와 이탈리아의 갈릴레오 갈릴레이는 하늘의 별과 지상의 물체 운동을 수학적으로 계측하여 법칙화하는 시도에 나섰다.

이들이 주도한 자연 탐구의 발전은 유럽사회의 지배적인 이념이던 아리스토텔레스주의 신학의 오류를 적나라하게 폭로했다. 아리스토텔레스 형이상학을 기초로 합리화된 그리스도교 교리는 새로운 자연 탐구, 즉 초기 자연과학으로부터 강력한 도전을 받았다. 절대 진리가 무너지면서, 회의주의가 만연했고, 새롭게 발견된 자연의 질서를 신성화한 자연 마술 같은 사고가 등장했다.

이전까지 신학과 철학 논의를 주도한 것은 성직자였으나, 16세기 말부터 세속 지식인이 철학적 논의에 본격적으로 뛰어들었다. 베이컨, 데카르트, 가생디, 홉스 등 17세기 전반기의 철학자들은 회의주의와 신비주의를 넘어 아리스토텔레스의 논리학 및 형이상학을 대체할 새로운 이론체계를 내놓기 위해 경쟁했다.

이 경쟁에서 승리한 것이 데카르트였다. 데카르트는 회의주의자들이 거부한 확실성을 여전히 강력한 힘을 발휘하고 있던 신학적 논리를 빌려와서 정당화시키려 했다. 이는 자연법칙의 발견과 함께 새로운 확실성을 갈구하는 시대적 분위기에 잘 어울리는 것이었다.

데카르트의 이성은 무엇보다 만물을 수량으로 환원하여 수치화하는 이성, 즉 수리적 효율성을 우위에 두는 수학적 이성이었다. 데카르트는 이를 토대로 기계론적 세계관을 가장 포괄적으로 제시할 수 있었다.

범신론적인 자연 마술이 이단으로 탄압받은 데 비해 기계론은 가톨릭과 프로테스탄트 모두에게 환영받았다. 자연을 기계로 보는 논리는 인격신이 들어설 자리를 보장하는 것처럼 보였기 때문이다. 데카르트는 기계적인 물질세계로부터 정신적 영역을 분리시켜 이 영역을 통해 신의 존재를 정당화하고자 했다. 급속히 정당성을 잃어가는 종교와 새롭게 떠오르는 과학을 중재하는 영역으로 철학이라는 지적 영역이 형성되었다.

데카르트는 중요한 것은 개별과학, 그중에서도 특히 의학의 발전이며, 그 기초를 이루는 형이상학은 인생에서 딱 한 번만 깊게 고민해 보면 된다고 말했지만, 유럽에서 가장 뛰어난 지식인들이 수십 년간 이 문제에 매달렸다.

마르크스가 『신성가족』에서 지적한 대로 데카르트의 철학은 만물을 자동적인 기계운동으로 설명하는 유물론적 성향과 정신을 독립적인 실체로 인정하는 관념론적 성향을 모두 가지고 있었다. 데카르트 철학의 유물론적 경향은 물리학과 의학의 발전으로 흡수되었으나, 정신을 독립적인 실체로 보는 관념론적 측면은 이후 철학적 논의의 토대가 되었다.

이 세기의 가장 중요한 철학자, 홉스, 가상디, 스피노자 등은 데카르트보다 더욱 유물론적 경향을 보였지만, 아직 종교의 영향력이 막강하고 무신론이 금기시되는 사회에서 이들 역시 자신들의 논증을 신학적 용어로 포장할 수밖에 없었다.

이렇게 볼 때 흔히 데카르트가 이루었다고 이야기되는 중세와 근대의 단절은 사실 그다지 명확하지 않다. 17세기의 철학은 단절이라기보다는 과도적인 것이고, 스스로 인정한 것보다 훨씬 더 스콜라철학에 의존했다. 무엇보다 이들이 회의주의에 맞서 확실성의 토대로 삼은 신의 존재 논증이야말로 중세 신학의 유산이었다.

17세기 철학자의 정치적 색채는 다양했다. 데카르트는 가톨릭 보수파에 가까웠고, 홉스는 왕당파였다. 스피노자는 자유주의 급진파였고, 라이프니츠는 독일 공국의 고위 관료였다. 하지만 베이컨을 제외하면, 이들은 대개 억압적인 절대왕정에 거리를 두거나 그 반대편에 섰다. 이들은 군주의 자의적인 지배에 비판적이었으며, 종교와 정치의 분리를 지지했다.

하급귀족이나 부르주아 출신이었던 17세기의 세속 철학자들은 형이상학적 용어를 통해 개인의 자유를 암묵적으로 지지했다.

홉스와 스피노자는 데카르트가 관성의 법칙을 지칭하기 위해 만들어낸 '코나투스'라는 개념을 사회로 확장시켜 개인의 안녕과 이익을 보호받고자 하는 중산층 시민의 자기보존 욕구를 표현했다.

17세기 철학자 가운데 정치적으로 가장 급진적이었던 바룩 스피노자(1632~1675)는 철학을 엄밀한 과학과 종교 사이에서 중산층 시민이 자유롭게 생각하고 말할 자유로 내세웠다. 이런 자유주의적인 경향은 18세기의 프랑스에서 필로소프(철학자)라고 불리던 계몽주의자의 활동으로 이어졌다. 하지만 이들은 17세기 철학자보다 뉴턴과 로크의 영향을 더 크게 받았다.

보편적 중력에 관한 아이작 뉴턴(1642~1726)의 이론은 17세기를 지배한 기계론적 세계관에 파탄을 냈다. 데카르트가 그려낸 세계는 오직 접촉에 의해서만 운동이 전달되는 톱니바퀴들로 꽉 물려 돌아가는 거대한 기계 같은 세계였다. 이 때문에 데카르트주의자는 물체와 물체 사이에 보이지 않는 원격의 힘이 작용한다는 뉴턴의 주장을 비합리적인 것으로 보았다.

데카르트 추종자는 뉴턴을 연금술사, 신비주의자라고 비판했지만, 결국은 뉴턴 역학이 우주의 운동을 묘사하는 데 가장 적합한 모델이라는 것이 입증되었다. 뉴턴의 역학은 기계론 같은 사변적인 논리의 도움 없이도 보편중력이라는 이해하기는 어렵지만 수량화할 수 있는 힘을 통해 그 자체로 세계를 설명할 수 있는 것으로 받아들여졌다. 이는 과학이 전통적인 철학적 논변으로부터 완전히 자립했다는 것을 의미했다.

17세기 초만 해도 종교의 문제는 여전히 생사를 좌우할 수 있는 문제였다. 무신론자로 몰리면 처형될 수 있었으며, 가톨릭과 프로테스탄트의 종교전쟁이 계속되고 있었다. 데카르트, 홉스, 스피노자는 모두 무신론자라는 비판을 받았고, 그 비판에 대해 필사적으로 반론을 펼쳤다.

하지만 18세기가 되자 영국, 네덜란드, 프랑스 등지에서는 종교에 대한 관심이 현저하게 떨어졌다. 종교로 인한 숱한 학살을 겪은 사람들은 점차 종교에 넌더리를 내고 냉소적인 태도를 취하게 되었다. 교회의 세력은 여전히 강했으나, 종교는 더 이상 생사가 걸린 문제가 아니게 되었다.

17세기가 데카르트의 시대였다면, 18세기는 존 로크(1632~1704)의 시대였다. 로크가 지배한 18세기 유럽철학은 훨씬 덜 종교적이었으며 확실성에 대해서도 유보적인 태도를 취했다. 로크는 경험과 무관한 지식의 가능성을 부정했으며, 그의 주된 관심은 형이상학적 논변이 아니라 영국의 정치개혁이었다. 명예혁명의 책사이자 이론가였던 로크에게서 자유주의적 개인주의는 비로소 뚜렷한 형태로 나타났다.

18세기 프랑스 계몽주의자는 대부분 로크주의자였다. 이들은 필로소프라고 불렸지만, 이전 시대의 사변적 논리에는 별로 관심이 없었다. 데카르트, 스피노자, 라이프니츠의 논변은 대체로 시대에 뒤처진 것으로 무시되거나 조롱받았다. 절대왕정에 비판적이었던 17세기 철학자와 달리 이들은 전제군주에게 영향을 끼쳐 사회를 개선하는 데 관심이 많았고, 교회에 대해 비판적인 입장을 명확히 했다. 심지어 드니 디드로(1713~1784)와 돌바크 남작(1723~1789)처럼 공공연하게 무신론을 주장하는 이들도 등장했다.

네덜란드, 영국, 프랑스에서 이제 철학적 논의가 쇠퇴하고, 자연과학적 방법을 사회에 적용한 사회과학의 기초가 등장하기 시작했다. 그러나 철학의 이야기는 끝나지 않았다. 서유럽에 비해 정치, 사회적으로 훨씬 뒤떨어진 독일에서 계몽주의와 자유주의는 훨씬 더 추상적이고 사변적인 형태로 등장했다. 임마누엘 칸트(1724~1804)를 필두로 한 독일 철학자는 17세기와 18세기의 철학적 논의를 종합하여 철학이 대학제도 속에서 분과학문으로 자리 잡을 수 있는 토대를 만들었다. 하지만 이는 아마도 또 다른 이야기가 될 것이다.

참고문헌

1장 필로소피아 혹은 철학의 기원

김성근, 「메이지 일본에서 '철학'이라는 용어의 탄생과 정착」, 『동서철학 연구』 제59호

김진경 외, 『서양고대사 강의』, 한울아카데미

조지 커퍼드, 김남두 옮김, 『소피스트 운동』, 아카넷

플라톤, 박문재 옮김, 『소크라테스의 변명·크리톤·파이돈·향연』, 현대지성

피에르 아도, 이세진 옮김, 『고대철학이란 무엇인가』, 이레

허승일 외, 『인물로 보는 서양고대사』, 도서출판 길

헤로도토스, 천병희 옮김, 『역사』, 도서출판 숲

2장 철학의 탄생설화는 어떻게 생겨났는가?

디오게네스 라에르티오스, 전양범 옮김, 『그리스철학자열전』, 동서문화사

버트란트 러셀, 정광섭 옮김, 『서양의 지혜』, 동서문화사

타마이 시게루, 김승균 번역, 『서양철학사』, 일월서각

탈레스 외, 김인곤 외 옮김, 『소크라테스 이전 철학자들의 단편 선집』,
　　아카넷
프레드릭 코플스턴, 김보현 옮김, 『그리스 로마 철학사』, 북코리아

3장　플라톤의 꿈과 철학자 아리스토텔레스

아리스토텔레스, 김재범 옮김, 『형이상학』, 책세상
아리스토텔레스, 김진성 옮김, 『형이상학』, 이제이북스
아리스토텔레스, 천병희 옮김, 『정치학』, 도서출판 숲
플라톤, 강철웅 외 옮김, 『편지들』, 이제이북스
플라톤, 박종현 옮김, 『국가』, 서광사
플라톤, 박종현 옮김, 『법률』, 서광사
황설중, 『고대 회의주의와 근대 철학』, 철학과 현실사

4장　축의 시대

Avram R. Shannon, The Achaemenid Kings and the Worship of Ahura
　　Mazda : Proto-Zoroastrianism in the Persian Empire
각묵 옮김, 「사문과경」, 『디가니까야』 1권, 초기불전연구원
공자, 미야자키 이치사다, 박영철 옮김, 『논어』, 이산
길희성, 『인도철학사』, 소나무
김경일, 『유교탄생의 비밀』, 바다
김형준, 『이야기 인도사』, 청아
데이비드 W. 앤서니, 공원국 옮김, 『말, 바퀴, 언어』, 에코리브르
메리 보이스, 공원국 옮김, 『조로아스터교의 역사』, 민음사
미야자키 이치사다, 조병한 옮김, 『중국통사』, 서커스
에릭 클라인, 류형식 옮김, 『고대 지중해 세계사』, 소와당
우택주, 『8세기 예언서 이해의 새 지평』, 대한기독교서회
윌리엄 데버, 양지웅 옮김, 『이스라엘의 기원』, 삼인

윌리엄 맥닐, 신미원 옮김, 『전쟁의 세계사』, 이산

유흥태, 『고대 페르시아의 역사』, 살림

유흥태, 『페르시아의 종교』, 살림

이스라엘 핑컬스타인, 닐 애서 실버먼, 오성환 옮김, 『성경 : 고고학인가
　　전설인가』, 까치

이언 모리스, 최파일 옮김, 『왜 서양이 지배하는가』, 글항아리

존 키건, 유병진 옮김, 『세계전쟁사』, 까치

주원준, 『인류 최초의 문명과 이스라엘』, 서울대학교 출판문화원

카렌 암스트롱, 정영목 옮김, 『축의 시대』, 교양인

카를 야스퍼스, 백승균 옮김, 『역사의 기원과 목표』, 이화여자대학교출
　　판문화원

풍우란, 박성규 옮김, 『중국철학사(상)』, 까치

황인우, 홍광훈·홍순도 옮김, 『거시중국사』, 까치

5장 철학, 신의 나라의 이념이 되다

박경숙, 『아우구스티누스』, 살림

아우구스티누스, 선한용 옮김, 『고백록』, 대한기독교서회

잔원숙, 『초기 기독교 이야기』, 살림

장 이브 보리오, 박명숙 옮김, 『로마의 역사』, 궁리

조규홍, 『플로티누스』, 살림

프레드릭 코플스턴, 박영도 옮김, 『중세철학사』, 서광사

6장 중세의 황혼과 아리스토텔레스의 부활

G. 달 사쏘, R. 꼬지, 이재룡 옮김, 『신학대전 요약』, 가톨릭대학교출판부

김영철, 『안셀무스』, 살림

디미트리 구치스, 정영목 옮김, 『그리스 사상과 아랍 문명』, 글항아리

박경숙, 『중세와 토마스 아퀴나스』, 살림

유해무,『삼위일체론』, 살림

한스 요아힘 슈퇴리히, 박민수 옮김,『세계철학사』, 이룸

헤겔, 임석진 옮김,『철학사 I』, 지식산업사

7장 중세에서 근대로, 프랜시스 베이컨과 새로운 철학

브렌다 볼튼, 홍성표 옮김,『중세의 종교개혁』, 느티나무

실비아 페데리치, 성원, 김민철 옮김,『캘리번과 마녀』, 갈무리

야미모토 요시타카, 남윤호 옮김,『16세기 문화혁명』, 동아시아

제리 브로턴, 윤은주 옮김,『르네상스』, 교유서가

프랜시스 베이컨, 김종갑 옮김,『새로운 아틀란티스』, 에코리브르

프랜시스 베이컨, 이종흡 옮김,『학문의 진보』, 아카넷

프랜시스 베이컨, 진석용 옮김,『신기관』, 한길사

한국철학사상연구회,『다시 쓰는 서양근대철학사』, 오월의 봄

8장 데카르트와 새로운 체계

A. C. Grayling, Descartes: The Life and times of a Genius, Walker Books

Harold J. Cook, The Young Descartes : Nobility, Rumor, and War, university
  of Chicago press

Richard Watson, Cogito, Ergo Sum: The Life of René Descartes, David R
  Godine

Stephen Gaukroger, Descartes: An Intellectual Biography, Clarendon Press

김성환,『17세기 자연철학』, 그린비

김영식,『과학혁명』, 민음사

김효명 외,『근대 과학의 철학적 조명』, 철학과 현실사

데이비드 린드버그, 박우석, 이정배 옮김,『신과 자연』(상)(하), 이화여자
  대학교출판문화원

데카르트, 원석영 옮김,『철학의 원리』, 아카넷

데카르트, 이현복 옮김, 『방법서설』, 문예출판사

데카르트, 최명관 옮김, 『데카르트 연구』, 창

러셀 쇼토, 강경이 옮김, 『데카르트의 사라진 유골』, 옥당

서양근대철학회, 『서양근대철학의 열가지 쟁점』, 창비

서양근대철학회, 『서양근대철학』, 창비

스티브 툴민, 이종흡 옮김, 『코스모폴리스』, 경남대학교출판부

9장 데카르트의 적과 친구들

J. S. Spink, French free thought from Gassendi to Voltaire, Bloomsbury
    Academic

강민수, The Mechanical daughter of Rene Descartes : The Origin
    and History of an Intellectual Fable, Modern Intellectual
    History, Cambridge university press

김용환, 「홉스의 서간문에 나타난 철학적 논쟁들 ─홉스와 데카르트」,
    철학연구 81호

데카르트, 양진호 옮김, 『성찰』, 책세상

데카르트, 원석영 옮김, 『성찰』 1, 2권, 나남

데카르트, 이현복 옮김, 『성찰』, 문예출판사

데카르트. 김선영 옮김, 『정념론』, 문예출판사

움베르토 에코, 윤병언 옮김, 『움베르토 에코의 경이로운 철학의 역사』
    2권, 아르테

– 만든이 후기 –
철학과 젊은 시절을 함께한
벗의 책을 기쁜 마음으로 상재(上梓)한다.

철학의 기원

초판 1쇄 인쇄	2024년 1월 10일
초판 1쇄 발행	2024년 1월 19일

지은이	이정인

펴낸이	신민식
만든이	신지원

책임편집	김민아
디자인	임경선

펴낸곳	도서출판 지식여행
출판등록	제 2010-000113호
주소	서울 마포구 토정로 222 한국출판콘텐츠센터 419호
전화	02-333-1122　　팩스　02-332-4111
이메일	editor@via-episteme.com
영업문의	휴먼스토리 070-4229-0621
종이	월드페이퍼(주)　　인쇄·제본　(주)상지사

ISBN　978-89-6109-530-3(03100)

이 도서는 한국출판문화산업진흥원의 '2023년 중소출판사 출판콘텐츠 창작 지원 사업'의 일환으로 국민체육진흥기금을 지원받아 제작되었습니다.